ROSAS
Manual de cultivo y conservación
Nueva edición revisada y ampliada

DR. D. G. HESSAYON

BLUME

D1614241

Título original:
The New Rose Expert

Traducción y actualización de la edición en lengua española:
Concepción Rigau
Doctora en Ciencias Biológicas

Ana Domínguez Puigjaner
Licenciada en Ciencias Biológicas

© 1994, 2004 Naturart, S. A. Editado por BLUME
Av. Mare de Déu de Lorda, 20
08034 Barcelona
Tel. 93 205 40 00 Fax 93 205 14 41
E-mail: info@blume.net
© 1986 edición española, Editorial Blume, S.A. Barcelona
© 1982, 1994 D.G. Hessayon

I.S.B.N.: 84-8076-522-4

Depósito legal: B-6.179-2004

Impreso en Grafos, S.A., Arte sobre Papel, Barcelona

CONSULTE EL CATÁLOGO DE PUBLICACIONES *ON-LINE*
INTERNET: HTTP://WWW.BLUME.NET

Sumario

CAPÍTULO 1
OBSERVE SUS ROSALES

Al observar los rosales de su vecino podría parecer que no ha cambiado nada en el mundo de las rosas en esta década. *Queen Elizabeth, Silver Jubilee* y *Peace* todavía se cultivan, se siguen colocando los rosales trepadores contra los muros del jardín y se podan los arbustos como todas las primaveras. De hecho, desde la anterior edición de este libro, se han producido cambios importantes. Siguen apareciendo nuevas variedades tanto en los catálogos como en los centros de jardinería, y en esta edición se presentan cerca de 150 ejemplares nuevos, con sus ilustraciones y descripciones. Pero no se trata únicamente de la introducción de nuevas variedades. Los rosales de Patio y los Cobertores del Suelo se han clasificado en grupos diferentes, se han introducido los Trepadores miniatura con diminutas hojas y pequeñas flores, al tiempo que el tipo moderno de rosales Arbustivos con una apariencia clásica, conocidos como rosales Ingleses, ha adquirido más popularidad. Algunas técnicas también han sufrido algún cambio, y se ha introducido un sistema de poda muy simplificado.

Todos estos cambios que se han sucedido en los últimos veinte años del siglo XX constituyen únicamente el último capítulo en la cambiante historia de los rosales. Durante la primera mitad del siglo XIX, las rosas formaban grandes arbustos o eran especies trepadoras con un abanico de colores limitado y un período de floración igualmente reducido. Durante el reinado de la reina Victoria de Inglaterra, las cosas cambiaron y se introdujeron las variedades del Este europeo, con floración múltiple, y las rosas persas con sus colores amarillos y naranjas brillantes.

No es extraño que las características de resistencia, colorido, floración continua y vigor hicieran de estas rosas un elemento cada vez más popular en los jardines durante los primeros años del siglo XX. Al implantarse las Floribundas, disminuyeron los Híbridos —una historia interminable.

Hoy en día se encuentran disponibles miles de variedades a la venta, cultivadas la mayoría por su belleza y/o la fragancia de sus flores, pero también por sus decorativos escaramujos, coloreadas hojas e incluso por sus bonitas espinas. La altura puede variar desde los 10 cm hasta los 10 m. Obviamente la elección no resulta fácil.

La compra en tiendas y centros de jardinería es superior a la demanda por correo, pero para mucha gente una de las atracciones anuales en cuanto a jardinería es curiosear en los catálogos de rosas que encuentran en los buzones.

Las variedades nuevas ocupan la mayoría de descripciones y fotografías, pero no por ello resultan la mejor elección. Para el jardinero normal que desea unos pocos arbustos fiables o especies trepadoras, en ocasiones es mejor esperar uno o dos años para ver el funcionamiento de las nuevas variedades en los jardines de los demás. Antes de realizar un pedido, conviene leer las descripciones cuidadosamente, sin esperar encontrar todos los inconvenientes detallados.

La aproximación que se encuentra en este libro es bastante distinta. En la guía de rosales de la A a la Z (*véanse* págs. 10-90) hay información de las principales propiedades de muchos rosales, junto a un valioso asesoramiento de su valor en las exhibiciones florales. Dos rasgos importantes definen estas 388 descripciones. En primer lugar, no se ha intentado realizar una lista de las «mejores» rosas, sino que la elección se ha basado únicamente en su popularidad y la posibilidad de encontrarlas en su centro de jardinería, almacenes, catálogos, así como en su fiabilidad.

En segundo lugar, se han evitado las descripciones de tipo catálogo. Se describen las ventajas y los inconvenientes, y en ocasiones predominan estos últimos.

Además de la información sobre las variedades, también se presenta una guía de plantación (*véase* cap. 5) y la prevención y control de los posibles problemas (*véase* cap. 7). Para muchos jardineros la rosa no es únicamente una flor hermosa, sino una afición absorbente. En el capítulo 8 se proporciona información más especializada de algunos temas como la propagación, las exhibiciones de estas plantas y los jardines de rosas donde poder acudir. Con frecuencia, las exhibiciones son espectaculares, pero es necesario recordar que la floración de un arbusto simple en un jardín de un principiante merecerá su aroma tanto como los numerosos arbustos presentes en el jardín de un experto.

PARTES DE LA PLANTA

RAMA CIEGA

RACIMO (RACIMO DE FLORES)

PEDICELO (TALLO DE LA FLOR)

ESTÍPULA

PECÍOLO

FOLÍOLO

RAMA LATERAL

ESCARAMUJOS producidos después de la floración

TALLO PRINCIPAL (BROTE BASAL o CAÑA)

MADERA NUEVA tallo que crece durante el año en curso

HOJA

NUDO

YEMA EN ACTIVIDAD

YEMA EN REPOSO (OJO)

MADERA VIEJA tallo que creció el año anterior

TOCÓN

SERPOLLO

CUELLO

UNIÓN DEL INJERTO

PORTAINJERTO

PARTES DE LA FLOR

FILAMENTO

PÉTALO

ANTERA

ESTILO

ESTIGMA

OVARIO

SÉPALO

RECEPTÁCULO al madurar forma un ESCARAMUJO

BRÁCTEA

PORTAINJERTOS

Los rosales actuales no crecen en sus propias raíces, sino que se injertan en las raíces de rosales silvestres o casi silvestres. Los portainjertos más empleados por los cultivadores son:

Rosa laxa. Actualmente es la más popular. Da muy buen resultado, trasplanta bien y raramente serpolla. Esta planta prácticamente carece de espinas, lo cual facilita el injerto de escudete.

Rosa canina. Produce las plantas más resistentes. Se usa con variedades seleccionadas. Las variedades obtenidas crecen bien en suelos arcillosos. Serpolla con frecuencia y por ello su popularidad ha disminuido.

Rosa multiflora. Produce las plantas más vigorosas. Es una buena elección como trepadora, pero es difícil de injertar y puede presentar una vida corta.

Rosa rugosa. Popular para estándar. No se recomienda para arbustos, ya que serpolla con frecuencia y no es apropiada para suelos arcillosos.

TIPOS DE CRECIMIENTO

Los cuatro tipos básicos de crecimiento son: cobertura, arbusto, estándar y trepador (*véase* el gráfico). Un arbusto puede ser un rosal híbrido de Té, un rosal Floribunda o un rosal arbustivo (*véase* pág. 11).

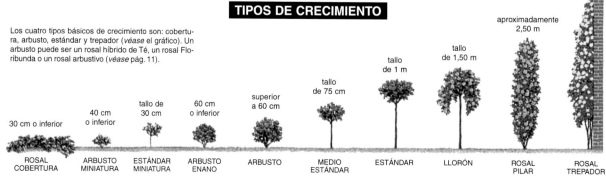

aproximadamente 2,50 m

tallo de 1,50 m

tallo de 1 m

tallo de 75 cm

superior a 60 cm

60 cm o inferior

tallo de 30 cm

40 cm o inferior

30 cm o inferior

ROSAL COBERTURA

ARBUSTO MINIATURA

ESTÁNDAR MINIATURA

ARBUSTO ENANO

ARBUSTO

MEDIO ESTÁNDAR

ESTÁNDAR

LLORÓN

ROSAL PILAR

ROSAL TREPADOR

TIPOS DE FLORES

Número de pétalos

SENCILLA

Inferior a 8 pétalos
Ejemplos: *Mermaid*
Fred Loads
Ballerine
Eye Paint
Dortmund

SEMIDOBLE

8-20 pétalos
Ejemplos: *Boy's Brigade*
Joseph's Coat
Masquerade
Sweet Magic

DOBLE

MODERADAMENTE LLENA
21-29 pétalos
Ejemplo: *Pascali*

LLENA
30-39 pétalos
Ejemplo: *Dearest*

MUY LLENA
40 pétalos o más
Ejemplos: *Peace*

Colores de la flor

MONOCOLOR
Pétalos de un
solo color. Todos
los pétalos son
iguales; es posible
que el color vire
al envejecer
la flor.
Ejemplo: *Iceberg*

BICOLOR
La parte externa
de los pétalos
es de un color
muy distinto
al de la parte
interna.
Ejemplo: *Piccadilly*

MULTICOLOR
El color de los pétalos
varía claramente
con la edad. Los
racimos tienen flores
de varios colores
simultáneamente.
Ejemplo: *Masquerade*

COMBINADO
En el interior
de cada pétalo
se mezclan dos
o más colores
diferentes.
Ejemplo: *Peace*

JASPEADO
Cada pétalo
presenta dos
o más colores
distintos, uno
de los cuales
forma rayas.
Ejemplo: *Rosa mundi*

PINTADO A MANO
Pétalos
plateados con
manchas rojas
que salpican
la superficie,
y dejan un ojo
blanco en la base.
Ejemplo: *Regensberg*

Formas de los pétalos

Los pétalos de muchas rosas son **planos**, pero
los de las híbridas de Té y los de algunas Floribunda son **curvados**. Los pétalos de algunas
rosas tienen un lado ondulado o **rizado**, y los
pétalos de las variedades Grootendorst tienen
un borde **dentado**, como los de un clavel.

PLANO
Ejemplo: *Nevada*

CURVADO
Ejemplo: *Alec's Red*

RIZADO
Ejemplo: *Just Joey*

DENTADO
Ejemplo: *F. J. Grootendorst*

Formas de la flor

ALTA-CENTRADA
Forma clásica de los
híbridos de Té: pétalos
internos largos que forman
un cono central regular.

DIVIDIDA-CENTRADA
Pétalos internos
sin ninguna orientación
que forman un área
central irregular.

MARCHITA
Flor de aspecto
marchito, totalmente
abierta: se visualizan
los estambres.

GLOBULAR
Flor con numerosos
pétalos que forman
una pelota, con un
centro cerrado.

ABIERTA-CÁLIZ
Flor de numerosos
pétalos que forman
un cáliz, con un
centro abierto.

CUARTEADA
Pétalos internos
doblados en cuatro
secciones distintas,
sin formar un cono central.

HORIZONTAL
Horizontal, flor poco
centrada con escasos
pétalos.

ROSETA
Horizontal, flor poco
centrada con numerosos
pétalos.

POMPÓN
Flor redondeada, con
numerosos pétalos cortos
regularmente dispuestos.

TIPOS DE FOLLAJE

Superficies de las hojas

La hoja típica del rosal tiene una superficie lisa y está compuesta de 5 o 7 folíolos. Este modelo se aplica a casi todas las variedades de jardín, pero el brillo de la superficie cambia mucho según la variedad considerada. Algunas son muy brillantes, como si recientemente se hubieran tratado con aceite; pero otras, al contrario, son totalmente mates. Las hojas de muchas variedades oscilan entre estos dos extremos y, por ello, se distinguen tres grupos básicos: **brillante, semibrillante** y **mate**.

No todas las hojas tienen 5 o 7 folíolos, y algunas, como *Rosa willmottiae*, tienen un follaje denso, muy atractivo, compuesto de numerosos folíolos pequeños. Además, la superficie de las hojas no siempre es lisa. Los arbustos del grupo Rugosa tienen hojas con nervaduras profundas **(rugosas)**, que les proporcionan un aspecto característico.

BRILLANTE Ejemplo: *Peace*   **SEMIBRILLANTE** Ejemplo: *Southampton*   **MATE** Ejemplo: *Royal William*   **RUGOSA** Ejemplo: *Rosa rugosa alba*

Colores de las hojas

Casi todas las hojas maduras de los rosales son verdes y oscilan desde el verde pálido insulso de *Fred loads* al verde muy oscuro de *Cornelia*. Como se ilustra en la parte inferior, existen tres grupos básicos de colores de las hojas del rosal: **verde claro**, **verde medio** y **verde oscuro**. Algunas variedades tienen un follaje verde **teñido** de **color bronce**, que proporciona a las hojas un brillo cobrizo.

Existen excepciones a esta descripción general, especialmente entre los rosales arbustivos. Algunas veces, las hojas jóvenes presentan un color purpúreo o carmesí, y en algunas variedades, como *Rosa rubrifolia* y *Buff Beauty*, esta coloración roja persiste en las hojas maduras. En el extremo opuesto de la escala de colores, se encuentran las hojas del grupo Alba de color verde-grisáceo con un matiz azulado. Algunas variedades tienen tonos muy atractivos en otoño: el grupo Rugosa destaca en este sentido.

VERDE CLARO Ejemplo: *Goldstar*   **VERDE MEDIO** Ejemplo: *Blessings*   **VERDE OSCURO** Ejemplo: *Elina*   **COBRIZO** Ejemplo: *Pink Peace*

ESCARAMUJOS

Después de la caída de las flores, las vainas del fruto, coloreadas y carnosas, de algunos rosales arbustivos constituyen una nueva y hermosa decoración en el jardín otoñal. Son muy conocidos los escaramujos rojos en forma de botella de *Rosa moyesii*, y los escaramujos, parecidos a grandes tomates de *Frau Dagmar Hartopp*; no obstante, existen muchas otras variedades donde elegir.

REDONDO: GRANDE Y ROJO Ejemplo: *Rosa rugosa scabrosa*

REDONDO: PEQUEÑO ROJO Ejemplo: *Rosa virginiana*

REDONDO: PEQUEÑO Y NEGRO Ejemplo: *Rosa pimpinellifolia*

ALARGADO Ejemplo: *Rosa moyesii Geranium*

ESPINOSO Ejemplo: *Rosa roxburghii*

ÉPOCA DE FLORACIÓN

Los rosales de floración repetitiva producen dos o más inflorescencias durante la época de floración. Los rosales actuales generalmente producen flores a intervalos, durante todos los meses de verano y en otoño, y ésta es una de las principales razones de la gran popularidad de los híbridos de Té y de los Floribunda. Las variedades de floración repetitiva, conocidas también como variedades recurrentes y remontantes, pueden florecer en el período comprendido entre las dos floraciones principales. Cuando esta característica es muy marcada, algunas veces se la describe como floración continuada y constante, pero esta denominación no es muy correcta.

Los rosales de una floración producen una sola inflorescencia, que normalmente perdura varias semanas. Ocasionalmente, pueden aparecer algunas flores en otoño, pero esta floración es muy esporádica para ser considerada como una segunda inflorescencia. Con frecuencia, las variedades de una floración la efectúan en **verano**, pero hay variedades de arbustos y enredaderas que florecen al final de la primavera, al inicio del verano o al final de éste.

FRAGANCIA

En todos los casos, la elección de una variedad depende en gran medida de la fragancia de sus flores. Por la importancia de esta característica, en las descripciones de la guía alfabética (*véanse* págs. 12-90) se indica la intensidad del perfume de cada variedad: **ninguna fragancia, ligeramente fragante, fragante** y **muy fragante**.

Sin embargo, estas afirmaciones no pueden considerarse como una valoración universalmente convenida, porque la fragancia depende de muchos factores:

- **Gusto personal:** algunas personas prefieren perfumes muy empalagosos y otras prefieren aromas picantes o dulces.
- **Sensibilidad personal:** algunas personas tienen un sentido del olfato deficiente. Este defecto puede pasar fácilmente inadvertido, a diferencia de una deficiencia en la vista o en el oído.
- **Fase de crecimiento:** algunas rosas son muy olorosas cuando empiezan a abrirse, y otras cuando están totalmente abiertas.
- **Tiempo:** la fragancia aumenta con el aire cálido y la humedad elevada.

La fragancia, por supuesto, está asociada a las flores; no obstante, algunas variedades tienen un follaje fragante. (*Véase Lady Penzance*, pág. 83.)

Historia de la rosa

Hace aproximadamente 5000 años, el hombre del Mediterráneo creó un nuevo concepto: la civilización. Muy rápidamente, aparecieron elementos básicos como la escritura, las ciudades, el uso de los metales y la rueda... y también el interés hacia la rosa.

Tanto en los muros del palacio de la antigua Creta, del año 1600 a. C., como en las tumbas de los egipcios, un milenio después, se pintaron rosas. Sin embargo, sería erróneo creer que todas las antiguas civilizaciones estaban fascinadas por esta flor (en la versión autorizada de la Biblia sólo se la menciona dos veces...).

Quizá, los primeros en considerar seriamente a la rosa fueron los griegos. Tuvieron una buena publicista en la poetisa Safo, quien denominó a la rosa «la reina de las flores», y un buen consejero técnico en Teofrasto, quien afirmaba que la producción de rosas mejoraba si se eliminaba la madera vieja del rosal, que los esquejes crecían mejor que las semillas y que el éxito dependía principalmente de la elección del lugar.

Si bien los griegos fueron los primeros en cultivar rosales en jardines y en macetas por todo el país, los romanos fueron los primeros que, entusiasmados por estas flores, durmieron en lechos de rosas, cubrieron sus suelos con ellas, las importaron desde Egipto y produjeron sus propias flores durante el invierno en invernaderos calentados artificialmente. Las emplearon en la alimentación, el vino, los perfumes y las medicinas. Las legiones las llevaron hasta Gran Bretaña y a otros puestos avanzados del imperio romano, hasta que luego éste fue invadido. La rosa, despreciada y abandonada nuevamente, declinó tanto que sólo sobrevivieron las variedades más fuertes.

Pocas civilizaciones han amado tanto las rosas como la romana. Los suelos de las casas se cubrían de gruesas alfombras hechas de pétalos de rosas.

La primitiva iglesia cristiana rechazó este símbolo floral de la depravación romana, y sólo lo aceptó posteriormente, alrededor del año 400 d. C. Con los escaramujos se confeccionaron rosarios, con los pétalos se elaboraron medicinas y, a partir del modelo de las flores, se diseñaron las ventanas circulares de las iglesias.

Se puede hacer un inventario de los rosales que existían en los jardines británicos en 1500. El más antiguo de todos los rosales cultivados en ellos era el rosal rojo **Rosa gallica**. Los expertos discuten sobre su origen en los jardines de la Edad Media. Unos sostienen que se trata de un superviviente de los tiempos romanos y otros que lo trajeron los cruzados.

Le sigue el rosal blanco, **Rosa alba**, otro rosal muy antiguo introducido por los romanos. Los fragantes rosales **Damasco** llegaron a Gran Bretaña mucho más tarde. Las investigaciones modernas datan su introducción de poco antes de 1500, y no suponen que ésta esté relacionada con el retorno de un cruzado, como se indica en muchos libros de texto.

Estos tres rosales se encontraban en el jardín de los Tudor en el año 1500. Una variedad, *Autumn Damask*, presentaba una época de floración extraordinariamente larga.

Después de la guerra de las rosas (1455-1485) la rosa roja de Lancaster (R. gallica Officinalis) y la rosa blanca de York (R. alba semiplena) se combinaron en el amblema de la rosa de los Tudor.

En 1700 surgieron otras variedades. El rosal col o **Centifolia**, globular y fragante, apareció aproximadamente en 1550, procedente del continente. Otras llegaron de mucho más lejos. El **Austrian Yellow** llegó a Gran Bretaña en 1580 desde Persia, vía Viena, y simultáneamente llegó el rosal **almizcleño**, del Himalaya.

Este ramillete de rosales antiguos de jardín con un crecimiento desplegado, con una sola floración y con flores globulares y de color limitado, sufrió la introducción de los rosales orientales, que se dio una o dos generaciones más tarde. El cruzamiento entre los rosales occidentales y los orientales originó una colección desconcertante de nuevas variedades que culminaron en los rosales modernos de los jardines actuales.

LAS ROSAS ORIENTALES

Cuando la civilización occidental estaba en sus albores, ya existían jardines de rosales en China. Los perfumes y los pétalos de las rosas se usaban para el adorno personal y como protección contra los malos espíritus.

El cultivo de rosas en Japón se remonta también a los tiempos de la prehistoria, pero no adquieren la importancia de los crisamentos, el loto o el cerezo.

Estas variedades antiguas no han llegado hasta el presente. Cuando los comerciantes de la Compañía de las Indias llegaron a China a finales del siglo XVIII, encontraron unos rosales cultivados totalmente nuevos para ellos. Los arbustos eran altos y con escasas hojas. Las flores eran pequeñas y carecían de fragancia, pero brotaban repetitivamente hasta finales de otoño y además presentaban un nuevo color: el carmesí. Eran los **rosales China**, el primero de los cuales, *Old Blush China*, llegó a Europa en 1752, seguido por *Slater's Chimson China*.

La introducción en 1752 de Old Blush, *procedente de China, trajo la primera rosa de floración continuada a Europa, pero ni las flores ni las plantas resultaban atractivas.*

Muchos años más tarde se produjo una nueva introducción desde China. Eran los **rosales de Té**, los primeros aristócratas del mundo de la rosa. A pesar de su intolerancia a las heladas y sus pedicelos débiles, tenían propiedades excepcionales: capullos de forma perfecta, flores refinadas, fragancia delicada y floración repetitiva. En 1810 llegó a Gran Bretaña el primer rosal de Té, *Hume's Blush Tea-Scented China*, seguido por *Park's Yellow Tea-Scented China*, en 1844.

Posteriormente, estas variedades orientales se cruzaron con las occidentales. De este modo, la floración repetitiva de los rosales China y las hermosas flores de los rosales de Té se combinaron con la resistencia a las heladas y la robustez de las variedades occidentales.

En cualquier historia de la rosa se describe detalladamente la importancia de estos rosales originarios de China en la evolución de los rosales provenientes de Japón. En la década de 1860 se introdujo **Rosa multiflora**, pro-

cedente de este país relativamente desconocido. Las flores de esta enredadera silvestre no ganarían ningún premio en un concurso de rosas debido a que son planas y pequeñas, carecen de atractivo y se disponen en grandes racimos. A pesar de ello, *R. multiflora* fue el progenitor de algunas enredaderas y de todas las Floribunda.

CRUZAMIENTO ENTRE EL ESTE Y EL OESTE

El primer cruzamiento este-oeste se dio en Italia. Fue un cruce aleatorio entre un rosal China rojo y *Autumn Damask*, cuyo resultado fue *Duchess of Portland*, el primer **rosal Portland**. Este grupo llegó a ser bastante popular entre 1800 y 1850, pero declinó rápidamente y en la actualidad hay muy pocos rosales Portland disponibles.

Casi simultáneamente se produjo, al otro lado del Atlántico, otro cruzamiento, éste entre *Old Blush China* y el *rosal almizcleño*. A pesar de que esto ocurrió en Carolina del Sur, más tarde un productor francés denominó a este grupo **Noisettes**. Todavía se cultivan algunas enredaderas híbridas Noisette como *Mme. Alfred Carrière*, descrita en la página 67.

El gran avance se produjo en 1816. En la isla de Borbón, en el océano Índico, se encontró una plántula híbrida en la base de un seto que contenía *Old Blush China* y *Autumn Damask*. Este nuevo rosal diminuto fue el primer **rosal Borbón**. Por fin se había producido un cruzamiento este-oeste con verdadero éxito, porque el nuevo arbusto, con flores bastante grandes, florecía repetitivamente. Francia fue el centro de la moda Borbón, y aparecieron miles de variedades. Su popularidad perduró durante gran parte de la era victoriana, y algunas variedades todavía se incluyen en los catálogos.

En 1837 apareció un nuevo rosal llamado *Princess Hélène*. Se trataba de un **híbrido Perpetua**, resultado de un cruzamiento entre un rosal Borbón y un rosal Portland. Con la aparición de este nuevo rosal, el Borbón perdió su corona como reina de las rosas. Tanto en Europa como en Estados Unidos, los productores de rosales se concentraron en producir numerosos híbridos Perpetua hasta finales del siglo XIX. Se introdujeron más de 3.000 variedades distintas de colores blanco, rosado, malva, rojo y purpúreo. Algunas permanecen encabezadas por *Frau Karl Druschki*, que todavía mantiene su lugar en los catálogos de rosales.

LA ROSA MODERNA

La reina de las rosas de la era victoriana, la híbrida Perpetua, tuvo problemas. La coloración era limitada, la floración repetida no era usual (a menudo una floración masiva era seguida por otra esporádica en verano o en otoño), al igual que su utilización en los jardines, pues formaba grandes y rampantes arbustos, lo que no resultaba demasiado práctico en un jardín pequeño. Por ello se hizo necesaria la introducción de la elegancia y delicadeza de los rosales del Té. Se disponía de muchas variedades, pero ninguna era realmente resistente frente a las adversas condiciones invernales. La unión entre los resistentes híbridos Perpetuos y los exquisitos rosales del Té resolvió el problema.

Existe cierta polémica respecto de la identidad del primer **híbrido de Té**, pero en general este honor recae en

La France *fue el primer híbrido de Té. Este grupo se creó en 1880 y el honor de ser la primera variedad la recibió esta rosa introducida en 1867.*

La France, introducido en 1867. Ésta es una fecha trascendental, porque se acepta como la fecha de nacimiento del rosal moderno. Este nuevo rosal no tuvo un éxito inmediato, y los primeros híbridos de Té fueron introduciéndose lentamente hacia finales del siglo XIX. La aceptación de este grupo se aceleró por la aparición de algunas variedades excelentes como *Mme Caroline Testout* y *Lady Mary Fitzwilliam*, pero su verdadero avance llegó en 1900. En Lyon, Pernet-Ducher introdujo *Soleil d'Or*, producido a partir de un híbrido Perpetua rojo y de Persian Yellow; con ello por fin se obtuvo un arbusto con hojas brillantes y con flores casi amarillas. Este rosal, aunque no era exactamente un híbrido de Té (inicialmente se llamó Pernetiana), permitió que esta clase llegara a ser la de mayor prestigio dentro del mundo de la rosa, lo que aún hoy se mantiene.

La primera variedad completamente amarilla, *Rayon d'Or*, apareció en 1910. En esta época, la forma alta-centrada de la rosa de Té se convirtió en la dominante entre los híbridos de Té, y *Ophelia* (1912) fue la primera variedad de color rosa verdaderamente elegante. Antes de la segunda guerra mundial se introdujo una sucesión impresionante de variedades que tendían a ser vigorosas, como: *Étoile de Hollande, Betty Uprichard, Shot Silk, Mrs. Sam Gredy, Crimson Glory*, etc. En Francia, poco antes de la guerra, se produjo una nueva variedad destinada a cambiar el aspecto del híbrido de Té. *Peace*, introducida en Gran Bretaña en 1947, anunció un nuevo vigor y un nuevo tamaño de flor.

Después de la guerra, prosiguió el flujo continuo de avances apasionantes. En 1960 llegó a Gran Bretaña, procedente de Alemania, *Super Star*, el primer rosal de color bermellón. Más tarde se introdujeron *Fragrant Cloud, Alec's Red, Alexander, Silver Jubilee*..., y todavía continúa la búsqueda de mejores híbridos de Té.

Ahora bien, los híbridos de Té no son los únicos rosales modernos populares, pues los Floribunda compiten con ellos para lograr el mayor prestigio. Su historia se remonta a Guillot, el productor de *La France*, quien en 1875 introdujo *Ma Paquerette*, resultado de un cruzamiento entre *Rosa multiflora* y un rosal China. Se trataba de un arbusto pequeño, con una época de floración larga, con flores blancas y pequeñas dispuestas en grandes racimos.

Éste fue el primer **rosal Polyantha**, y con la introducción, en 1909, de *Orléans Rose*, este grupo adquirió popularidad. La variedad *The Fairy* (*véase* pág. 90) continúa en los catálogos.

Pero los Polyantha necesitaban algo más: mayor altura y flores de mayor tamaño. La familia Poulsen, en Dinamarca, realizó un cruzamiento entre un rosal Polyantha y un rosal de Té; así aparecieron los **híbridos Polyantha** o rosales Poulsen. El primer híbrido Polyantha, *Else Poulsen*, llegó a Gran Bretaña en 1924, y le siguieron *Kirsten Poulsen* y *Anne Poulsen*. Tras estas variedades aparecieron otras producidas en Dinamarca, Gran Bretaña, Estados Unidos, Alemania y otros países, y la influencia de los híbridos de Té fue aumentando. Evidentemente, se necesitaba un nombre nuevo. En 1952 la Sociedad nacional de la rosa aceptó el término estadounidense *Floribunda*.

La gama de colores de los Floribunda es impresionante, pues supera incluso a la de los híbridos de Té. Muchos

Else Poulsen *fue la primera Floribunda. Introducida en 1924, se clasificó primero como híbrido de Té, y luego como híbrido Polyantha antes de que se inventase el grupo Floribunda en 1934 y recibiera la aceptación general en 1952.*

Floribunda son hitos, y ningún catálogo, por reducido que sea, debe omitir los numerosos rosales que han marcado una época. En la década de 1940, *Goldilocks, Masquerade* y *Fashion* introdujeron nuevos colores. En la década de 1950, *Queen Elizabeth* aportó un nuevo tamaño y elegancia. En la década de 1960 se introdujeron numerosas formas y nuevos colores, y la década de 1970 estuvo marcada por un creciente interés por las variedades enanas (*Topsi, Golden Slippers,* etc.) y por los nuevos colores, como *Picasso* (1971) y *Double Delight* (1977).

La década de 1980 vio la aparición de *Mountbatte*, que destronó a *Queen Elizabeth*. Además aparecieron numerosas y excelentes Floribunda de bajo desarrollo como *Gentle Touch* (1986), *Sweet Magic* (1987) y *Sweet Dream* (1988), todas ellas galardonadas como «Rosa del Año». La mayoría de estas Floribunda enanas y unas pocas miniaturas de mayor tamaño se clasificaron en un nuevo feudo: los rosales de Patio. Algo parecido sucedió con los rosales arbustivos. Una serie de nuevas variedades excelentes comenzó a aparecer en la década de 1980, con un hábito de crecimiento muy extenso, así que estas variedades formaron un nuevo grupo: los **rosales Cobertores del Suelo**. Finalmente, entre los rosales Trepadores surgió un nuevo tipo: recientemente han aparecido en escena los Trepadores miniatura, con flores pequeñas y hojas del mismo tamaño, pero con un desarrollo de 2,5 m de altura. El próximo avance con los Floribunda está presente, aunque no pueda verse. Como todos los aspectos de la rosa, su historia todavía no ha finalizado.

CAPÍTULO 2

ROSALES A-Z

Los siete grupos

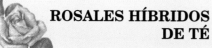

ROSALES HÍBRIDOS DE TÉ

véanse
págs. 12-30

Es la clase más popular, disponible tanto en la forma arbustiva como en la forma estándar. Los tallos de las flores son largos y éstas tienen una hermosa forma. Las flores híbridas de Té típicas tienen un tamaño mediano o grande y numerosos pétalos que forman un cono central visible. Las flores se disponen individualmente o con algunos capullos laterales.

ROSALES FLORIBUNDA

véanse
págs. 31-34

Segundos en popularidad, después de los híbridos de Té. Las flores se disponen en racimos, y algunas se abren simultáneamente en cada uno de ellos. Esta clase es la más adecuada para lucir en un arriate porque proporciona un color intenso y duradero, pero, en general, la forma de la flor es inferior a la de una rosa híbrida de Té.

ROSALES DE PATIO

véanse
págs. 44-49

Este grupo apareció en la década de 1980 y en él se encuentran numerosas variedades populares. Estos rosales de desarrollo bajo se agruparon inicialmente con los Floribunda, y constituyen versiones compactas de este grupo. Los rosales de Patio crecen hasta una altura de unos 50 cm y constituyen excelentes plantas para tinajas; también lucen bien en la parte frontal de un arriate.

ROSALES MINIATURA

véanse
págs. 50-53

La popularidad de esta clase se halla en aumento debido a su novedad y a su versatilidad. Los miniaturas pueden usarse para delimitar arriates, para cultivarse en recipientes y en rocallas, o para embellecer interiores como plantas de temporada cultivadas en maceta. Tanto las hojas como las flores son pequeñas y, en condiciones normales, la altura máxima de la planta no supera los 40 cm.

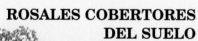

ROSALES COBERTORES DEL SUELO

véanse
págs. 54-59

Al igual que los rosales de Patio, se introdujeron en la década de 1980. Estas expansivas rosas se caracterizan por su constante floración y buena resistencia a las enfermedades: pueden utilizarse para cubrir taludes o entre arbustos de mayor envergadura. Algunos son de crecimiento bajo y bastante restringido, mientras que otros pueden extenderse ampliamente y alcanzar una altura de 1,5 m.

TREPADORES Y ENREDADERAS

véanse
págs. 60-71

Clase de rosales que poseen la capacidad de trepar sobre un soporte, al cual se hallan sujetados. Dentro de esta clase se consideran dos grupos: las enredaderas, con tallos largos y flexibles y con grandes racimos de flores pequeñas que brotan en la única floración de verano, y los trepadores, con tallos rígidos, flores de mayor tamaño que las de las enredaderas y con capacidad de presentar floración repetitiva.

ROSALES ARBUSTIVOS

véanse
págs. 72-90

Clase muy extensa. Agrupa muchos rosales con un solo aspecto común: ninguno de ellos es híbrido de Té ni Floribunda. El arbusto típico es más alto que un rosal de arriate, y es una variedad especie (relacionada con un rosal silvestre), una variedad antigua (datada con anterioridad a los híbridos de Té) o un rosal arbustivo moderno.

ROSALES HÍBRIDOS DE TÉ
(Arbustos de amplia floración)

Si bien existen 7 clases de rosales, descritos en la página 11, cuando se acerca la época de la plantación, el jardinero normal no considera más que los Floribunda e híbridos de Té, y es el híbrido de Té, por lo general, el que gana la batalla, ya que es el aristócrata de los rosales.

Cada flor híbrido de Té, sea de arbusto o de estándar, es bella por sí misma. Es la rosa «clásica»: un capullo largo y puntiagudo que al abrirse permite observar muchos pétalos lisos o aterciopelados, elegantemente curvados hacia atrás y regularmente ordenados para formar un cono central alto. La gama de colores es desconcertante, y normalmente la fragancia es moderada o fuerte. Constituye la principal elección en los concursos y para los floreros. Es la flor sobre la que siempre se comenta «¡ésta es una rosa!».

Pero no siempre fue así, pues hubo un tiempo en el que la rosa clásica era desconocida. Un cruzamiento al azar entre una delicada rosa de Té y una híbrida Perpetua originó el primer híbrido de Té, *La France*. Este acontecimiento ocurrió en 1867 y es muy conocido por los entusiastas cultivadores de rosas; un hecho menos conocido es el escaso interés despertado por dicho descubrimiento. Tuvieron que transcurrir casi 20 años antes de que aparecieran las primeras listas de híbridos de Té en los catálogos, y en este momento comenzó su populari-

dad. En 1900, apareció la primera rasa de color amarillo *(Soleil d'Or)* y, desde entonces una corriente ininterrumpida de innovaciones, descritas en la página 9, ha originado los miles de variedades diferentes que embellecen los jardines del mundo.

A veces se tiene la impresión de que esta clase representa al rosal **ideal**, dadas las entusiastas descripciones de los catálogos y las características esbozadas anteriormente. Desde luego, esto no es cierto, ya que muchos arbustos híbridos de Té son erguidos y rígidos y la humedad estropea muchas flores. En general, la flor híbrida de Té es menos frecuente y proporciona menos color al jardín que la de Floribunda. No subsisten frente a condiciones ambientales adversas, como ocurre con muchos rosales arbustivos y Floribunda, y algunos híbridos de Té de exposición producen un número de flores decepcionante.

Por consiguiente, debe elegirse cuidadosamente, ya que, como se verá en las páginas siguientes, no todos los rosales híbridos de Té son apropiados como plantas de jardín, y algunos reciben un cuidado especial para atraer tanto a los jueces de los concursos como al público en general. A menudo, se considera a la rosa híbrida de Té como la reina de las rosas porque las flores tienen una forma perfecta, un tallo largo y la época de floración abarca desde principios de verano hasta finales de otoño... pero no siempre es divina.

CLAVE DE LAS GUÍAS DE ROSALES

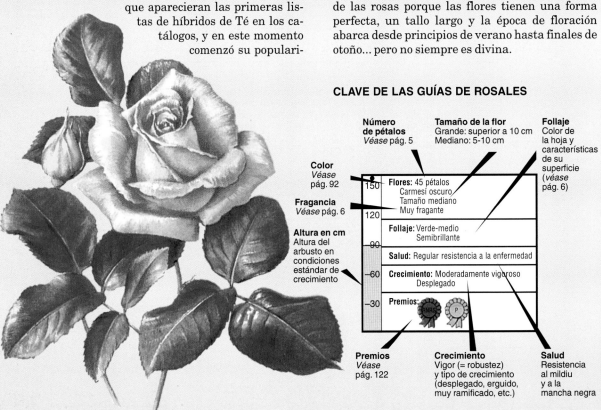

Número de pétalos *Véase* pág. 5

Tamaño de la flor Grande: superior a 10 cm Mediano: 5-10 cm

Follaje Color de la hoja y características de su superficie (*véase* pág. 6)

Color *Véase* pág. 92

Fragancia *Véase* pág. 6

Altura en cm Altura del arbusto en condiciones estándar de crecimiento

150 **Flores:** 45 pétalos Carmesí oscuro Tamaño mediano Muy fragante

120 **Follaje:** Verde-medio Semibrillante

90 **Salud:** Regular resistencia a la enfermedad

60 **Crecimiento:** Moderadamente vigoroso Desplegado

30 **Premios:**

Premios *Véase* pág. 122

Crecimiento Vigor (= robustez) y tipo de crecimiento (desplegado, erguido, muy ramificado, etc.)

Salud Resistencia al mildiu y a la mancha negra

Flores: 25 pétalos Rojo rosado Tamaño mediano Ligeramente fragante	150 120
Follaje: Verde oscuro Brillante	-90
Salud: Buena resistencia a la enfermedad	
Crecimiento: Vigoroso Arbustivo	-60
Premios: RHS GL	-30

ABBEYFIELD ROSE
Otro nombre: COCBROSE

No es buena elección si desea obtener un premio en un concurso regional. Las flores no son demasiado grandes y no tienen muchos pétalos. Sin embargo sí lo es para arriates, especialmente en terrenos de tamaño reducido. Su crecimiento es compacto y las numerosas flores nacen en tallos frondosos. Su profundo color rosa resulta de gran atractivo. Una rosa de la década de 1980 premiada en la década de 1990.

Flores: 45 pétalos Palidorrosada; envés rosado Grande Muy fragante	150 120
Follaje: Verde claro Brillante	-90
Salud: Buena resistencia a la enfermedad	
Crecimiento: Vigoroso Arbustivo	-60
Premios:	-30

ADMIRAL RODNEY

Según los expertos *Admiral Rodney* es uno de los mejores rosales que puede comprar para una exposición. Las flores, rosadas y con centros de un rosado más pálido, son muy grandes y de forma perfecta; por ello, con frecuencia se encuentran entre las dignas de premio en los principales concursos de rosales. Las flores poseen una intensa fragancia, los arbustos son bastante altos y sus hojas grandes y sanas. Sin embargo, esta variedad no florece con suficiente abundancia para lucir en un jardín corriente, y por ello es conveniente reservarla para el expositor.

Flores: 45 pétalos Carmesí Grande, globular Muy fragante	150 120
Follaje: Verde medio Brillante	-90
Salud: Buena resistencia a la enfermedad	
Crecimiento: Vigoroso Arbustivo	-60
Premios: RNRS RNRS RNRS B	-30

ALEC'S RED

Muchos expertos lo consideran el mejor rosal rojo que puede comprarse en la actualidad; se elige para arriate, para flor cortada o para exposición. Su cualidad más sobresaliente es su fragancia, muy intensa y agradable. Tiene numerosas ventajas: crecimiento sano y vigoroso, pedicelos resistentes y abundantes flores grandes durante toda la estación. Las flores son resistentes a la lluvia y conservan su color con la edad, pero los pétalos de color carmesí bastante pálido no atraen a todo el mundo.

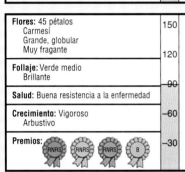
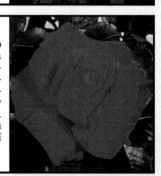

Flores: 22 pétalos Bermellón anaranjado Tamaño mediano Ligeramente fragante	150 120
Follaje: Verde intenso Brillante	-90
Salud: Buena resistencia a la enfermedad	
Crecimiento: Muy vigoroso Erguido	-60
Premios: RNRS RHS JM B	-30

ALEXANDER
Otro nombre: ALEXANDRA

La característica más sobresaliente de esta variedad es el color brillante de sus flores. Su color bermellón es mucho más intenso que el de su famoso progenitor *Super Star*. Las flores tienen buena resistencia a la lluvia. Este arbusto alto es ideal para un gran arriate o para un seto, pero no es una buena elección si se desean flores con numerosos pétalos o si se dispone de un espacio limitado. Las flores jóvenes tienen centros puntiagudos; sus largos tallos las vuelven excelentes para flor cortada.

Flores: 30 pétalos, Amarillo cremoso, rosado melocotón encendido Grande, globular. Muy fragante	150 120
Follaje: Verde medio Brillante	-90
Salud: Buena resistencia a la enfermedad	
Crecimiento: Vigoroso Erguido	-60
Premios: RNRS H	-30

ALPINE SUNSET

Es un rosal obtenido por los británicos, cuyas flores, grandes y fragantes, son apropiadas para lucir en un jardín corriente o en una exposición. Es una variedad tolerante y vigorosa que alcanza la altura media de los híbridos de Té. Las flores se recomiendan para flor cortada. Procede de una buena familia (*Grandpa Dickson*) es uno de sus progenitores). Este arbusto, de floración abundante, presenta un color atractivo. Un pequeño inconveniente es su tendencia a producir flores en floraciones distintas, más que continuamente.

ROSALES HÍBRIDOS DE TÉ

Altura en cm

APRICOT SILK

Rosal con un nombre muy apropiado, ya que los pétalos tienen una tonalidad de albaricoque poco común y una superficie con un brillo sedoso. Es imprescindible para los floristas, ya que sus elegantes capullos tienen tallos largos y mantienen sus cualidades en agua. En el jardín es un arbusto de crecimiento alto con hojas bronceadas, las cuales, cuando son jóvenes, presentan un color púrpura. Se debe pulverizar esta variedad para protegerla del mildiu y de la mancha negra, y podarla con cuidado, puesto que la poda intensa estropea la exposición.

Flores: 20 pétalos Color albaricoque; envés anaranjado rojizo. Grande Ligeramente fragante	
Follaje: Verde oscuro Brillante	
Salud: Regular resistencia a enfermedades	
Crecimiento: Moderadamente vigoroso Erguido	
Premios:	

(Altura: 150, 120, 90, 60, 30)

BARKAROLE

Otro nombre: TANELORAK

Se trata de una rosa que apareció a finales de la década de 1980, y sin presentar ningún rasgo ventajoso, posee varias características deseables. Las grandes flores tienen un color encantador rojo y sus pétalos son aterciopelados. Su aroma es intenso, pero no tan pronunciado como en *Alec's Red* o *Double Delight*. El crecimiento ramificado hace que se expanda fácilmente, por lo que estos arbustos cubrirán un área bastante amplia.

Flores: 25 pétalos Rojo intenso Grande Fragante	
Follaje: Verde oscuro Brillante	
Salud: Regular resistencia a enfermedades	
Crecimiento: Vigoroso Desplegado	
Premios:	

(Altura: 150, 120, 90, 60, 30)

BELLE EPOQUE

Otro nombre: FRYYABOO

Esta rosa producida en Inglaterra, atrajo mucho la atención cuando se exhibió en Chelsea en 1995 por la inusual coloración de las flores: ámbar o bronce dorado en el interior de los pétalos y bronce más intenso en la parte exterior. Florece al principio de la estación, con la forma clásica de los híbridos del Té. Posee una fragancia razonadamente fuerte y seguramente acabará ganando algún premio; el tiempo lo indicará.

Flores: 25 pétalos Rojo intenso Grande Fragante	
Follaje: Verde oscuro Brillante	
Salud: Buena resistencia a enfermedades	
Crecimiento: Vigoroso Arbustivo	
Premios: RNRS	

(Altura: 150, 120, 90, 60, 30)

BLESSINGS

Blessings se ha considerado la variedad ideal del arriate. Sin embargo, sus flores no son excepcionales, ni en tamaño, ni en forma, ni tampoco en fragancia. Esta variedad, de color atractivo, destaca por el gran número de flores que presenta el arbusto. Las flores, de color rosa, individuales o en racimos, son muy abundantes desde el inicio de la estación hasta finales de otoño, y conservan su atractivo incluso en tiempo lluvioso.

Flores: 30 pétalos Color rosa coral Tamaño mediano Fragante	
Follaje: Verde medio Brillante	
Salud: Buena resistencia a las enfermedades	
Crecimiento: Vigoroso Erguido	
Premios: RNRS RHS BB	

(Altura: 150, 120, 90, 60, 30)

BLUE MOON

Otros nombres: MAINZER FASTNACHT, SISSI

Esta variedad se considera unánimemente la mejor de los llamados rosales «azules», aunque sus flores no son azules sino de un color lila pálido. Muchos no aprecian el aspecto enfermizo de los pétalos en el jardín, pero en el interior, esta variedad es excelente para flor cortada. Los capullos son altos y puntiagudos, los tallos largos y la fragancia muy fuerte. *Blue Moon* consiguió su buena reputación por su resistencia a las enfermedades, pero actualmente es necesario pulverizarlo con frecuencia.

Flores: 35 pétalos Color lila plateado Grande Muy fragante	
Follaje: Verde medio Brillante	
Salud: Regular resistencia a la enfermedad	
Crecimiento: Moderadamente vigoroso Erguido	
Premios: RNRS R	

(Altura: 150, 120, 90, 60, 30)

Flores:	35 pétalos
	Anaranjado bermellón
	Grande
	Ligeramente fragante
Follaje: Verde oscuro	
	Semibrillante
Salud: Buena resistencia a la enfermedad	
Crecimiento: Vigoroso	
	Arbustivo
Premios:	

150 — 120 — 90 — 60 — 30

CHESHIRE LIFE

La característica más sobresaliente de esta variedad es su capacidad para resistir el frío y la lluvia. El color bermellón de sus flores llamará la atención de los admiradores de la variedad Super Star, pero esta variedad nueva tiene la gran ventaja de ser muy resistente a las enfermedades. El arbusto es pequeño o de tamaño mediano, con hojas coriáceas y abundantes y numerosas flores de un color intenso. El principal inconveniente de *Cheshire Life* es la carencia de una fragancia fuerte.

Flores:	45 pétalos
	Rosado, cobrizo y amarillo
	Grande
	Ligeramente fragante
Follaje: Verde oscuro	
	Brillante
Salud: Regular resistencia a la enfermedad	
Crecimiento: Muy vigoroso	
	Arbustivo
Premios:	

150 — 120 — 90 — 60 — 30

CHICAGO PEACE
Otro nombre: JOHNAGO

Esta coloreada variación de Peace fue descubierta en un jardín de Chicago y exportada desde Estados Unidos en 1962. Todavía se encuentra ampliamente disponible y es una excelente opción general que alcanza los 100-150 cm, dependiendo de la poda. Se puede utilizar en arriates, setos o llevar a exhibiciones florales. Sus flores tienen un color más intenso que el de su famoso pariente. El rosa y el cobre dominan y el anverso es de un amarillo cobrizo.

Flores:	40 pétalos
	Rojo rosado
	Tamaño mediano
	Ligeramente fragante
Follaje: Verde medio	
	Semibrillante
Salud: Buena resistencia a la enfermedad	
Crecimiento: Vigoroso	
	Erguido
Premios:	

150 — 120 — 90 — 60 — 30

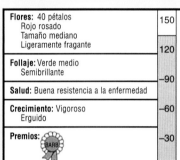

CONGRATULATIONS
Otros nombres: KORLIFT, SYLVIA

Esta variedad alta obtuvo los primeros honores de la Asociación británica de representantes de los productores de rosas, pero no es muy popular. El problema reside en que su espigado crecimiento erguido no resulta realmente adecuado para los arriates de un jardín de tamaño medio, aunque constituye una excelente elección tanto para seto como para corte. Tiene un nivel bueno de resistencia a la enfermedad y los abundantes grupos de flores con buena forma nacen sobre tallos sin espinas.

Flores:	24 pétalos
	Naranja intenso, amarillo encendido
	Tamaño mediano
	Fragante
Follaje: Verde intenso, rojo moteado	
	Brillante
Salud: Buena resistencia a la enfermedad	
Crecimiento: Vigoroso	
	Erguido
Premios:	

150 — 120 — 90 — 60 — 30

DAWN CHORUS
Otro nombre: DICQUASAR

Forma parte de los ventajosos híbridos del Té introducidos en la década de 1990. Una impresionante lista de virtudes le hicieron merecedor de la Rosa del Año 1993. Las flores, altas-centradas, se encuentran con frecuencia agrupadas, y pueden ser lo suficientemente abundantes como para cubrir el atractivo follaje. El color como de piel de naranja atrae la atención, posee fragancia y el período de floración es extenso y continuado. Si se desea una brillante rosa para arriates, se debe elegir esta variedad.

Flores:	40 pétalos
	Carmesí intenso
	Grande
	Muy fragante
Follaje: Verde intenso	
	Brillante
Salud: Buena resistencia a la enfermedad	
Crecimiento: Vigoroso	
	Erguido
Premios:	

150 — 120 — 90 — 60 — 30

DEEP SECRET
Otro nombre: MILDRED SCHEEL

Se encuentra en muchos catálogos por dos aspectos ventajosos. El primero es su colorido: quizás es, entre todas las rosas de color rojo, la que tiene un color más oscuro, incluso más que *Josephine Bruce* o *Papa Meilland*. En segundo lugar, está su fragancia, tan rica y fuerte. Los arbustos tienen una altura mediana y las flores con frecuencia se desarrollan en pequeños racimos. Los capullos son casi negros.

ROSALES HÍBRIDOS DE TÉ

DIE WELT
Otro nombre: THE WORLD, DIEKOR

Die *Welt* es una excelente elección si el objetivo es ganar un premio en la exhibición floral de la zona: las flores con un buen desarrollo y la clásica forma de los híbridos de Té son una ventaja, pero se ha de buscar en los catálogos para encontrar un proveedor. Florece libremente, aunque no goza del favor popular como rosal de arriates al ser poco fragante y necesitar una poda para evitar la mancha negra.

Flores: 25 pétalos Rosa, naranja y amarillo Grande Ligeramente fragante	
Follaje: Verde, medio Brillante	
Salud: Regular resistencia a la enfermedad	
Crecimiento: Vigoroso Erguido	
Premios:	

150 / 120 / 90 / 60 / 30

DORIS TYSTERMAN

Este rosal, producido por los británicos e introducido en 1975, rápidamente alcanzó popularidad como una variedad de arriate. Su floración abundante y su buen rendimiento en otoño aseguran una agradable manifestación floral durante toda la estación. Sus flores rojo-anaranjadas, de forma perfecta con tallos largos y rectos, son excelentes para flor cortada. Esta variedad no presenta grandes inconvenientes; sin embargo, las flores sólo alcanzan un tamaño mediano, las hojas necesitan protección contra el mildiu y la fragancia no es intensa.

Flores: 30 pétalos Color mandarina; bordes más oscuros Tamaño mediano Ligeramente fragante	
Follaje: Cobrizo Brillante	
Salud: Regular resistencia a la enfermedad	
Crecimiento: Vigoroso Erguido	
Premios:	

150 / 120 / 90 / 60 / 30

DOUBLE DELIGHT

Este rosal, producido por los americanos, despertó mucho interés cuando fue introducido en 1976, y actualmente su popularidad se está propagando por Europa. Sus principales atractivos residen en su intensa fragancia y en el original color de sus pétalos: «como un helado de vainilla bañado de zumo de fresa», según el catálogo Harkness. La relación entre los colores crema y rojo de los pétalos varía mucho. Los arbustos tienen un crecimiento vigoroso y producen abundantes y hermosas flores dignas de ser exhibidas por su tamaño.

Flores: 40 pétalos Blanco cremoso; bordes rojos Grande Muy fragante	
Follaje: Verde medio Semibrillante	
Salud: Regular resistencia a la enfermedad	
Crecimiento: Vigoroso Erguido	
Premios:	

150 / 120 / 90 / 60 / 30

DR. McALPINE

Si le gustan las flores de color rosa y busca un arbusto para un rincón, considere entonces esta variedad de desarrollo corto. Normalmente se encuentra en la sección de híbridos de Té en cualquier catálogo —las grandes flores tienen la forma clásica asociada a este grupo. Pero generalmente las flores nacen en racimos hasta de 10 en cada grupo, por lo que en ocasiones se las incluye con las Floribunda. El color floral no es excepcional, pero posee un fuerte aroma. Esta rosa no ha sido nunca muy popular.

Flores: 30 pétalos Rosa intenso Grande Muy fragante	
Follaje: Verde oscuro Semibrillante	
Salud: Regular resistencia a la enfermedad	
Crecimiento: Vigoroso Desplegado	
Premios:	

150 / 120 / 90 / 60 / 30

DUTCH GOLD

Esta excepcional variedad, introducida en 1978, se encuentra en muchos catálogos desde 1979 o 1980. Evidentemente, un rosal nuevo con flores de un perfume intenso y suficientemente grandes para concursar, había de tener éxito. Las flores se producen en abundancia; tienen una forma perfecta y no se decoloran al madurar. Sus progenitores, *Peer Gynt* y *Whisky Mac*, presentan un crecimiento más compacto y producen flores más pequeñas con tendencia a ser caliciformes.

Flores: 35 pétalos Amarillo dorado Grande Muy fragante	
Follaje: Verde medio Brillante	
Salud: Regular resistencia a la enfermedad	
Crecimiento: Vigoroso Erguido	
Premios:	

150 / 120 / 90 / 60 / 30

ROSALES HÍBRIDOS DE TÉ

Flores: 40 pétalos Marfil, amarillo pálido en la base Grande Fragante	150
	120
Follaje: Verde oscuro Brillante	−90
Salud: Buena resistencia a la enfermedad	
Crecimiento: Vigoroso Erguido	−60
Premios:	−30

ELINA

Otro nombre: PEAUDOUCE

En opinión de los expertos, es una de las mejores rosas de jardín, la mejor para exhibiciones florales y el más saludable de los híbridos de Té. Está recubierta de grandes hojas, y las flores nacen sobre tallos fuertes. Los capullos se abren produciendo flores como la porcelana, de un amarillo verdoso claro al principio que se convierte en marfil al madurar. A pesar de la delicada apariencia de las flores, resisten las condiciones adversas.

Flores: 35 pétalos Blanco cremoso, matizado de color ante y rosa Grande. Fragante	150
	120
Follaje: Verde medio Semibrillante	−90
Salud: Regular resistencia a la enfermedad	
Crecimiento: Vigoroso Arbustivo	−60
Premios:	−30

ELIZABETH HARKNESS

Es uno de los mejores rosales híbridos de Té de color crema que pueden comprarse. Las flores son grandes, altas centradas y de un color difícil de describir (pálido y matizado de color de ante cremoso que se intensifica en otoño). Esta variedad florece pronto y continúa brotando en abundancia durante toda la estación. Las flores tienen un aroma agradable, si bien no especialmente intenso, y son excelentes para flor cortada. *Elizabeth Harkness* florece en condiciones estacionales favorables, pero como muchas variedades de colores pálidos no gusta de la lluvia.

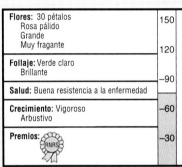

Flores: 30 pétalos Rosa pálido Grande Muy fragante	150
	120
Follaje: Verde claro Brillante	−90
Salud: Buena resistencia a la enfermedad	
Crecimiento: Vigoroso Arbustivo	−60
Premios:	−30

EMPRESS MICHIKO

Esta rosa Dickson se introdujo en 1992 y actualmente está presente en gran número de catálogos. *Silver Jubilee* es uno de sus parientes, y de la línea materna ha heredado el color rosa, el vigor y una buena salud. Sin embargo, existen algunas diferencias: el color es más delicado y la forma más compacta. Además, las hojas tienen un colorido más pálido y la fragancia resulta más acusada. Destaca principalmente por su hábitat libre de floración.

Flores: 30 pétalos Color escarlata carmesí Grande Muy fragante	150
	120
Follaje: Verde medio Semibrillante	−90
Salud: Regular resistencia a la enfermedad	
Crecimiento: Moderadamente vigoroso Erguido	−60
Premios:	−30

ENA HARKNESS

Importante rosal antiguo, durante muchos años fue el rosal rojo más popular en parte de Europa. Hoy día, a menudo se destacan sus inconvenientes: necesidad de un cultivo muy exigente, falta de vigor de las variedades modernas y, sobre todo, debilidad de los pedicelos de las flores, que origina la inclinación de éstas hacia la base. No obstante, todavía se cultiva extensamente porque la belleza de su forma y la riqueza de su colorido tienen escasos rivales. Florece en abundancia, sobre todo en otoño, y las flores no se decoloran o lo hacen muy ligeramente.

Flores: 30 pétalos Carmesí Grande Muy fragante	150
	120
Follaje: Verde oscuro Semibrillante	−90
Salud: Regular resistencia a la enfermedad	
Crecimiento: Vigoroso Erguido	−60
Premios:	−30

ERNEST H. MORSE

La popularidad de los rosales rojos ha cambiado con el tiempo, pero desde su introducción en 1964, esta variedad se encuentra entre las más vendidas. Ha demostrado ser completamente fiable; sin embargo, en la actualidad necesita cierta protección contra el mildiu si la estación es desfavorable. Es casi ideal como rosal de arriate, ya que posee flores de color rojo intenso, grandes, fragantes y la lluvia no las daña. Las flores se producen en abundancia durante toda la estación, y las mejores pueden emplearse para exposición y para decoración floral.

ROSALES HÍBRIDOS DE TÉ

FRAGRANT CLOUD
Otro nombre: DUFTWOLKE

Es una de las variedades más importantes de todos los tiempos, por lo que apenas necesita descripción. Su fama se mantiene inalterable desde su introducción en 1964, ya que posee un perfume intenso, incomparable al de cualquier otra variedad moderna. Las flores brotan muy pronto y están bien distribuidas en el arbusto, por lo cual esta variedad es excelente para arriates y exposiciones. En la actualidad, su reputación ha disminuido porque tanto el mildiu como la mancha negra pueden constituir un problema.

Flores:	30 pétalos Rojo geranio Grande Muy fragante
Follaje:	Verde oscuro Brillante
Salud:	Regular resistencia a la enfermedad
Crecimiento:	Vigoroso Erguido
Premios:	RNRS RNRS RHS

150 — 120 — 90 — 60 — 30

FRAGRANT DREAM

Este híbrido de Té fue introducido por Dickson en 1989 y como cabría esperar de un rosal nuevo está bien revestido de hojas y tiene una más que aceptable resistencia a la enfermedad. Dos características más la han llevado a estar presente en muchos catálogos: su perfume, lo suficientemente intenso como para ganar un premio, y los pétalos atractivamente nervados. Se recomienda en arriates, setos y para plantarla en macetas, y se puede forzar en invernadero.

Flores:	26 pétalos Albaricoque Grande Fragante
Follaje:	Verde medio Brillante
Salud:	Buena resistencia a la enfermedad
Crecimiento:	Vigoroso Erguido
Premios:	B

150 — 120 — 90 — 60 — 30

FREEDOM

Se creía que iba a destacar mucho en la década de 1990 por sus cualidades en el arriate y en las exhibiciones florales. Los pétalos amarillos no se estropean con el transcurso del tiempo y caen limpiamente. El perfume es agradable y las hojas abundantes. Con un buen color, saludable, vigoroso, resulta una buena elección para una agrupación. De fácil adquisición, ha recibido un premio RHS, aunque no ha conseguido el favor popular que se esperaba.

Flores:	30 pétalos Amarillo profundo Tamaño mediano Fragante
Follaje:	Verde medio Brillante
Salud:	Buena resistencia a la enfermedad
Crecimiento:	Vigoroso Arbustivo
Premios:	RNRS RHS

150 — 120 — 90 — 60 — 30

FULTON MACKAY

Es una variedad de *Silver Jubilee* producida en Escocia. El arbusto se encuentra densamente cubierto por un atractivo follaje y tiene una buena reputación por su resistencia a la enfermedad y a las adversas condiciones climáticas. Los grandes capullos se abren en elegantes flores con un dulce perfume, por lo que son excelentes para un ramo. Ha obtenido algunos premios y tiene muchos admiradores, pero no ha logrado la fama de su madre.

Flores:	20 pétalos Albaricoque, dorado combinado Grande Fragante
Follaje:	Verde medio Brillante
Salud:	Buena resistencia a la enfermedad
Crecimiento:	Vigoroso Erguido
Premios:	RNRS GL

150 — 120 — 90 — 60 — 30

GOLDEN JUBILEE

Una rosa de la década de 1980 que mantiene su lugar en muchos catálogos, si bien nunca ha sido una estrella. Tiene algunos puntos a su favor, pero una desventaja. Las flores amarillas que se abren están manchadas de rosa y al madurar adquieren una tonalidad amarillo dorado. Estas flores nacen sobre tallos rígidos con grandes hojas —un placer para la vista pero no para la nariz. Resiste bien las enfermedades, de modo que es una rosa fiable pero no espectacular.

Flores:	30 pétalos Amarillo Grande Ligeramente fragante
Follaje:	Verde medio Brillante
Salud:	Buena resistencia a la enfermedad
Crecimiento:	Vigoroso Erguido
Premios:	

150 — 120 — 90 — 60 — 30

Altura en cm

Flores: 30 pétalos Amarillo profundo Tamaño mediano Ligeramente fragante	150 120
Follaje: Verde pálido Mate	90
Salud: Buena resistencia a la enfermedad	
Crecimiento: Vigoroso Erguido	60
Premios: 	30

GOLDSTAR
Otro nombre: CANDIDE

Especialmente atractiva para arreglos florales por las flores que nacen en tallos largos y rectos. Se desarrollan individualmente o en pequeños grupos en el extremo de la planta. Es una buena rosa de jardín, y la parte inferior sin flores se puede ocultar plantando una variedad de crecimiento bajo delante. Las flores de un amarillo limpio aparecen libremente y el color no varía con el tiempo.

Flores: 35 pétalos Amarillo limón, a veces bordes rosados Grande Ligeramente fragante	150 120
Follaje: Verde oscuro Brillante	90
Salud: Buena resistencia a la enfermedad	
Crecimiento: Vigoroso Erguido	60
Premios: 	30

GRANDPA DICKSON
Otro nombre: IRISH GOLD

Es el mejor rosal híbrido de Té de color amarillo pálido que puede comprarse. Se encuentra en la mayoría de los catálogos. Las flores, con pétalos largos, tienen una forma magnífica (suele ser la estrella en los concursos). Además, es una excelente variedad de arriate porque tiene una buena resistencia a la lluvia y su floración, abundante, se produce al final de la estación. Pero incluso un rosal «ideal» puede tener inconvenientes: algunas veces su aspecto es desvaído y requiere un buen suelo y fertilizantes.

Flores: 25 pétalos Color escarlata, estrías amarillas Grande Ligeramente fragante	150 120
Follaje: Verde medio Brillante	90
Salud: Regular resistencia a la enfermedad	
Crecimiento: Vigoroso Arbustivo	60
Premios:	30

HARRY WHEATCROFT

Esta variedad lleva su nombre en honor a uno de los grandes personajes del mundo de la rosa. Esta mutante de *Piccadilly* puede valorarse por su novedoso y llamativo color, pero éste también puede resultar demasiado chillón. Cada flor, puntiaguda y grande, es una explosión de color. Esta variedad es excelente para arriates porque es compacta, florece en abundancia y es resistente a la lluvia. Por desgracia, tiene un perfume escaso y necesita pulverizaciones contra la mancha negra. Las flores, duraderas, se recomiendan para arreglos florales.

Flores: 30 pétalos Blanco marfil Grande Fragante	150 120
Follaje: Verde oscuro, bronce manchado Brillante	90
Salud: Buena resistencia a la enfermedad	
Crecimiento: Vigoroso Erguido	60
Premios: 	30

ICE CREAM

En 1993, esta rosa Kordes fue presentada en la Exhibición floral de Chelsea y despertó un gran interés. Resulta atractiva incluso antes de florecer. La planta se encuentra densamente recubierta de hojas de un rojo cobrizo en los ejemplares jóvenes y de un verde broncíneo oscuro al madurar. Las flores se desarrollan en un gran número durante un período prolongado. Se recomienda tanto para arriates como para cortar.

Flores: 30 pétalos Naranja cremoso Grande Muy fragante	150 120
Follaje: Verde oscuro Brillante	90
Salud: Buena resistencia a la enfermedad	
Crecimiento: Vigoroso Arbustivo	60
Premios: 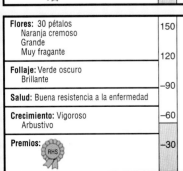	30

INDIAN SUMMER

Se trata de uno de los híbridos de Té más recientes, con numerosos admiradores. Las flores de color naranja pálido contrastan fuertemente con el abundante follaje oscuro. El perfume es acusado y ganó el premio a la mejor fragancia en Glasgow. A pesar de su nombre, no necesita del verano indio para florecer: su habilidad para soportar una estación lluviosa resulta sorprendente. Otra virtud es la disposición de los escaramujos cuando las flores se han marchitado.

Altura en cm

INGRID BERGMAN
Otro nombre: POULMAN

Esta rosa de floración libre añadida a la lista de rosas aterciopeladas rojas hizo su aparición en 1985. Es una buena opción para quien le guste este tipo de flor, y ha sido premiada con frecuencia desde su introducción por Poulsen en Dinamarca. Su denso y aterciopelado follaje hace de ella un buen ejemplar para arriate y como seto. Las flores aparecen aisladas sobre fuertes tallos y se aguantan bien en agua; es una buena rosa para un arreglo floral.

Flores:	35 pétalos Rojo intenso Tamaño mediano Fragante
Follaje:	Verde oscuro Brillante
Salud:	Buena resistencia a la enfermedad
Crecimiento:	Vigoroso Erguido
Premios:	

150 — 120 — 90 — 60 — 30

JOSEPHINE BRUCE

Las rosas de color rojo oscuro aterciopelado son raras; por ello, esta variedad mantiene su lugar en los catálogos. Los arbustos de tamaño mediano tienen un crecimiento extensivo, que puede controlarse algo podando las yemas apicales interiores. Esta variedad es especialmente buena cuando se cultiva como una estándar. La mejor exposición es la de principios de estación, ya que las flores tienen una forma perfecta, de calidad suficiente para participar en un concurso. A finales de verano, los pétalos tienden a romperse y la lucha contra el mildiu es constante.

Flores:	25 pétalos Carmesí intenso aterciopelado Tamaño mediano o grande Muy fragante
Follaje:	Verde oscuro Semibrillante
Salud:	Propenso a la enfermedad
Crecimiento:	Vigoroso Desplegado
Premios:	

150 — 120 — 90 — 60 — 30

JULIA'S ROSE

Recibe el nombre de la famosa arreglista floral Julia Clements, y se cultiva para cortar. Los alargados capullos se abren lentamente para producir flores parecidas a la porcelana. Es difícil describir el color, y lo más frecuente es que se diga que es «como de pergamino». Excelente en el interior, pero pobre para un arriate. Su crecimiento es erguido, y los largos tallos derechos le confieren una elegante apariencia en el jardín. Proporcionalmente buenas condiciones y protección contra el viento. Se ha de podar ligeramente.

Flores:	25 pétalos Pergamino, cobre matizado Tamaño mediano Ninguna fragancia
Follaje:	Verde, rojo matizado Semibrillante
Salud:	Regular resistencia a la enfermedad
Crecimiento:	Moderadamente vigoroso Erguido
Premios:	(BB)

150 — 120 — 90 — 60 — 30

JUST JOEY

Este rosal inglés, producido por Cants, es inconfundible debido a su incomparable color y a sus pétalos rizados. Se ha convertido en el rosal de arriate más popular de todos los introducidos en la década de 1970, ya que combina la novedad con la belleza y la fiabilidad. Los capullos son atractivos y excelentes para el arreglo floral puesto que brotan en abundancia durante toda la época de floración. No es una flor de concurso, pero sus flores abiertas tienen un gran colorido y son resistentes a la lluvia. Florece durante todo el otoño.

Flores:	30 pétalos Anaranjado cobrizo, más pálido en los bordes. Tamaño mediano Fragante
Follaje:	Verde oscuro Mate
Salud:	Buena resistencia a la enfermedad
Crecimiento:	Moderadamente vigoroso Arbustivo
Premios:	

150 — 120 — 90 — 60 — 30

KEEPSAKE
Otro nombre: ESMERALDA

Esta rosa de la década de 1980 no aparece en todos los catálogos, pero aquí se incluye por ser una de las 10 mejores variedades para exhibiciones. Las flores grandes y con buena forma con varias tonalidades de rosa a menudo consiguen los primeros premios. Los tallos son fuertes y armados de grandes espinas y el follaje es abundante. Las desventajas incluyen un crecimiento desigual y la ausencia de un perfume marcado.

Flores:	40 pétalos Rosa Grande Ligeramente fragante
Follaje:	Verde oscuro Brillante
Salud:	Buena resistencia a la enfermedad
Crecimiento:	Vigoroso Erguido
Premios:	(RNRS)

150 — 120 — 90 — 60 — 30

ROSALES HÍBRIDOS DE TÉ

Flores: 40 pétalos
   Amarillo intenso
   Tamaño mediano
   Fragante

Follaje Verde oscuro
   Brillante

Salud: Buena resistencia a la enfermedad

Crecimiento: Vigoroso
   Ramificado

Premios: (US)

150 · 120 −90 −60 −30

KING'S RANSOM

La popularidad de muchos rosales varía con el tiempo, pero esta variedad de producción americana, aparecida por primera vez en 1961, todavía se recomienda como el mejor híbrido de Té amarillo para exposiciones de jardín. Su popularidad y buena reputación se basan en una serie de características: flores inmarcesibles, altas-centradas y resistentes a la lluvia, arbustos que producen abundantes ramas, flores y hojas, y capullos de bellísima forma, excelentes para arreglos florales. (Es mejor escoger otro rosal si se tiene un suelo arenoso o calcáreo.)

Flores: 25 pétalos
   Naranja
   Grande
   Ligeramente fragante

Follaje: Verde oscuro
   Brillante

Salud: Buena resistencia a la enfermedad

Crecimiento: Muy vigoroso
   Erguido

Premios: (RNRS) (B) (P)

150 120 −90 −60 −30

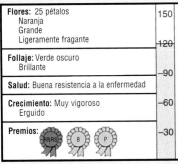

L'OREAL TROPHY

Una variación espontánea de *Alexander* que, a pesar de lo esperado, no ha recibido la popularidad y adulación de su ilustre progenitor. Los jueces de diversos países le han dado sus más altas puntuaciones, pero todavía son pocos los cultivadores. Posee todas las buenas características de su pariente: follaje atractivo, flores luminiscentes y una constitución sana. Existen dos diferencias: el color es más naranja que bermellón y los arbustos no son tan altos.

Flores: 35 pétalos
   Rosa rosado
   Grande
   Fragante

Follaje: Verde medio
   Brillante

Salud: Buena resistencia a la enfermedad

Crecimiento: Vigoroso
   Arbustivo

Premios: (RNRS) (RHS) (P)

150 120 −90 −60 −30

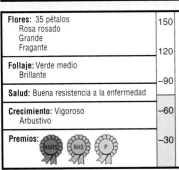

LOVELY LADY

Una rosa de color rosa que ha tenido que pelear contra las demás híbridos de Té de igual color para obtener un lugar entre las mejores. Tiene mucha aceptación por su impresionante lista de virtudes, entre las que se encuentran las grandes flores fragantes, los tallos fuertes y las grandes y numerosas hojas. Resulta, además, una planta saludable, por lo que se recomienda para arriates. Las flores son simétricas y están bien centradas en la parte superior, lo que significa que *Lovely Lady* puede utilizarse en las exhibiciones, pero no forma parte de las 10 mejores rosas.

Flores: 30 pétalos
   Naranja taronja
   Tamaño mediano
   Ligeramente fragante

Follaje: Verde, bronce matizado
   Semibrillante

Salud: Buena resistencia a la enfermedad

Crecimiento: Muy vigoroso
   Arbustivo

Premios: (RNRS)

150 120 −90 −60 −30

LOVERS' MEETING

En sus inicios no existía un acuerdo general sobre donde situar esta estrella naranja de la década de 1980, pero actualmente se clasifica con los híbridos de Té más que con los Floribunda. No existe discusión alguna sobre sus virtudes: en primer lugar, el color (naranja indio claro); el follaje verde broncíneo sobre fuertes tallos. Las flores tienen la forma de los híbridos de Té, pero con frecuencia nacen en pequeños grupos.

Flores: 30 pétalos
   Naranja taronja
   Tamaño mediano
   Ligeramente fragante

Follaje: Verde, bronce matizado
   Semibrillante

Salud: Buena resistencia a la enfermedad

Crecimiento: Vigoroso
   Arbustivo

Premios: (RNRS)

150 120 −90 −60 −30

LOVING MEMORY
Otro nombre: RED CEDAR

Esta variedad roja de la década de 1980 se mantiene como uno de los mejores híbridos de Té para muchos cultivadores. Alguien la ha descrito como «una rosa ideal para cualquier jardín», y ciertamente posee diversos méritos. El arbusto está densamente cubierto con un follaje oscuro y los largos y erguidos tallos resultan excelentes para cortar. Las flores están bien formadas y aparecen en gran número durante toda la estación. Resulta buena para las exhibiciones.

ROSALES HÍBRIDOS DE TÉ

Altura en cm

MISCHIEF

Introducido en 1961, *Mischief* aún es uno de los rosales de arriate más populares. Su gran atractivo reside en la extraordinaria abundancia de flores de hermosa forma y resistentes a la lluvia, que aparecen durante toda la estación. En verano, el color de la flor recuerda al del «interior de una fresa», y en otoño se vuelve anaranjado. El tamaño de la flor es variable. Pueden aparecer flores pequeñas, pero si se efectúa una desyemación se pueden producir grandes rosas de exposición. No es una buena elección para jardines en los que la roya sea un problema.

Flores: 30 pétalos	Color salmón coral
	Tamaño mediano
	Ligeramente fragante
Follaje: Verde claro	Semibrillante
Salud: Regular resistencia a la enfermedad	
Crecimiento: Vigoroso	Erguido
Premios:	

Altura: 150, 120, 90, 60, 30

MISTER LINCOLN

Buena elección si se quiere una rosa rojo oscura y aterciopelada para cortar (las flores brotan sobre largos tallos y se mantienen bien en agua). Es una variedad vistosa, adecuada para un jardín. Es menos propensa al mildiu que las variedades antiguas de color rojo oscuro, como la *Chrysler Imperial*, y es menos probable que las flores se vuelvan de color púrpura con la edad. Como inconveniente, los atractivos capullos rápidamente se transforman en flores caliciformes y es poco conveniente para arriates pequeños por sus tallos largos y desramificados.

Flores: 35 pétalos	Rojo oscuro
	Grande
	Fragante
Follaje: Verde medio	Mate
Salud: Regular resistencia a la enfermedad	
Crecimiento: Muy vigoroso	Erguido
Premios: US	

Altura: 150, 120, 90, 60, 30

MY JOY

Casi todas las rosas de este libro han sido seleccionadas por su popularidad en el jardín normal. *My Joy* es diferente: esta rosa de color rosa, variación espontánea de *Red Devil*, se encuentra disponible en muy pocas ocasiones. Se incluye aquí por ser una de las 12 mejores rosas para concursos. Su color es muy parecido al de su pariente, por lo que resulta un poco sorprendente que no esté más extendida como un atractivo rosal para un jardín.

Flores: 60 pétalos	Rosa profundo
	Grande
	Fragante
Follaje: Verde oscuro	Brillante
Salud: Buena resistencia a la enfermedad	
Crecimiento: Vigoroso	Erguido
Premios:	

Altura: 150, 120, 90, 60, 30

NATIONAL TRUST
Otro nombre: *BAD NAUHEIM*

No se cultiva ni por su fragancia ni tampoco para ser expuesto. Sin embargo, *National Trust* es uno de los híbridos de Té de color rojo más destacados. Los arbustos carecen de la altura y las flores del tamaño de las variedades de concurso, pero es excelente para la parte anterior de un arriate o de una bordura. Las flores se mantienen erectas, su forma es impecable y no pierden su color. Los arbustos, de floración abundante, están revestidos por un denso follaje de color rojo cobrizo cuando son jóvenes.

Flores: 60 pétalos	Carmesí
	Tamaño mediano
	Ninguna fragancia
Follaje: Verde oscuro	Mate
Salud: Buena resistencia a la enfermedad	
Crecimiento: Vigoroso	Erguido
Premios: RNRS	

Altura: 150, 120, 90, 60, 30

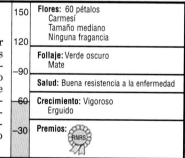

NEW ZEALAND
Otro nombre: *AOTEAROA*

Esta rosa McGredy fue introducida en 1990. En la mayoría de los catálogos populares no se encuentra y tampoco ha conseguido ningún premio importante, pero se incluye aquí porque goza del favor de los cultivadores de rosas. Está considerada uno de los tres mejores y nuevos híbridos de Té. La razón para este entusiasmo es un poco oscura, pues es una buena rosa, pero no es espectacular.

Flores: 34 pétalos	Salmón pálido
	Grande
	Muy fragante
Follaje: Verde medio	Brillante
Salud: Buena resistencia a la enfermedad	
Crecimiento: Vigoroso	Arbustivo
Premios:	

Altura: 150, 120, 90, 60, 30

ROSALES HÍBRIDOS DE TÉ

Flores: 35 pétalos Rojo carmesí oscuro Grande Muy fragante	150 120
Follaje: Verde oscuro Brillante	90
Salud: Propenso a la enfermedad	
Crecimiento: Moderadamente vigoroso Erguido	60
Premios: 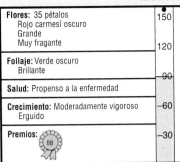	30

PAPA MEILLAND

Esta variedad demuestra la necesidad de tener en cuenta tanto la flor como la planta antes de decidirse a comprar. Si uno sólo se guía por la flor, *Papa Meilland* es uno de los híbridos de Té disponibles más hermosos. Los capullos, casi negros, al abrirse dan lugar a flores grandes de color rojo oscuro, de pétalos aterciopelados y con un aroma insuperable. Lamentablemente, la planta no se corresponde con las flores, ya que en el jardín da malos resultados, no florece de forma prolífica y es extremadamente propensa al mildiu.

Flores: 25 pétalos Blanco, matizado de color crema Tamaño mediano Ligeramente fragante	150 120
Follaje: Verde medio Brillante	90
Salud: Regular resistencia a la enfermedad	
Crecimiento: Vigoroso Erguido	60
Premios: 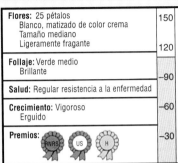	30

PASCALI

Introducido en 1963, *Pascali* aún es el mejor rosal híbrido de Té de color blanco. Es mucho menos propenso al mildiu y mucho más resistente a la lluvia que otras variedades de este color, y las flores mantienen su forma durante mucho tiempo. Es una de las mejores variedades para flor cortada: sus tallos son largos y erguidos y las flores perduran en agua. A pesar de apreciarse como flor, no es el rosal blanco ideal debido a que los arbustos son largos y delgados; las flores son muy pequeñas para un híbrido de Té; los pétalos no son de un color blanco puro y el aroma es tenue.

Flores: 30 pétalos Rosa salmón, melocotón en la base Grande Muy fragante	150 120
Follaje: Verde oscuro Brillante	90
Salud: Regular resistencia a la enfermedad	
Crecimiento: Vigoroso Arbustivo	60
Premios: 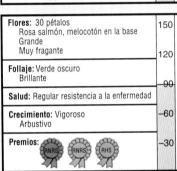	30

PAUL SHIRVILLE
Otro nombre: HEART THROB

Esta rosa Harkness se encuentra ampliamente disponible, por lo que resulta una opción popular. La inusual coloración de las flores cautiva todas las miradas —la unión del rosa, el salmón y el melocotón, junto a su sorprendente perfume, lo ha heredado de su pariente *Compassion*. El crecimiento es frondoso y bastante desplegado —las hojas jóvenes son rojizas y las flores de forma elegante son altas-centradas. Podría ser necesario rociar contra la mancha negra.

Flores: 45 pétalos Amarillo pálido u oscuro, bordes rosas Grande Ligeramente fragante	150 120
Follaje: Verde oscuro Brillante	90
Salud: Regular resistencia a la enfermedad	
Crecimiento: Muy vigoroso Arbustivo	60
Premios:	30

PEACE
Otros nombres: GLORIA DEI, GIOIA

En pocas palabras, es el rosal predilecto de todo el mundo. El arbusto es vigoroso y fiable, y las flores, de 13-15 cm, se mantienen atractivas desde que son capullos hasta que están completamente abiertas. Este rosal no puede colocarse en cualquier lugar, sino que debe disponer de un espacio adecuado. Alcanza una altura de 1-2 m y no debe realizarse nunca una poda intensa. Presenta pocos inconvenientes: falta de fragancia, tardío inicio de la floración y, en ocasiones, algunos tallos ciegos.

Flores: 40 pétalos Amarillo canario, rosado rojizo Grande Ligeramente fragante	150 120
Follaje: Verde claro Mate	90
Salud: Propenso a la enfermedad	
Crecimiento: Vigoroso Arbustivo	60
Premios:	30

PEER GYNT

Rosal de arriate con todos los ingredientes para lograr un buen resultado: flores atractivas que aparecen a principios de la estación y que continúan brotando durante todo el verano y otoño. El arbusto es compacto, más alto que el término medio, y está abundantemente revestido de hojas grandes. Los bordes de los pétalos se vuelven rosados con la edad, y dan al jardín gran colorido; sin embargo, esta variedad no sirve para los concursos ya que las flores son caliciformes. Resistente y fácil de cultivar, el único problema que presenta es su débil resistencia al mildiu.

ROSALES HÍBRIDOS DE TÉ

Altura en cm

PICCADILLY

Piccadilly aún es la más popular de las variedades bicolores. Las flores jóvenes lucen con todo su esplendor cuando el tiempo es frío; con la edad, y al calor del sol, los rojos intensos y los amarillos se combinan y se decoloran. Es una variedad de arriate espléndida, ya que los arbustos tienen una floración muy temprana y abundante, y producen un atractivo follaje cobrizo. Tiene algunos inconvenientes: los pétalos no son numerosos y las flores se abren totalmente con bastante rapidez, y la resistencia a las enfermedades, aunque buena, ha disminuido en estos últimos años.

150	**Flores:** 25 pétalos Color escarlata; envés amarillo pálido Tamaño mediano Ligeramente fragante
120	**Follaje:** Cobrizo Brillante
90	**Salud:** Propenso a la enfermedad
60	**Crecimiento:** Vigoroso Erguido
30	**Premios:**

PINK FAVOURITE

Este rosal, producido en América, encabeza la lista de las variedades resistentes a las enfermedades; prácticamente desconoce el mildiu y la mancha negra. Es una variedad excelente para arriates debido a su follaje atractivo y brillante y a sus flores de color rosa que aparecen durante todo el verano. Las flores, altas-centradas, más oscuras por la parte externa de los pétalos que por la parte interna, empiezan a aparecer bastante tarde, pero éste es su único inconveniente como rosal de arriate. También es una variedad de exposición muy popular.

150	**Flores:** 30 pétalos Rosado intenso Grande Ligeramente fragante
120	**Follaje:** Verde oscuro Brillante
90	**Salud:** Buena resistencia a la enfermedad
60	**Crecimiento:** Vigoroso Ramificado
30	**Premios:**

PINK PEACE

Al igual que su famoso progenitor *Peace*, este vigoroso arbusto es más alto que el término medio y produce grandes flores. Sin embargo, no existe ninguna otra similitud entre ambas variedades y el nombre Pink Peace induce claramente al error. El crecimiento es erguido, el follaje no es verde oscuro sino cobrizo, y las flores, con pétalos sueltos y caliciformes, son muy perfumadas. Los arbustos no alcanzan la altura de *Peace* y el follaje es sensible a la roya, pero este descendiente de color rosa tiene una floración más abundante.

150	**Flores:** 55 pétalos Rosado intenso Grande Fragante
120	**Follaje:** Cobrizo Semibrillante
90	**Salud:** Buena resistencia a la enfermedad
60	**Crecimiento:** Vigoroso Erguido
30	**Premios:**

POLAR STAR

Otro nombre: POLARSTERN

Esta rosa recibió el Certificado de Méritos de la Sociedad Nacional de la Rosa, pero su máximo galardón fue el de Rosa del Año en 1985. Durante años se consideró el mejor híbrido de Té de color blanco, pero ha perdido cierta popularidad. Las flores en disposición alta-centrada son buenas como exhibición, y nacen profusamente sobre tallos resistentes. Los arbustos son más altos que la media, erguidos, aunque libremente ramificados.

150	**Flores:** 35 pétalos Blanco Grande Ligeramente fragante
120	**Follaje:** Verde medio Mate
90	**Salud:** Buena resistencia a la enfermedad
60	**Crecimiento:** Vigoroso Erguido
30	**Premios:**

POT O'GOLD

En la década de 1980, diversos catálogos predijeron que *Pot o'Gold* estaba destinada a convertirse en la mejor híbrido de Té amarillo y fragante de su generación. Presenta algunas características destacables: una floración libre y una buena resistencia al clima. Su perfume es acusado y las flores nacen en grandes racimos. Sin embargo, no es demasiado popular. En la mayoría de los jardines, las flores no son grandes y tienden a ser horizontales más que altas-centradas.

150	**Flores:** 30 pétalos Oro viejo Tamaño mediano Fragante
120	**Follaje:** Verde medio Semibrillante
90	**Salud:** Buena resistencia a la enfermedad
60	**Crecimiento:** Vigoroso Arbustivo
30	**Premios:**

ROSALES HÍBRIDOS DE TÉ

Altura en cm

Altura en cm

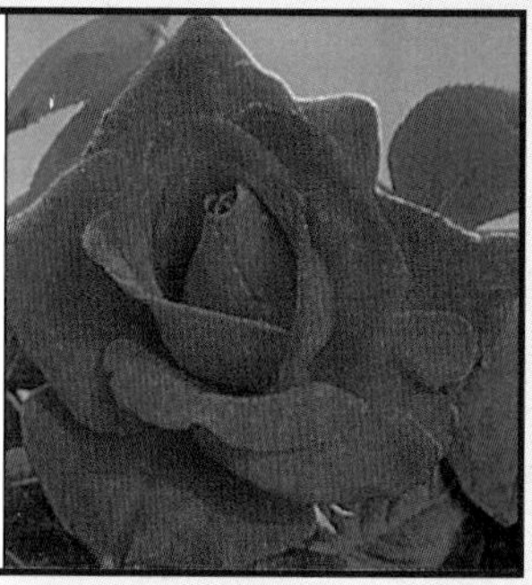

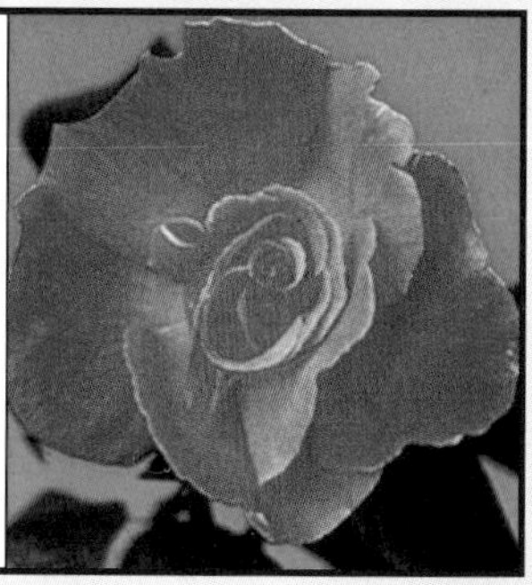

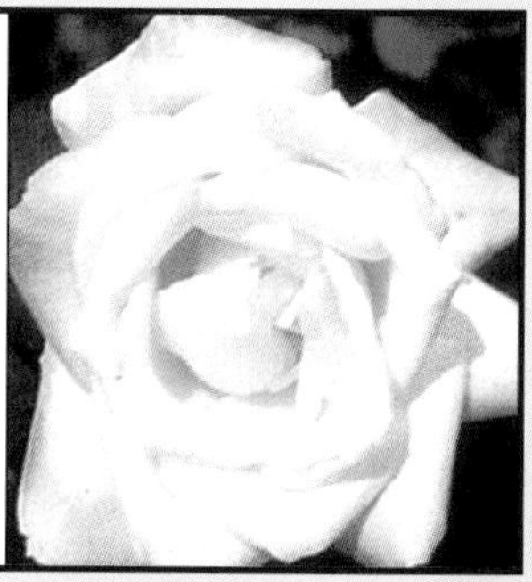

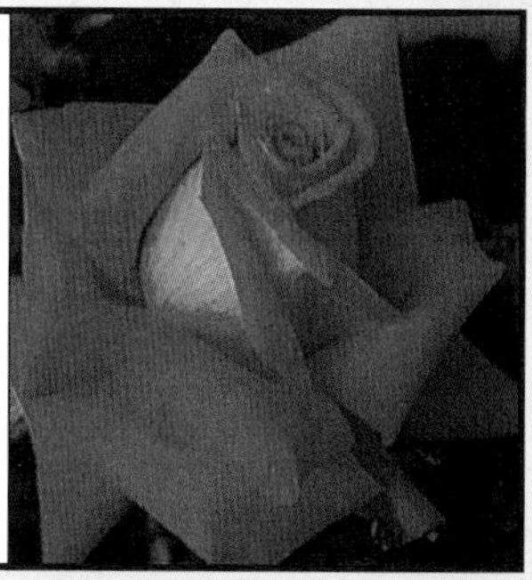

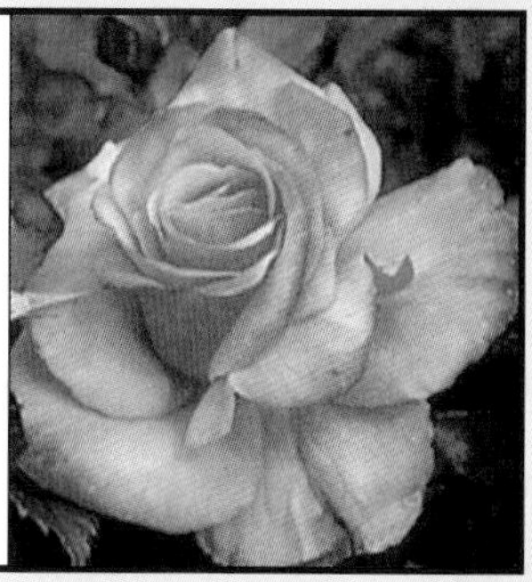

Altura en cm

RENAISANCE

Esta rosa de color rosa pálido producida por Harkness, apareció por primera vez en 1994. Es una flor para admirar, con una forma redondeada y alta-centrada, y en el centro presenta un toque de color crema. El perfume es al mismo tiempo fuerte y delicado, y el follaje es lustroso. Sus parientes son *Amber Queen* y *Margaret Merril*, clasificados como Floribundas y no como híbridos de Té. No es sorprendente, por tanto, que las flores nazcan en pequeños grupos, más que aisladas.

Flores: 36 pétalos
Rosa pálido
Grande
Muy fragante

Follaje: Verde medio
Brillante

Salud: Buena resistencia a la enfermedad

Crecimiento: Vigoroso
Arbustivo

Premios:

150 · 120 90 60 30

ROSE GAUJARD

Puede resultar sorprendente que un rosal tan conocido y apreciado tenga sus fallos. Los puristas desaprueban su color poco llamativo, la tendencia de sus flores a partirse y la ausencia de cualquier fragancia excepcional. Sin embargo, para el jardinero corriente es una buena elección como rosal de arriate, pues los arbustos son vigorosos, resistentes, muy perdurables y extraordinariamente fáciles de cultivar en condiciones pobres. Resisten la lluvia y producen flores en gran abundancia. Las hojas son grandes y bastante sanas.

Flores: 30 pétalos
Rojo rosado; envés plateado
Grande
Ligeramente fragante

Follaje: Verde oscuro
Brillante

Salud: Buena resistencia a la enfermedad

Crecimiento: Muy vigoroso
Ramificado

Premios:

150 150 120 90 60 30

ROSEMARY HARKNESS

Otra rosa para mantener el orgullo de los Harkness, mejor para arriates que para concursos. El arbusto está cubierto de grandes hojas, justo lo que se busca en un jardín de rosas. Las flores resultan atractivas y nacen aisladas o en grupos, y se abren mucho al madurar. Una buena elección para cualquier rincón con un perfume intenso.

Flores: 35 pétalos
Amarillo naranja, salmón moteado
Tamaño mediano
Muy fragante

Follaje: Verde oscuro
Semibrillante

Salud: Buena resistencia a la enfermedad

Crecimiento: Vigoroso
Arbustivo

Premios:

150 120 90 60 30

ROYAL WILLIAM

Según algunos expertos esta rosa Kordes introducida en 1987, es la mejor de todas las de color rojo oscuro. Las hojas son grandes, sanas y las recias ramas soportan unas delicadas flores bien formadas que atraen la mirada. Se recomienda para arreglos florales al ser los tallos largos y el perfume agradablemente picante. Los cultivadores de rosas aficionados la sitúan en los 10 mejores híbridos de Té, y los expertos la catalogaron como Rosa del Año 1987.

Flores: 35 pétalos
Carmesí intenso
Grande
Fragante

Follaje: Verde oscuro
Semibrillante

Salud: Buena resistencia a la enfermedad

Crecimiento: Vigoroso
Erguido

Premios:

150 120 90 60 30

RUBY WEDDING

Ruby Wedding demuestra que una variedad puede ser popular sin tener flores grandes, una coloración nueva o un perfume intenso. Las flores, aunque con una bella forma, son bastante pequeñas para un híbrido de Té. El arbusto es desplegado y por debajo de la altura media. Se trata de una rosa para un jardín pequeño o la parte frontal de un arriate, y como las flores nacen sobre tallos erguidos los cultivadores la recomiendan para cortar. Existen variedades rojas mejores, a menos que tenga una boda de rubíes para celebrar.

Flores: 30 pétalos
Rojo rubí
Tamaño mediano
Ligeramente fragante

Follaje: Verde oscuro
Brillante

Salud: Regular resistencia a la enfermedad

Crecimiento: Vigoroso
Arbustivo

Premios:

150 120 90 60 30

Flores: 24 pétalos Crema, rosa manchado Pequeña Ligeramente fragante	150 120
Follaje: Verde oscuro Brillante	90
Salud: Buena resistencia a la enfermedad	
Crecimiento: Moderadamente vigoroso Arbustivo	60
Premios:	30

SALLY'S ROSE

En este libro se mantiene la clásica denominación híbrido de Té más que la moderna arbusto de gran floración para este grupo. Esta variedad producida por Cant e introducida en 1994 muestra una de las razones de ello: sin duda se trata de un híbrido de Té, pero es de tamaño *pequeño*. Una útil variedad cuando se dispone de poco espacio, con flores que son una mezcla de crema, rosa y albaricoque, y un follaje rojo oscuro antes de cambiar a verde oscuro.

Flores: 40 pétalos Rosa Grande Ligeramente fragante	150 120
Follaje: Verde oscuro Brillante	90
Salud: Buena resistencia a la enfermedad	
Crecimiento: Muy vigoroso Arbustivo	60
Premios: RHS	30

SAVOY HOTEL
Otros nombres: INTEGRITY, VERCORS

Savoy Hotel fue introducido en 1989 por Harkness y en pocos años se ha convertido en una de las rosas inglesas favoritas, lo que no resulta sorprendente al ser *Silver Jubilee* y *Amber Queen* sus progenitores, aunque no ha recibido ningún premio de la RNRS. Su perfume no es demasiado fuerte, pero goza del favor popular. Útil para arriates, ramos, concursos y en invernaderos.

Flores: 22 pétalos Blanco Grande Fragante	150 120
Follaje: Verde oscuro Brillante	90
Salud: Buena resistencia a la enfermedad	
Crecimiento: Muy vigoroso Erguido	60
Premios:	30

SILVER ANNIVERSARY

Después de *Silver Jubilee* y *Silver Wedding*, existe también el híbrido de Té *Silver Anniversary*. Esta variedad Poulsen fue introducida por Cant en 1955. Obviamente tiene un buen mercado entre las personas que buscan un regalo para cualquier ocasión, pero este erguido arbusto tiene algo más que un nombre famoso. Las flores son al mismo tiempo blancas y perfumadas, y el arbusto presenta una altura inferior a la media, una combinación de características deseables y poco usuales en los híbridos de Té.

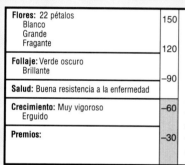

Flores: 25 pétalos Rosado asalmonado cobrizo, color melocotón matizado Grande. Muy fragante	150 120
Follaje: Verde medio Brillante	90
Salud: Buena resistencia a la enfermedad	
Crecimiento: Vigoroso Arbustivo	60
Premios: RNRS BARB RHS JM	30

SILVER JUBILEE

La única nota triste en la historia de este rosal fue la muerte de su productor, ocurrida poco tiempo antes de su introducción, en 1978; Alex Cocker no vivió para comprobar la ovación universal dada a *Silver Jubilee*. En estos últimos años, ninguna variedad reciente ha alcanzado una popularidad tan inmediata. Esto se debe a varias razones: flores de hermosa forma, tallos cortos, pétalos de longitud poco común que no se decoloran con el calor, follaje extraordinariamente tupido y una floración abundante y duradera se combinan y hacen de ella una espléndida variedad de arriate.

Flores: 35 pétalos Blanco crema Tamaño mediano Ligeramente fragante	150 120
Follaje: Verde oscuro Semibrillante	90
Salud: Regular resistencia a la enfermedad	
Crecimiento: Moderadamente vigoroso Arbustivo	60
Premios:	30

SILVER WEDDING

Silver Wedding y *Ruby Wedding* tienen algunas características comunes: Gregory los introdujo en la década de 1970, y los dos tienen flores de tamaño medio, muy recomendable para corte. Sin duda, las flores son totalmente distintas: en el caso de *Silver Jubilee* son blanco cremosas con un toque rosado en la parte externa, y con el centro de un color medio pálido. Las flores nacen en grupos, más que aisladas, y los arbustos tienen un hábito de desarrollo elegante y en los ejemplares jóvenes las hojas son de color bronce manchado.

ROSALES HÍBRIDOS DE TÉ

SIMBA
Otro nombre: HELMUT SCHMIDT

Esta rosa de un claro amarillo de Kordes, ganó la medalla de oro en Suiza y Bélgica, pero no en el Reino Unido. Su característica más destacada es que las flores largas se encuentran en posición centrada alta. No existe nada particularmente delicado en esta rosa, pues soporta muy bien las condiciones climáticas y dura mucho tras cortarla. *Simba* es una buena rosa de jardín, pero las flores aparecen en distintas floraciones, más que continuamente.

Flores:	30 pétalos Amarillo Grande Ligeramente fragante
Follaje:	Verde medio Brillante
Salud:	Buena resistencia a la enfermedad
Crecimiento:	Vigoroso Arbustivo
Premios:	

STEPHANIE DIANE

Esta rosa roja aparece en muy pocos catálogos y se incluye aquí porque ha sido votada como una de las 10 mejores híbridos de Té para exhibiciones. Es un vástago de *Fragant Cloud*, pero no ha heredado ni el perfume intenso, ni el crecimiento racemoso ni el abundante follaje de su pariente. Además es propensa al mildiu y resulta necesario pulverizar, pero cuenta con la aceptación de los exhibidores por la belleza de sus flores escarlatas altas.

Flores:	50 pétalos Rojo pálido Grande Ligeramente fragante
Follaje:	Verde oscuro Brillante
Salud:	Propensa a la enfermedad
Crecimiento:	Vigoroso Erguido
Premios:	

SUMMER FRAGANCE

El selector de híbridos de Té de la página 92 demuestra claramente que no hay escasez de variedades con una altura superior al promedio que produzca flores rojas perfumadas. Por eso, la aparición de esta rosa Tantau en 1987 no supuso una sorpresa, y no ha sido un *best-seller*; a pesar de ello, merece la pena tenerla en cuenta si se desea tener algo más que una rosa roja pálido: el color de *Summer Fragance* es de un rico rojo profundo y la textura es aterciopelada. Además, su perfume es intenso.

Flores:	20 pétalos Rojo intenso Grande Muy fragante
Follaje:	Verde oscuro Brillante
Salud:	Buena resistencia a la enfermedad
Crecimiento:	Vigoroso Erguido
Premios:	

SUNBLEST
Otro nombre: LANDORA

Existen escasas variedades híbridas de Té de color amarillo, y ésta es muy apropiada para formar un arriate. No se trata de un rosal famoso, ya que sus flores no son de gran tamaño y su aroma es ligero; sin embargo, no presenta inconvenientes serios. Las flores tienen una bonita forma, los pétalos no se decoloran y los arbustos son altos y con numerosas flores. Esta variedad es excelente para flor cortada, ya que los capullos son esbeltos y los tallos largos y erguidos. No obstante, nunca será una estrella.

Flores:	30 pétalos Amarillo dorado Tamaño mediano Ligeramente fragante
Follaje:	Verde medio Semibrillante
Salud:	Buena resistencia a la enfermedad
Crecimiento:	Vigoroso Erguido
Premios:	

SUPER STAR
Otro nombre: TROPICANA

Esta variedad fue la estrella de la década de 1960, aclamada universalmente por la hermosa forma de sus flores, que parecen fluorescentes. Se encuentra en muchos jardines como un rosal de arriate bastante alto; también es excelente para flor cortada por sus tallos largos. Nunca se consideró perfecto porque florece bastante tarde y sus flores adquieren un color púrpura con la edad. Actualmente, presenta varios inconvenientes: el follaje es susceptible al mildiu y los arbustos viejos tienden a producir escasas flores.

Flores:	35 pétalos Bermellón anaranjado Tamaño mediano Fragante
Follaje:	Verde medio Semibrillante
Salud:	Propenso a la enfermedad
Crecimiento:	Vigoroso Erguido
Premios:	

Flores:	40 pétalos
	Amarillo, borde escarlata
	Grande
	Ligeramente fragante
Follaje:	Verde oscuro
	Brillante
Salud:	Buena resistencia a la enfermedad
Crecimiento:	Vigoroso
	Arbustivo
Premios:	RNRS · RHS · B

150
120
90
60
30

TEQUILA SUNRISE

Una nueva estrella, de las mejores entre las nuevas variedades. El arbusto es de altura media, recubierto atractivamente con un follaje oscuro brillante, pero sin duda es la descripción del color de las flores en los catálogos lo que le ha dado su fama. El color de fondo es amarillo dorado, y junto a los márgenes de un escarlata brillante crea un efecto espectacular. Las flores son espléndidas y nacen de forma correcta sobre las hojas.

Flores:	35 pétalos
	Amarillo miel, margen salmón
	Grande
	Ligeramente fragante
Follaje:	Verde oscuro
	Semibrillante
Salud:	Buena resistencia a la enfermedad
Crecimiento:	Moderadamente vigoroso
	Arbustivo
Premios:	RNRS · RHS · BB

150
120
90
60
30

THE LADY

Las rosas han dado nombre a personas, lugares y objetos, y en este caso, conmemora la celebración de una revista. La flor es de una forma clásica, altacentrada, con pétalos de un único color pastel. A pesar de su delicada apariencia, estas flores soportan la humedad y las condiciones frías de un modo remarcable. Son excelentes para exhibiciones cuando presentan un buen desarrollo, y nacen libremente durante un tiempo prolongado, aisladas o en pequeños grupos sobre largos tallos ramificados.

Flores:	20 pétalos
	Rosa intenso
	Grande
	Muy fragante
Follaje:	Verde medio
	Brillante
Salud:	Buena resistencia a la enfermedad
Crecimiento:	Vigoroso
	Erguido
Premios:	B · G · P · ROE

150
120
90
60
30

THE McCARTNEY ROSE

Meilland puso nombre a esta rosa en recuerdo de uno de los Beatles, y tras su introducción en 1991 se convirtió rápidamente en una de las 20 primeras rosas por la RNRS. El arbusto es alto, vigoroso y bien recubierto de hojas, y las extensas flores de color rosa tienen la forma clásica de los híbridos de Té. Posee dos características clave: capullos esbeltos y elegantes y un destacado perfume intenso.

Flores:	30 pétalos
	Color bronce anaranjado, matizado rojo
	Grande
	Muy fragante
Follaje:	Verde medio
	Brillante
Salud:	Buena resistencia a la enfermedad
Crecimiento:	Vigoroso
	Erguido
Premios:	RNRS · RHS · JM

150
120
90
60
30

TROIKA
Otro nombre: ROYAL DANE

Se puede escoger este rosal si se es partidario de las rosas de color cobrizo. Esta variedad no presenta necrosis ni las enfermedades que afectan a las antiguas variedades del mismo color. Las flores son bastante grandes para una exposición y los capullos son excelentes para flor cortada porque son largos y tienen una forma muy hermosa. A pesar de ello, *Troika* se considera principalmente un rosal de arriate, porque florece al inicio de la estación, es resistente a la lluvia y los pétalos no se decoloran con la edad.

Flores:	24 pétalos
	Amarillo ámbar
	Grande
	Muy fragante
Follaje:	Verde intenso
	Brillante
Salud:	Buena resistencia a la enfermedad
Crecimiento:	Vigoroso
	Arbustivo
Premios:	RNRS · RNRS

150
120
90
60
30

VALENCIA

Es difícil describir el color de esta rosa Kordes: algunos libros le adjudican un «amarillo ámbar», y otros un «naranja ante con matices dorados». *Valencia* presenta dos rasgos que merecen su fama: las flores son muy esbeltas y el perfume es fuerte. El follaje presenta un atractivo color bronce en los ejemplares jóvenes, que cambia a verde oscuro al madurar. Es una buena opción para corte y ha sido votada como una de las mejores 20 rosas nuevas por los miembros de la RHS.

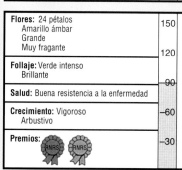

ROSALES HÍBRIDOS DE TÉ

VELVET FRAGANCE

Definitivamente será su elección si le gustan las rosas de color rojo intenso con aterciopelados pétalos. Las flores con numerosos pétalos tienen una buena forma y un destacado perfume; no todos los descendientes de *Fragant Cloud* presentan el aroma de su progenitor, que sí lo presenta en este caso. El marcado perfume y la apariencia aterciopelada proporciona a *Velvet Fragance* un aire clásico, aunque sea una rosa de finales de la década de 1980. Una planta robusta con flores que nacen en gran cantidad durante toda la estación.

Flores: 42 pétalos
Rojo intenso
Grande
Muy fragante

Follaje: Verde oscuro
Brillante

Salud: Buena resistencia a la enfermedad

Crecimiento: Vigoroso
Erguido

Premios: RNRS RNRS

VIDAL SASSOON

Y ahora algo distinto. Durante muchos años *Julia's Rose*, con sus pétalos de color marrón pergamino, ha sido considerada como la mejor rosa para un arreglo floral por su colorido único. En 1944 se introdujo *Vidal Sassoon* como otra variedad para este fin. La mezcla de marrón pálido y lavanda resulta única y hay un toque cítrico en su fuerte aroma. Las flores nacen aisladas o en grupos de cuatro o cinco.

Flores: 22 pétalos
Canela, lavanda matizada
Tamaño mediano
Muy fragante

Follaje: Verde suave
Semibrillante

Salud: Buena resistencia a la enfermedad

Crecimiento: Vigoroso
Erguido

Premios: BARB

WARM WISHES

Podría parecer extraño que una rosa coral híbrido de Té con flores no particularmente grandes recibiera diversos galardones internacionales y un lugar en la mayoría de catálogos populares en un tiempo tan corto tras su aparición en 1994. La razón estriba en la abundancia de las flores y su continuidad, junto con la habilidad de resistir al viento y la lluvia. Las flores aparecen bien aisladamente, bien en grupos —centrados altos y de forma clásica.

Flores: 28 pétalos
Coral melocotón
Tamaño mediano o grande
Muy fragante

Follaje: Verde oscuro
Brillante

Salud: Buena resistencia a la enfermedad

Crecimiento: Vigoroso
Arbustivo

Premios: RNRS H

WENDY CUSSONS

Esta variedad, producida en Gran Bretaña, prácticamente representa el rosal de arriate perfecto. Tiene numerosas cualidades: perfume excepcional; arbustos grandes y hermosos; flores grandes y de forma perfecta; tipo de floración prolífica y resistencia al mildiu y a mucha más lluvia de la normal. *Wendy Cussons* tiene una excelente reputación debido a su fiabilidad, pero todavía no es el rosal perfecto debido a que el color rosa cereza intenso de sus flores no armoniza con los colores de otras muchas variedades y la resistencia a la enfermedad ha desaparecido.

Flores: 35 pétalos
Color rosa rojizo intenso
Grande
Muy fragante

Follaje: Verde oscuro
Brillante

Salud: Regular resistencia a la enfermedad

Crecimiento: Vigoroso
Ramificado

Premios: RNRS RNRS H R

WHISKY MAC

Se ha escrito mucho respecto del fenómeno *Whisky Mac*. Los expertos han descrito frecuentemente las desventajas de esta variedad: no es fiable cuando se cultiva en un suelo pobre o corriente; es susceptible al mildiu; las flores adoptan rápidamente una forma de cáliz, y además, pierde la capacidad de florecer en abundancia después de algunos años. No obstante, *Whisky Mac* todavía es uno de los híbridos de Té más populares de los últimos años y se encuentra en casi todos los catálogos de rosales. La razón es sencilla: un color único, junto a un aroma atractivo y poco común.

Flores: 30 pétalos
Color albaricoque dorado
Tamaño mediano
Muy fragante

Follaje: Cobrizo
Brillante

Salud: Propenso a la enfermedad

Crecimiento: Vigoroso
Arbustivo

Premios:

ROSALES FLORIBUNDA
(Arbustos de flores agrupadas)

Un hibridista danés, Svend Poulsen, soñó producir una nueva línea de rosales cuyas flores fueran modernas y estuvieran dispuestas en grandes racimos durante toda la estación. Con este fin, cruzó Polyanthas (rosales pompón) con híbridos de Té, con lo que obtuvo el primer rosal híbrido, *Else Poulsen*, en 1924. A este primer rosal le siguieron otros rosales Poulsen, que dieron origen a los Floribunda, aunque este término no se adoptó de un modo general hasta 1952. En 1979 La RNRS comenzó a utilizar la nueva clasificación en la cual los rosales Floribunda pasaron a denominarse «Arbustos de flores agrupadas», pero este cambio no ha sido aceptado generalmente por la industria.

El principal problema de las flores es que carecen del tamaño, la belleza y la fragancia de las rosas híbridas de Té, sus rivales más elegantes. Sin embargo, si los inconvenientes perduran, las ventajas también. Por encima de todo, destaca su floración ininterrumpida, ya que las variedades de esta clase florecen casi continuamente desde principios de verano hasta finales de otoño, mientras que los híbridos de Té tienden a hacerlo en distintas floraciones. Además de la frecuencia de floración, también destaca la cantidad de flores: los racimos de los Floribunda generalmente proporcionan mayor coloración que los rosales híbridos de

Té. Las ventajas no terminan aquí, el Floribunda corriente es más robusto, más fácil de cuidar y más resisten-te a la lluvia que el híbrido de Té correspondiente.

El aumento de popularidad de esta clase de rosales entre los jardineros expertos y los aficionados se debe a la aparición de numerosas variedades en los últimos años. Éstas han mantenido las ventajas, han introducido nuevos colores y han comenzado a superar los inconvenientes citados anteriormente. *Shocking Blue* y *Fragant Delight* rivalizan con los aromáticos híbridos de Té por el perfume... *Melody Maker* y *Margaret Merril* rivalizan por la elegancia.

El primer ganador de la Rosa del Año fue *Mountbatten* en 1982, y posteriormente entre los Floribunda ganadores se encuentran *Beautiful Britain, Amber Queen, Glad Tidings, Harvest Fayre, Melody Maker* y *Chatsworth*. En Estados Unidos, los grandes Floribunda con flores de formas híbridos de Té, como *Queen Elizabeth*, se denominan Grandifloras.

El Floribunda es el rosal por excelencia para proporcionar color al jardín. Puede crecer como arbusto o como planta estándar, tanto en composiciones formales como informales. Existen variedades altas, para formar setos, y variedades enanas (conocidas como rosal Patio o Cushion en Estados Unidos), que proporcionan elegantes arbustos de 45 cm empleados en la parte anterior de una bordura. Estos compactos arbustos se han hecho muy populares y los más asequibles se describen en las páginas 44-49.

CLAVE DE LAS GUÍAS DE ROSALES

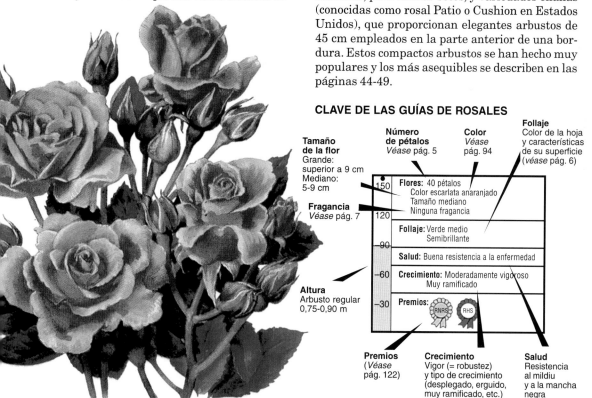

Tamaño de la flor
Grande: superior a 9 cm
Mediano: 5-9 cm

Número de pétalos *Véase* pág. 5

Color *Véase* pág. 94

Follaje Color de la hoja y características de su superficie (*véase* pág. 6)

Fragancia *Véase* pág. 7

Flores: 40 pétalos
Color escarlata anaranjado
Tamaño mediano
Ninguna fragancia

Follaje: Verde medio
Semibrillante

Salud: Buena resistencia a la enfermedad

Crecimiento: Moderadamente vigoroso
Muy ramificado

Altura Arbusto regular 0,75-0,90 m

Premios:

150
120
90
60
30

Premios (*Véase* pág. 122)

Crecimiento Vigor (= robustez) y tipo de crecimiento (desplegado, erguido, muy ramificado, etc.)

Salud Resistencia al mildiu y a la mancha negra

ALLGOLD

Aunque esta variedad ganó su Medalla de Oro en la década de 1950, todavía se recomienda como uno de los mejores rosales Floribunda amarillos que pueden comprarse. La floración empieza pronto y sigue, casi sin interrupción, hasta finales de otoño. La lluvia no altera el color de las flores, y éstas no se decoloran hasta la caída de los pétalos. Sin embargo, hoy se encuentran Floribundas compactas de color amarillo que son mejores: las flores tienen pocos pétalos y el follaje podría resultar claramente frugal. Es mejor elegir *Amber Queen, Baby Bio* o *Golden Years*.

Flores:	20 pétalos, Amarillo ranúnculo, Pequeño, Ligeramente fragante
Follaje:	Verde medio, Brillante
Salud:	Buena resistencia a la enfermedad
Crecimiento:	Moderadamente vigoroso, Ramificado
Premios:	RNRS

150 / 120 / 90 / 60 / 30

AMBER QUEEN
Otro nombre: PRINZ EUGEN VAN SAVOYEN

Esta variedad ganó la Rosa del Año 1984, lo que no es difícil de comprender. El arbusto de hojas oscuras resulta elegante y compacto, y las flores, con multitud de pétalos, son grandes y con forma de copa cuando se abren completamente. *Amber Queen* tiene una buena reputación por su libre floración. El follaje es grande y frondoso, lo que hace de ella un buen ejemplar para arriate. Es fragante, aunque la medalla conseguida quizás fue una sorpresa.

Flores:	40 pétalos, Amarillo ámbar, Grande, Fragante
Follaje:	Verde oscuro, Brillante
Salud:	Buena resistencia a la enfermedad
Crecimiento:	Moderadamente vigoroso, Arbustivo
Premios:	RNRS, RHS, ROTY, US

ANISLEY DICKSON
Otro nombre: MÜNCHNER KINDL

Una aparente y valiente variedad que obtuvo los honores principales de la Real Sociedad Nacional de la Rosa (RNRS) en 1984. Las flores de un color cálido son numerosas, acompañadas por el abundante follaje. Es una rosa multiuso, apta como seto o en un arriate o margen. Además resulta recomendable tanto para cortar como para concurso. No ha logrado nunca la popularidad que se esperaba.

Flores:	30 pétalos, Rosa salmón, Grande, Ligeramente fragante
Follaje:	Verde medio, Brillante
Salud:	Buena resistencia a la enfermedad
Crecimiento:	Moderadamente vigoroso, Arbustivo
Premios:	RNRS, RNRS, RHS

ANNA LIVIA

Esta rosa hizo su aparición a mediados de la década de 1980 y goza de muchos adeptos, pues sus cualidades más que sorprendentes son buenas. Florece libremente y los ramilletes son grandes. El arbusto está densamente recubierto de hojas coriáceas y el crecimiento es uniforme. Sin embargo, las flores no tienen la belleza alta centrada de *Anisley Dickson* y el perfume no es acusado. Además, resulta un buen ejemplar para arriates, setos y para cortar, pero no para concursos. La resistencia al mildiu y la mancha negra es muy buena.

Flores:	20 pétalos, Rosa, Tamaño mediano, Ligeramente fragante
Follaje:	Verde medio, Semibrillante
Salud:	Buena resistencia a la enfermedad
Crecimiento:	Vigoroso, Arbustivo
Premios:	RHS, GL

ANNE HARKNESS

Para muchas rosas, el verano es una estación pobre, pero es la época mejor para esta variedad. Tarda en florecer, pero merece la espera por su esplendor durante mediados y finales de verano. Las flores nacen en racimos remarcablemente grandes, resistentes al viento y a la lluvia. El tallo floral es notablemente largo, y las flores duran mucho una vez cortadas. No es sorprendente que esta alta Floribunda se haya convertido en la flor preferida para un arreglo floral y en las exhibiciones de rosas.

Flores:	25 pétalos, Amarillo melocotón, Tamaño mediano, Ligeramente fragante
Follaje:	Verde medio, Semibrillante
Salud:	Buena resistencia a la enfermedad
Crecimiento:	Vigoroso, Erguido
Premios:	RNRS, BARB

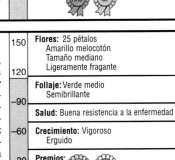

ROSALES FLORIBUNDA

Flores: 20 pétalos Amarillo dorado Grande Muy fragante	150
	120
Follaje: Verde medio Brillante	
	–90
Salud: Buena resistencia a la enfermedad	
Crecimiento: Vigoroso Erguido	–60
Premios:	–30

ARTHUR BELL

Arthur Bell es digno de su reputación y popularidad. Los arbustos son altos y poseen abundantes hojas coriáceas. Las flores son grandes, resistentes a las inclemencias del tiempo y poseen una fragancia de una intensidad tal que raramente es igualada por la de cualquier otro Floribunda. Ha alcanzado gran notoriedad por su resistencia al mildiu y a la mancha negra. La floración empieza al inicio de la estación y continúa hasta finales de otoño. Su inconveniente es muy conocido: las flores amarillas se decoloran con la edad y adquieren un pálido color crema.

Flores: 40 pétalos Amarillo dorado Pequeño Ninguna fragancia	150
	120
Follaje: Verde oscuro Semibrillante	
	–90
Salud: Buena resistencia a la enfermedad	
Crecimiento: Vigoroso Arbustivo	–60
Premios:	–30

BABY BIO

Este Floribunda enano es un rosal de cuento de hadas. Fue producido por un maquinista (Mr Smith of Sandiacre) en un pequeño invernadero, y en 1976 ganó el Certificado de Mérito otorgado por la RNRS. Las masas de flores brotan abundante y continuamente durante toda la estación; ha sido denominado el mejor de los enanos amarillos. Su resistencia a la enfermedad es muy buena. Este rosal, pese su importante premio y su reconocimiento por los expertos, permanece como una curiosidad y sólo está descrita en el catálogo de Wheatcroft.

Flores: 20 pétalos Rojo tomate Tamaño mediano Ligeramente fragante	150
	120
Follaje: Verde medio Semibrillante	
	–90
Salud: Buena resistencia a la enfermedad	
Crecimiento: Moderadamente vigoroso Arbustivo	–60
Premios:	–30

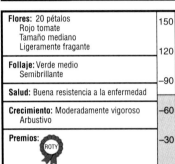

BEAUTIFUL BRITAIN

Esta Rosa del Año 1983 aparece en la mayoría de los catálogos populares, pues durante años ha sido una de las favoritas. Las flores nacen en grandes racimos con la forma clásica de los híbridos de Té. Desgraciadamente no es muy perfumada y el número de pétalos no es muy elevado. Su mayor atractivo es el colorido, poco usual. También es famosa por su floración libre y el abundante follaje, aunque *Beautiful Britain* ha perdido parte de su popularidad.

Flores: 20 pétalos Naranja pálido Tamaño mediano Ligeramente fragante	150
	120
Follaje: Verde oscuro, rojo tintado Brillante	
	–90
Salud: Buena resistencia a la enfermedad	
Crecimiento: Vigoroso Erguido	–60
Premios:	–30

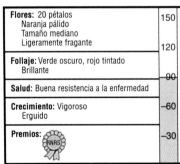

BUCKS FIZZ

En los comienzos de la década de 1990, esta erguida y bastante alta Floribunda fue introducida como una variedad con un nuevo color: un naranja suave y nítido. El primero que la produjo fue Poulsen en Dinamarca, y las flores presentan la forma clásica de los híbridos de Té, más que la más abierta, característica de aquel grupo. Se utiliza para setos y corte, así como en márgenes y arriates, y puede plantarse en una maceta grande. La fragancia es variable, y algunos catálogos la describen como intensa.

Flores: 20 pétalos Color crema, rosado y ante rojizo Tamaño mediano, caliciforme Fragante	150
	120
Follaje: Verde oscuro Brillante	
	–90
Salud: Buena resistencia a la enfermedad	
Crecimiento: Vigoroso Ramificado	–60
Premios:	–30

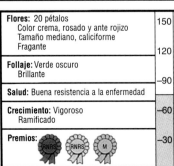

CHANELLE

Esta variedad, de color crema y melocotón, es muy apreciada por los jardineros partidarios de colores suaves en sus rosales. Los arbustos tienen numerosas hojas brillantes, excepcionalmente resistentes a la enfermedad. Las flores, abiertas y planas, se forman a partir de capullos parecidos a los de los híbridos de Té miniatura. Estas flores presentan buena resistencia a la lluvia. La floración continúa hasta finales de otoño. *Chanelle* tiene buena reputación como un rosal Floribunda prolífico y completamente fiable.

Altura en cm

CHATSWORTH

Pertenece a un pequeño grupo de rosas cultivadas por Tantau e introducida en la década de 1990 como la Colección Heritage. La cobertora del suelo *Broadlands* obtuvo el Trofeo Internacional del Presidente y fue votada Rosa del Año 1995. Es de crecimiento bajo, pero se extiende 1 m o más —sus tallos arqueados se cubren de masas de flores rosas con estambres de color ámbar. Los racimos son excepcionalmente grandes y posee un perfume razonablemente fuerte.

150	**Flores:** 15 pétalos Rosa fuerte
120	Tamaño mediano Fragante
	Follaje: Verde oscuro, rojo tintado Brillante
−90	
	Salud: Buena resistencia a la enfermedad
−60	**Crecimiento:** Vigoroso Arqueado
−30	**Premios:**

CITY OF LEEDS

Es uno de los Floribunda más populares, ampliamente recomendado para el jardinero que desee una plantación masiva de una sola variedad o bien para un principiante, como variedad de fácil cultivo. *City of Leeds* demuestra que un rosal no debe ser perfecto para ser popular. La fragancia es notablemente intensa, el follaje es pequeño y la lluvia abundante mancha las flores. Sin embargo, todos estos inconvenientes se olvidan fácilmente cuando se contemplan los arbustos cubiertos de racimos de flores de un color rosa intenso, durante toda la estación.

150	**Flores:** 20 pétalos Color rosa asalmonado intenso Tamaño mediano
120	Ligeramente fragante
	Follaje: Verde oscuro Semibrillante
−90	
	Salud: Regular resistencia a la enfermedad
−60	**Crecimiento:** Vigoroso Erguido
−30	**Premios:**

CITY OF LONDON

Esta excelente variedad refleja la dificultad de intentar colocar una rosa entre boliches. Si se poda ligeramente crecerá hasta 1,5 m (en los catálogos se clasifica como un arbusto). Si se utiliza el método estándar se logra un arbusto de 90 cm, y la mayoría de catálogos lo clasifican como un Floribunda. Fácil de cultivar y con un olor característico, los tallos son largos, por lo que resulta recomendable tanto para arreglos florales como para el ojal.

150	**Flores:** 18 pétalos Rosa difuminado Tamaño mediano
120	Muy fragante
	Follaje: Verde oscuro Brillante
−90	
	Salud: Buena resistencia a la enfermedad
−60	**Crecimiento:** Vigoroso Expansivo
−30	**Premios:** 

DAME WENDY

Una variedad Cants para los que aprecian el rosa. Otros Floribunda crecen hasta un tamaño medio o inferior, pero éste merece su fama por los pétalos rosa cálido, que no varían con el tiempo, y los grupos de flores nacen en gran cantidad. Las flores no se marchitan, pero sí el follaje: el color de las hojas cambia de un verde rojizo hasta un verde gris con el tiempo. Se recomienda para macetas y también para cortar.

150	**Flores:** 22 pétalos Rosa Tamaño mediano
120	Ligeramente fragante
	Follaje: Verde grisáceo Brillante
−90	
	Salud: Buena resistencia a la enfermedad
−60	**Crecimiento:** Vigoroso Expansivo
−30	**Premios:**

DEAREST

Se trata del Floribunda de color rosa más vendido durante muchos años, pero actualmente su popularidad ha comenzado a disminuir. Destaca por la belleza de sus flores rosadas, parecidas a la camelia, llenas y de una fragancia picante, así como por sus racimos grandes y porque sus arbustos están cubiertos de hojas oscuras y brillantes. Esta variedad es una buena elección para arriate, flor cortada o exposición, pero también presenta inconvenientes, ya que es sensible a la humedad y el follaje es susceptible a la mancha negra y a la roya.

150	**Flores:** 30 pétalos Color rosa asalmonado Grande
120	Fragante
	Follaje: Verde oscuro Brillante
−90	
	Salud: Propenso a la enfermedad
−60	**Crecimiento:** Vigoroso Ramificado
−30	**Premios:**

Flores:	35 pétalos Anaranjado asalmonado Tamaño mediano Fragante	150
		120
Follaje:	Verde oscuro Semibrillante	
		−90
Salud:	Propenso a la enfermedad	
Crecimiento:	Moderadamente vigoroso Erguido	−60
		−30
Premios:	RNRS RNRS	

ELIZABETH OF GLAMIS
Otro nombre: IRISH BEAUTY

Resulta penoso ser desleal con uno de los principales rosales actuales que se cultivan en muchos jardines desde su introducción en 1964, pero hoy día presenta problemas. Sólo prospera en suelos muy buenos y es totalmente inapropiado en suelos fríos o arcillosos. En buenas condiciones de crecimiento, los capullos, altos centrados, se abren dando unas hermosas flores planas, que forman racimos grandes y fragantes. Debe pulverizarse para protegerlo de las enfermedades. La necrosis puede ser un problema.

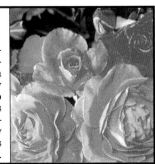

Flores:	35 pétalos Rosado plateado, color rosa intenso en los bordes. Tamaño mediano Muy fragante	150
		120
Follaje:	Verde oscuro Brillante	
		−90
Salud:	Buena resistencia a la enfermedad	
Crecimiento:	Muy vigoroso Arbustivo	−60
		−30
Premios:	RNRS BARB	

ENGLISH MISS

Nombre muy apropiado para un rosal producido por los británicos, de pétalos de un delicado color rosa. Uno de sus progenitores es el clásico Floribunda rosado *Dearest*, pero esta nueva variedad es mucho más sana y menos susceptible a la lluvia. Los capullos se abren dando flores de forma parecida a la camelia, con un aroma agradable e intenso. El arbusto está densamente cubierto de hojas coriáceas, brillantes y de color púrpura. *English Miss* florece en abundancia y las floraciones se suceden rápidamente. Es una buena elección para arriate o flor cortada.

Flores:	30 pétalos Color escarlata intenso Tamaño mediano Ligeramente fragante	150
		120
Follaje:	Verde oscuro Brillante	
		−90
Salud:	Regular resistencia a la enfermedad	
Crecimiento:	Vigoroso Ramificado	−60
		−30
Premios:	RNRS	

EVELYN FISON
Otro nombre: IRISH WONDER

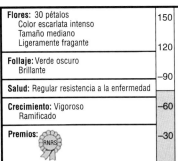

Este rosal, uno de los más antiguos Floribunda con flores de color rojo intenso, todavía es para algunos expertos el mejor. Tiene una reputación excelente por su fiabilidad, y sus flores resisten bien el sol intenso y la lluvia fuerte. Los racimos son grandes y bien distanciados. Es muy prolífico. *Evelyn Fison* presenta un gran inconveniente como rosal de arriate: algunas veces, su follaje es insuficiente; además, su reputación por su excelente resistencia a la enfermedad es un poco exagerada.

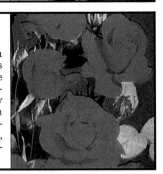

Flores:	22 pétalos Rosa Tamaño mediano Ligeramente fragante	150
		120
Follaje:	Verde grisáceo Brillante	
		−90
Salud:	Buena resistencia a la enfermedad	
Crecimiento:	Vigoroso Arbustivo	−60
		−30
Premios:	RNRS US H	

FELLOWSHIP

Ha ganado algunos premios de honor a ambos lados del Atlántico. Es una variedad compacta, densamente recubierta por el follaje, y cuyas flores nacen en amplios racimos o aisladas con todo el brillo que cabría esperar de un híbrido entre *Remember Me* y *Southampton*. Algunos Floribunda producen flores en distintas épocas, pero éste no es el caso. Aquí las flores parecen no terminar nunca de aparecer. Es un rosal fuerte y fiable, por lo que resulta una buena elección si se desea una rosa «fácil».

Flores:	20 pétalos Color salmón cobrizo; amarillo en la base Grande Muy fragante	150
		120
Follaje:	Verde medio Brillante	
		−90
Salud:	Buena resistencia a la enfermedad	
Crecimiento:	Muy vigoroso Erguido	−60
		−30
Premios:	RNRS RNRS JM	

FRAGRANT DELIGHT

Fragrant Delight es, sin lugar a dudas, el rosal adecuado si se desea un Floribunda con flores de color cobrizo y fragancia intensa. Este rosal, introducido a finales de la década de 1970, es descendiente de *Chanelle* y *Whisky Mac*. Algunos cultivadores lo incluyen entre los híbridos de Té en sus catálogos, debido a la elegante forma de sus flores jóvenes y al pequeño tamaño de sus racimos. El color de las hojas varía con la edad, las hojas jóvenes tienen un color verde cobrizo y las maduras un color verde medio y muy brillante.

Altura en cm

GLAD TIDINGS

Esta rosa alemana producida por Tantau fue votada como Rosa del Año 1989, pero no goza del mismo favor entre el público; no aparece entre las mejores 20 Floribunda. Las flores presentan una buena forma, y aparecen profusamente en grandes grupos que resultan en una disposición atractiva. Pero el inconveniente es su poca fragancia y el reducido número de pétalos. Podría resultar necesario pulverizar contra la mancha negra, aunque si le gusta el rojo intenso merece la pena.

150	**Flores:** 20 pétalos
	Rojo intenso
120	Grande
	Ligeramente fragante
	Follaje: Verde oscuro
90	Brillante
	Salud: Regular resistencia a la enfermedad
60	**Crecimiento:** Vigoroso
	Erguido
30	**Premios:**

GLENFIDDICH

Glenfiddich es uno de los Floribunda de reciente aparición más populares. Originario de Escocia, se cultiva en varios países de Europa. Esta variedad, producida por Cocker de Aberdeen, fue denominada con posterioridad a *Scoth Whisky*, de color similar, y tiene mucho éxito en Escocia y en las zonas del norte. Las flores, de forma perfecta, se disponen individualmente, y la floración continúa durante toda la estación.

150	**Flores:** 25 pétalos
	Ambar dorado
120	Tamaño mediano
	Ligeramente fragante
	Follaje: Verde oscuro
90	Brillante
	Salud: Buena resistencia a la enfermedad
60	**Crecimiento:** Vigoroso
	Erguido
30	**Premios:**

GOLDEN WEDDING

Siguen apareciendo Floribundas de color amarillo dorado, y esta variedad americana fue introducida en 1990. Su principal reclamo es su nombre: un excelente recuerdo para señalar los 50 años de matrimonio. Aparte de un valioso regalo para las bodas de oro, resulta de utilidad en el jardín si le gustan los Floribunda con flores cuya forma es de híbrido de Té, y quiere un arbusto de fácil mantenimiento. El follaje es al tiempo atractivo y abundante, pero no así el perfume. Se puede encontrar en la mayoría de catálogos.

150	**Flores:** 28 pétalos
	Amarillo
120	Grande
	Ligeramente fragante
	Follaje: Verde oscuro
90	Brillante
	Salud: Buena resistencia a la enfermedad
60	**Crecimiento:** Vigoroso
	Arbustivo
30	**Premios:**

GOLDEN YEARS

Otro Floribunda «dorado» como el anterior, con un follaje oscuro, flores amarillas y una fragancia ligera. Los dos se introdujeron a principios de la década de 1990, pero presentan más diferencias que similitudes. *Golden Years* es una rosa inglesa y las flores abiertas revelan una masa de pétalos, más que presentar una forma híbrido de Té. El desarrollo es erguido más que arbustivo y florece más libremente que su rival. Una buena variedad, como cabría esperar de un cruce *Sunblest x Amber Queen*.

150	**Flores:** 46 pétalos
	Amarillo dorado
120	Grande
	Ligeramente fragante
	Follaje: Verde oscuro
90	Brillante
	Salud: Buena resistencia a la enfermedad
60	**Crecimiento:** Vigoroso
	Erguido
30	**Premios:**

GOLDFINGER

Es lo suficientemente pequeño para que en ocasiones se clasifique como rosal de Patio, aunque generalmente los catálogos y las etiquetas lo incluyen como un Floribunda pequeño. El desarrollo es erguido y bastante descuidado, pero resulta útil si se dispone de poco espacio, y no importa la ausencia de un perfume intenso y que las flores se marchiten. No ha ganado grandes premios ni aparece en los primeros puestos de popularidad, pero goza del favor de la mayoría de los cultivadores de rosas.

150	**Flores:** 20 pétalos
	Amarillo dorado
120	Tamaño mediano
	Ligeramente fragante
	Follaje: Verde oscuro
90	Brillante
	Salud: Buena resistencia a la enfermedad
60	**Crecimiento:** Vigoroso
	Erguido
30	**Premios:**

GREENSLEEVES

	cm
Flores: 15 pétalos Verde Chartreuse Grande Ninguna fragancia	150 120
Follaje: Verde oscuro Semibrillante	90
Salud: Propenso a la enfermedad	
Crecimiento: Vigoroso Erguido	60
Premios:	30

Esta rosa Harkness introducida en 1980 sólo se utiliza para arreglos florales como material distinto al usual. Cuando las yemas se tiñan de rosa, corte los racimos —las flores se vuelven verdes al abrirse. Obviamente da que hablar, pero es de poco valor en el conjunto del jardín. El desarrollo resulta poco atractivo y zanquilargo. Cuando las flores horizontales maduran, se hace necesario pulverizarlas contra las enfermedades. Aun así, no hay ninguna rosa como ésta.

HANNAH GORDON

	cm
Flores: 30 pétalos Blanco, márgenes rosa oscuro Grande Ligeramente fragante	150 120
Follaje: Verde oscuro Brillante	90
Salud: Regular resistencia a la enfermedad	
Crecimiento: Vigoroso Arbustivo	60
Premios: RNRS	30

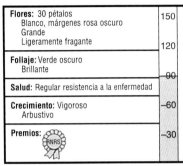
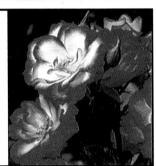

Resulta sorprendente que esta rosa se haya hecho cada vez más popular. La trepadora *Handel* se convirtió en una de las favoritas poco después de su introducción debido a su inusual coloración: flores color crema con los márgenes de un rosa rosado. *Hannah Gordon* es un Floribunda con un color bastante similar, pero únicamente un reducido número de cultivadores lo tienen en sus catálogos. No existen inconvenientes claros —las flores son grandes, el follaje de los ejemplares jóvenes está teñido de bronce y el desarrollo resulta bastante atractivo.

HARVEST FAYRE

	cm
Flores: 21 pétalos Naranja melocotón Tamaño mediano Ligeramente fragante	150 120
Follaje: Verde medio Brillante	90
Salud: Buena resistencia a la enfermedad	
Crecimiento: Vigoroso Arbustivo	60
Premios: ROTY	30

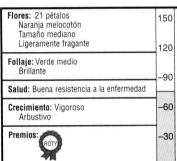

Ganadora del premio Rosa del Año 1990, aunque no resulta una buena elección si se quiere que los arbustos luzcan flores antes que los de su vecino. Empieza a florecer más tarde que la mayoría de los demás Floribunda, pero a finales del verano y en otoño los grandes grupos de brillantes flores demuestran por qué ha merecido este premio. En el color está su virtud; las flores no son grandes y el número de pétalos no es muy abundante. El follaje es atractivo y el crecimiento fuerte.

ICEBERG
Otro nombre: *SCHNEEWITTCHEN*

	cm
Flores: 25 pétalos Blanco Tamaño mediano Ligeramente fragante	150 120
Follaje: Verde medio Brillante	90
Salud: Propenso a la enfermedad	
Crecimiento: Vigoroso Ramificado	60
Premios: RNRS RHS BB	30

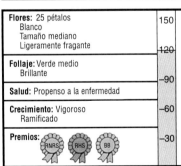

Es el más bello y popular Floribunda blanco en la actualidad. Los capullos rosados se abren dando flores blancas y planas. La cantidad y la continuidad de las flores también son rasgos destacables. *Iceberg* puede observarse en todas partes, pero, desafortunadamente, a menudo no se manifiesta toda su belleza. Necesita espacio y una poda ligera para crecer como un arbusto de pie alto. En estas condiciones, toda la planta se cubre de flores, y la posibilidad de enfermar es baja.

KORRESIA
Otros nombres: *FRIESIA, SUNSPRITE*

	cm
Flores: 35 pétalos Amarillo subido Grande Fragante	150 120
Follaje: Verde medio Brillante	90
Salud: Buena resistencia a la enfermedad	
Crecimiento: Moderadamente vigoroso Arbustivo	60
Premios: JM BB	30

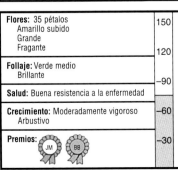

Ningún rosal ha tenido un comienzo tan poco prometedor: no se conoce a sus progenitores y no ha ganado ningún premio en Gran Bretaña. Sin embargo, en pocos años se ha convertido en una estrella y es el primer contrincante serio que tiene *Allgold* para ocupar la primera posición de los Floribunda amarillos. *Korresia* aventaja a su rival por sus flores más grandes, más fragantes y totalmente dobles. La continuidad es muy buena, los racimos no se decoloran y se mantienen durante un largo período.

LILLI MARLENE

Es un buen rosal de arriate que ha sido popular, con toda justicia, durante más de 20 años. El arbusto está revestido de un copioso follaje y las flores son muy abundantes. Al abrirse, los negros capullos dan flores de color rojo oscuro aterciopelado, lo cual minimiza los efectos de la lluvia o del sol abrasador. Es un Floribunda adecuado para los principiantes debido a su reputación en cuanto a fiabilidad y resistencia. Cada flor abierta no es, por sí misma, particularmente hermosa, pero el efecto global de las flores rojas junto con el follaje cobrizo es excelente.

150 120 90 60 30

Flores: 25 pétalos
Carmesí intenso
Tamaño mediano
Ligeramente fragante

Follaje: Cobrizo
Semibrillante

Salud: Propenso a la enfermedad

Crecimiento: Vigoroso
Arbustivo

Premios:

LIVERPOOL ECHO

McGredy la introdujo en 1971. La floración es más o menos continua y los grupos de flores son grandes. Crece bien en suelos en donde lo hacen muchos otros Floribunda, pero nunca ha sido demasiado popular. De hecho, es difícil encontrarla, y la única razón por la que se incluye en este libro es por su buen papel en los premios de la RNRS.

150 120 90 60 30

Flores: 23 pétalos
Rosa salmón
Grande
Ligeramente fragante

Follaje: Verde pálido
Brillante

Salud: Regular resistencia a la enfermedad

Crecimiento: Vigoroso
Arbustivo

Premios:

MANY HAPPY RETURNS
Otro nombre: PRIMA

Esta rosa Harkness apareció en 1991 y se ha convertido en una de las favoritas. Se encuentra en la mayoría de catálogos y ha recibido diversos premios. Obviamente su nombre la señala como un buen «regalo», pero tiene otros méritos. *Many Happy Returns* crece como un arbusto desplegado, más que uno erguido, y a finales de otoño ofrece atractivos escaramujos. Además es uno de los primeros Floribunda en florecer.

150 120 90 60 30

Flores: 23 pétalos
Rosa salmón
Grande
Ligeramente fragante

Follaje: Verde pálido
Brillante

Salud: Buena resistencia a la enfermedad

Crecimiento: Vigoroso
Expansivo

Premios:

MARGARET MERRIL

Se trata de un rosal que compite con *Iceberg* por la corona de los Floribunda blancos. No posee la altura ni la abundancia de flores inherentes a *Iceberg*, pero supera a su famoso rival en dos aspectos importantes: la forma de la flor y el perfume. Las flores, nacaradas, son bellezas altas-centradas, reunidas en racimos pequeños, y algunas personas consideran que su aroma es el más fragante de los rosales modernos.

150 120 90 60 30

Flores: 28 pétalos
Blanco nacarado
Tamaño mediano
Muy fragante

Follaje: Verde oscuro
Brillante

Salud: Regular resistencia a la enfermedad

Crecimiento: Muy vigoroso
Arbustivo

Premios:

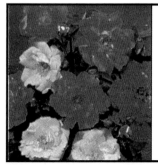

MASQUERADE

Existe un puñado de rosales que todo el mundo conoce; *Masquerade* es uno de ellos. Fue la primera variedad multicolor y, 30 años después, sigue siendo una elección popular para setos o donde quiera que se necesite un arbusto más grande de lo corriente. Al abrirse, los capullos amarillos mudan rápidamente a color rosa asalmonado y, finalmente, a rojo intenso, reuniendo cada uno de los grandes racimos una mezcla de estos colores. La floración es profusa y puede cesar si no se realiza una despuntadura regular.

150 120 90 60 30

Flores: 15 pétalos
Amarillo, cambia a rosa y rojo
Tamaño mediano
Ligeramente fragante

Follaje: Verde oscuro
Brillante

Salud: Regular resistencia a la enfermedad

Crecimiento: Vigoroso
Ramificado

Premios:

Flores: 23 pétalos
Rojo bermellón; ojo blanco;
envés plateado. Tamaño mediano
Ligeramente fragante

Follaje: Verde oscuro
Brillante

Salud: Buena resistencia a la enfermedad

Crecimiento: Vigoroso
Erguido

Premios:

150
120
—90
—60
—30

MATANGI

Es uno de los rosales del grupo producido por Mc-Gredy al que se ha descrito como «pintado a mano» (*véase* pág. 5). Los capullos, de forma perfecta, se abren completamente revelando la insólita coloración blanca y roja; las flores brotan individualmente o en pequeños racimos. Es claramente mejor que su progenitor *Picasso*, ya que sus flores aparecen en gran abundancia durante toda la estación y su follaje es brillante. Es un excelente rosal de arriate, sano y resistente a la lluvia, pero no es apropiado para flor cortada ya que no perdura en agua.

Flores: 30 pétalos
Bermellón
Grande
Fragante

Follaje: Verde pálido
Brillante

Salud: Buena resistencia a la enfermedad

Crecimiento: Vigoroso
Arbustivo

Premios:

150
120
—90
—60
—30

MELODY MAKER

Este descendiente de *Anisley Dickson* obtuvo el premio Rosa del Año 1991 y en la actualidad se incluye en muchos catálogos. Los grandes racimos de flores rojo-naranja contrastan con el abundante follaje oscuro. Además presentan una forma excelente y aparecen regularmente en la estación de floración. Los arbustos son compactos y atractivos, una buena selección para un pequeño arriate. Sorprendentemente tuvo una mala clasificación para la Mejor Floribunda.

Flores: 45 pétalos
Amarillo mimosa
Grande
Fragante

Follaje: Verde medio
Brillante

Salud: Buena resistencia a la enfermedad

Crecimiento: Vigoroso
Erguido

Premios:

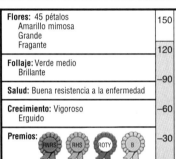

150
120
—90
—60
—30

MOUNTBATTEN

En el mundo de los Floribunda altos, durante las décadas de 1960 y 1970 reinó *Queen Elizabeth*. En la década de 1980 la corona pasó a *Mountbatten*. Ha recibido muchos premios, pero debe asegurarse de tener el espacio suficiente: por su tamaño, en algunos catálogos ha sido clasificado entre los Modernos Rosales Arbustivos. En setos, márgenes o arriates grandes, pocas variedades son más fáciles de cultivar y más resistentes. Las hojas son semiperennes, y las flores nacen en pequeños grupos.

Flores: 45 pétalos
Rosa
Tamaño mediano
Fragante

Follaje: Verde medio
Brillante

Salud: Buena resistencia a la enfermedad

Crecimiento: Vigoroso
Arbustivo

Premios:

150
120
—90
—60
—30

OCTAVIA HILL

Esta rosa fue introducida en 1995 por Harkness para el centenario del National Trust. Al igual que la colección Victoriana, las flores presentan un aire clásico distintivo, pero aquí termina la similitud con las rosas antiguas. *Octavia Hill* posee todo el vigor, resistencia a enfermedades y floración repetitiva que esperaría de una buena variedad moderna. El arbusto alcanza una altura de 1 m por 1 m, y en algunos libros la incluyen entre los rosales Arbustivos más que entre los Floribunda.

Flores: 35 pétalos
Amarillo, naranja manchado
Grande
Ligeramente fragante

Follaje: Verde oscuro
Brillante

Salud: Buena resistencia a la enfermedad

Crecimiento: Vigoroso
Erguido

Premios:

150
120
—90
—60
—30

ORANGES AND LEMONS

La gente se apasiona u odia las novedades atractivas como ésta, introducida en 1993. Las flores amarillas están manchadas de un naranja brillante, en proporción variable. Ciertamente será un reclamo para los visitantes, pero existe una clara desventaja si se intenta cultivarla en un arriate con variedades de tonos pastel. En su lugar, puede cultivarse en un margen mixto y cortar algunas flores para un arreglo floral.

Altura en cm

ORANGE SENSATION

Si le atrae el color bermellón anaranjado, escoja *Orange Sensation* u *Orangeade*. Hay muchas razones para elegir el primero: el color es intenso, los pétalos son más numerosos que los de *Orangeade* y el perfume es fuerte y dulce. Los racimos son, a veces, sumamente grandes. Los arbustos tienen un crecimiento desplegado y por ello pueden existir grandes espacios entre ellos. Esta variedad presenta un follaje más mate e inicia la floración más tarde que *Orangeade*. Al igual que en este último, el mildiu y la mancha negra pueden ser un problema.

Flores:	24 pétalos Rojo bermellón claro; amarillo en la base Tamaño mediano Fragante
Follaje:	Verde claro Mate
Salud:	Propenso a la enfermedad
Crecimiento:	Vigoroso Ramificado
Premios:	

150 — 120 — 90 — 60 — 30

PICCOLO

La forma de la flor es buena y el rojo combinado con naranja fue una buena adición a los Floribunda de desarrollo bajo en 1984. Sin embargo, esta rosa Tantau ha perdido el favor de los jueces y el clamor popular del que gozaban otras enanas como *Gentle Touch, Sweet Magic*, etc. Es una rosa bastante buena, con hojas de un verde rojizo al principio; las flores aparecen libremente. Un inconveniente es la ausencia de perfume y el crecimiento no compacto.

Flores:	20 pétalos Rojo coral Tamaño mediano Ligeramente fragante
Follaje:	Verde oscuro Brillante
Salud:	Buena resistencia a la enfermedad
Crecimiento:	Vigoroso Erguido
Premios:	

150 — 120 — 90 — 60 — 30

PINK PARFAIT

Este delicioso Floribunda, producido en América, posee una combinación de colores rosa y crema. Es uno de los grandes favoritos y se encuentra en muchos catálogos, los cuales no coinciden respecto de la altura que alcanza esta variedad, aunque sí coinciden en que es una excelente elección como rosal de arriate, de bordura o cultivado como un arbusto de pie ligeramente podado. La floración es muy prolífica y es uno de los mejores Floribunda para flor cortada. Las flores, de hermosa forma, resisten la lluvia; las ramas son delgadas y apenas tienen espinas.

Flores:	22 pétalos Rosado; color crema en la base Tamaño mediano Ninguna fragancia
Follaje:	Verde medio Semibrillante
Salud:	Buena resistencia a la enfermedad
Crecimiento:	Vigoroso Ramificado
Premios:	

150 — 120 — 90 — 60 — 30

PURPLE TIGER

Si no es amante de las novedades o no se dedica a los arreglos florales, no siga leyendo. El follaje de esta variedad introducida en 1993 resulta frugal, por lo que los erguidos tallos tienen una apariencia bastante desvaída, y tanto el mildiu como la mancha negra pueden constituir un problema. Indudablemente no es una rosa para arriates, aunque un arbusto o dos en un margen mixto ciertamente será interesante. Las flores están rayadas de un púrpura remolacha y color crema pálido, y aparecen en grupos sobre tallos casi sin espinas.

Flores:	32 pétalos Púrpura, marfil roto Tamaño mediano Ligeramente fragante
Follaje:	Verde medio Brillante
Salud:	Regular resistencia a la enfermedad
Crecimiento:	Moderadamente vigoroso Erguido
Premios:	

150 — 120 — 90 — 60 — 30

QUEEN ELIZABETH

Este rosal, producido en América, tomó el nombre en la década de 1950, tras ascender al trono la monarca británica, y es uno de los grandes rosales del mundo. Crece casi en todos los sitios, pero no es apropiado para un arriate pequeño, pues su altura es igual o superior a 1,5 m. Ha de plantarse en un seto o como un arbusto de pie; lo más indicado es colocarlo al fondo de la bordura, con los rosales de crecimiento más bajo delante. Es un rosal excepcional: su follaje es vistoso, sus flores hermosas y como flor cortada mantiene sus cualidades en agua.

Flores:	35 pétalos Color rosa claro Grande Ligeramente fragante
Follaje:	Verde oscuro Brillante
Salud:	Buena resistencia a la enfermedad
Crecimiento:	Muy vigoroso Erguido
Premios:	

150 — 120 — 90 — 60 — 30

ROSALES FLORIBUNDA

Flores: 25 pétalos
  Amarillo dorado; bordes color rojo cereza
  Tamaño mediano
  Ligeramente fragante
 	
Follaje: Verde medio
  Semibrillante
 	
Salud: Regular resistencia a la enfermedad
 	
Crecimiento: Vigoroso
  Erguido
 	
Premios:
	150
	
	120
	
	—90
	
	—60
	
	—30

RED GOLD

El nombre de este Floribunda describe bien las flores jóvenes: color rojo en los bordes de los pétalos y rojo dorado por dentro. Los pétalos se decoloran y los colores se mezclan con la edad; las flores maduras son de color anaranjado pálido. *Red Gold* es una variedad fiable que tiene un follaje joven de color cobrizo muy atractivo y flores vistosas, por lo que es útil como rosal de arriate, así como variedad de exposición debido a que las flores son excepcionalmente perdurables. En general, la floración es prolífica, y las flores presentan una buena resistencia a la lluvia.

Flores: 20 pétalos
  Rosa pálido, ojo blanco
  Grande
  Fragante
 	
Follaje: Verde medio
  Brillante
 	
Salud: Buena resistencia a la enfermedad
 	
Crecimiento: Moderadamente vigoroso
  Arbustivo
 	
Premios:
	150
	
	120
	
	—90
	
	—60
	
	—30

REGENSBERG
Otro nombre: BUFFALO BILL

Una coloreada enana Floribunda de McGredy. El arbusto es corto y desplegado, las hojas ocasionalmente tiznadas de bronce. Las flores son características, sorprendentemente grandes para una planta pequeña, y se abren para revelar los prominentes ojos blancos. Tiene una buena reputación por su continua floración, pero cada uno de los racimos soporta pocas flores. Como su pariente *Old Master*, los pétalos son plateados por el envés.

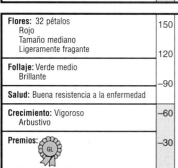

Flores: 32 pétalos
  Rojo
  Tamaño mediano
  Ligeramente fragante
 	
Follaje: Verde medio
  Brillante
 	
Salud: Buena resistencia a la enfermedad
 	
Crecimiento: Vigoroso
  Arbustivo
 	
Premios:
	150
	
	120
	
	—90
	
	—60
	
	—30

REMEMBRANCE

Otra rosa roja de la década de 1990, híbrido de *Trumpeter* y *Southampton*. El color es escarlata brillante y los catálogos señalan que florece continuamente hasta el final de la estación. Los grupos de flores son grandes, y si el espacio es limitado su crecimiento compacto resulta interesante. Los tallos son fuertes y los racimos se mantienen erguidos. No será del gusto de los aficionados a los tonos pastel, pero resulta un ejemplar atractivo.

Flores: 25 pétalos
  Color escarlata anaranjado
  Tamaño mediano globular
  Ligeramente fragante
 	
Follaje: Verde oscuro
  Semibrillante
 	
Salud: Buena resistencia a la enfermedad
 	
Crecimiento: Vigoroso
  Erguido
 	
Premios:
	150
	
	120
	
	—90
	
	—60
	
	—30

SCARLET QUEEN ELIZABETH

Es un Floribunda alto, con flores de color rojo, que se emplea para formar setos o como un arbusto de pie. La mayoría de los viveros disponen de esta variedad, pero su popularidad se debe, sin duda alguna, más a su famoso nombre que a su belleza. A diferencia de las flores de su progenitor color rosa, las de *Scarlet Queen Elizabeth* tienen pétalos sueltos y abiertos y aparecen más tarde que las de otros Floribunda. La floración no es especialmente abundante, y el follaje, a menudo, oculta las flores. No es un gran rosal, pero es sano y resistente a las inclemencias del tiempo.

Flores: 35 pétalos
  Rosa rosa
  Tamaño medio
  Ligeramente fragante
 	
Follaje: Verde oscuro
  Brillante
 	
Salud: Buena resistencia a la enfermedad
 	
Crecimiento: Vigoroso
  Arbustivo
 	
Premios:
	150
	
	120
	
	—90
	
	—60
	
	—30

SEXY REXY

Cuando se introdujo esta variedad McGredy en la década de 1980, se temía que el nombre influyera en su popularidad, pero a principios de la década de 1990 los expertos la consideraron una de las mejores Floribunda de color rosa. La razón de su éxito es la abundancia en la floración: las flores de 5-7,5 cm tienen forma de camelias y nacen en grupos grandes que casi ocultan la planta. Excelente para exhibiciones y para uso general en el jardín.

ROSALES FLORIBUNDA

Altura en cm

SHEILA'S PERFUME

Durante mucho tiempo se hizo necesaria la aparición de una rosa amarillo-rojo de perfume intenso, y un aficionado, John Sheridan, lo consiguió. Las flores presentan la forma clásica de híbrido de Té, aisladas o en pequeños grupos. Sanas, vigorosas, atractivamente revestidas por las hojas... pero nunca han llegado a la cima de la popularidad. Quizás el problema radica en que no presentan suficientes pétalos para un híbrido de Té, o quizás el contraste de coloridos no es del agrado de mucha gente.

Flores:	20 pétalos Amarillo, margen rojo Grande Muy fragante
Follaje:	Verde oscuro Semibrillante
Salud:	Buena resistencia a la enfermedad
Crecimiento:	Vigoroso Arbustivo
Premios:	

SHOCKING BLUE

A pesar de su nombre y aunque en muchos catálogos figura como azul, esta variedad es de color lila o malva con un fondo magenta. Como las demás rosas «azules», puede parecer un poco fuera de lugar en el jardín, pero es una rosa excelente para cortar. Posee una atractiva forma de híbrido de Té y la fragancia es bastante peculiar. Para disfrutar de esta variedad piense en ella como una agradable flor pastel más que en una de color azul.

Flores:	32 pétalos Lila Grande Muy fragante
Follaje:	Verde oscuro Brillante
Salud:	Buena resistencia a la enfermedad
Crecimiento:	Moderadamente vigoroso Arbustivo
Premios:	

SOUTHAMPTON

Introducido en 1971, *Southampton* se ha convertido en uno de los principales Floribunda. Combina el color albaricoque con la buena salud y la robustez. Las flores, de pétalos rizados, brotan individualmente al principio de la estación, aunque lo más usual es encontrarlas formando racimos de mediano tamaño. El crecimiento es más alto de lo corriente, por lo tanto, se emplea *Southampton* para los arriates, borduras o setos grandes. A pesar de que el arbusto tiene una forma claramente erguida, parece desplegado porque presenta numerosas ramas laterales.

Flores:	25 pétalos Color albaricoque anaranjado, color escarlata. Grande Ligeramente fragante
Follaje:	Verde oscuro Semibrillante
Salud:	Buena resistencia a la enfermedad
Crecimiento:	Muy vigoroso Erguido
Premios:	

SUMMER DREAM

Se trata de una versión actual del popular rosal de Patio *Sweet Dream*. Las flores, el follaje y el crecimiento limpio son de idéntico color y forma que su premiada antecesora, pero a mayor escala. Se trata de un Floribunda de tamaño mediano para zonas donde las rosas de Patio podrían resultar demasiado pequeñas, y ello lo hace popular. Sorprendentemente no constituye un *best-seller*.

Flores:	35 pétalos Albaricoque Tamaño medio Fragante
Follaje:	Verde medio Brillante
Salud:	Buena resistencia a la enfermedad
Crecimiento:	Vigoroso Arbustivo
Premios:	

THE TIMES ROSE
Otro nombre: *MARIANDEL*

Una rosa necesita algo más que una cara bonita para lograr el Trofeo Internacional del Presidente concedido por la RNRS. Debe resultar atractiva por sí misma. Se trata de un arbusto desplegado con abundante follaje atractivo que en los ejemplares jóvenes tiene una tonalidad broncínea. Soporta grandes racimos de flores carmesí, especialmente atractivas con la luz del sol. Una estupenda flor para arriates, pero con un perfume débil y pétalos escasos.

Flores:	30 pétalos Rojo sangre Grande Ligeramente fragante
Follaje:	Verde oscuro Brillante
Salud:	Buena resistencia a la enfermedad
Crecimiento:	Vigoroso Arbustivo
Premios:	

ROSALES FLORIBUNDA

Altura en cm

Flores: 30 pétalos
Amarillo brillante
Tamaño mediano
Ligeramente fragante

Follaje: Verde medio
Brillante

Salud: Buena resistencia a la enfermedad

Crecimiento: Vigoroso
Erguido

Premios: BB

150
120
−90
−60
−30

TOPROSE
Otro nombre: DANIA

Nunca ha habido escasez de Floribundas de color amarillo, por lo que cualquier variedad nueva para ser popular debe tener alguna propiedad especial. Esta rosa cultivada en Escocia se introdujo a principios de la década de 1990, y presenta uno o dos rasgos característicos: la gran resistencia a las enfermedades y el brillo de sus flores, que no se marchitan ni siquiera después de un prolongado período soleado en verano. Las hojas son grandes y el crecimiento erguido.

Flores: 35 pétalos
Rojo bermellón intenso
Tamaño mediano
Ligeramente fragante

Follaje: Verde oscuro
Brillante

Salud: Buena resistencia a la enfermedad

Crecimiento: Vigoroso
Arbustivo

Premios: RNRS BARB RHS JM

150
120
−90
−60
−30

TRUMPETER
Otro nombre: MACTRU

Es uno de los Floribunda de color rojo intenso más recientes, de crecimiento bajo y compacto. Introducido en 1978, *Trumpeter* ya ha alcanzado una gran reputación como rosal para delimitar arriates. Presenta una resistencia casi inigualada a la enfermedad. Tiene muchísimas flores y los racimos brotan casi continuamente. Otra ventaja consiste en el gran número de flores por racimo, aunque esto se vuelve un defecto en tiempo lluvioso debido a que las flores se inclinan cuando hay humedad.

Flores: 20 pétalos
Rosa
Tamaño mediano
Muy fragante

Follaje: Verde oscuro
Brillante

Salud: Buena resistencia a la enfermedad

Crecimiento: Vigoroso
Erguido

Premios: RNRS

150
120
−90
−60
−30

VALENTINE HEART

Si alguien cree que las nuevas variedades deberían tener una apariencia distinta a las antiguas, éste es un buen ejemplo: su colorido es rosa con toques de color crema y rojo pálido en la base de los pétalos. El margen de estos últimos es festoneado y los nuevos brotes son púrpura. El número de flores es superior a la media, al igual que su perfume. Resisten bien las lluvias y las enfermedades. Impresiona, pero no se encuentra en todas las listas recomendadas.

Flores: 35 pétalos
Salmón
Tamaño mediano
Ligeramente fragante

Follaje: Verde medio
Semibrillante

Salud: Buena resistencia a la enfermedad

Crecimiento: Vigoroso
Arbustivo

Premios: RNRS

150
120
−90
−60
−30

WISHING
Otro nombre: GEORGIE GIRL

Una hija de *Silver Jubilee* con el crecimiento sano, arbustivo y uniforme que cabría esperar. La altura es ligeramente inferior al promedio y las flores, con una buena forma, nacen en grandes racimos que cubren las hojas. Su fama se debe al color de las flores, descrito como «salmón intenso» y «salmón ahumado», único entre los Floribunda. Desgraciadamente su perfume es muy débil.

Flores: 25 pétalos
Anaranjado cobrizo, oro matizado
Tamaño mediano
Fragante

Follaje: Verde claro
Semibrillante

Salud: Propenso a la enfermedad

Crecimiento: Vigoroso
Ramificado

Premios: RNRS

150
120
−90
−60
−30

WOBURN ABBEY

Es un Floribunda anaranjado, extensamente arraigado y popular, de perfume agradable. Su altura es superior al término medio. La popularidad de *Woburn Abbey* se debe al color de sus flores y no a su belleza: las flores tienen un aspecto bastante desaliñado y se reúnen en atestados racimos. El principal inconveniente reside en su escasa resistencia a la enfermedad. El mildiu, la mancha negra y la roya pueden ser problemas graves, y es necesario pulverizar regularmente si se cultiva esta variedad.

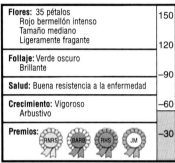
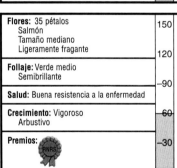

ROSALES FLORIBUNDA

ROSALES DE PATIO

La creación del grupo rosales de Patio tuvo lugar tras la publicación de la primera edición de este libro. Los Floribunda enanos, con una altura de 45-55 cm, existían desde hacía tiempo. *Meteor,* en 1959, fue la primera en alcanzar las listas de éxito, seguida por otras populares enanas como *Tip Top* (1963), *Marlena* (1964), *Stargazer* (1977) y *Baby Bio* (1977). Eran demasiado bajas, y las flores y hojas demasiado grandes para el grupo de rosas Miniatura, pero tampoco encajaban en los Floribunda al ser mucho más pequeñas que los modernos arbustos de flores en grupo.

Hasta la década de 1980 se incluyeron con los Floribunda como parte de las variedades enanas útiles en espacios reducidos. Durante años, la búsqueda se encaminó hacia los grandes híbridos de Té y los atrevidos Floribunda —flores tan grandes como las de *Peace* y plantas tan atrevidas como *Queen Elizabeth*. A principios de la década de 1990 las cosas cambiaron cuando los cultivadores se dieron cuenta de la necesidad de un abanico de variedades arbustivas que fueran lo suficientemente compactas para cultivar en pequeños arriates, la parte frontal de un margen o en macetas en el patio. Durante tres años consecutivos los Floribunda ganaron el prestigioso galardón de Rosa del Año —*Gentle Touch* (1986), *Sweet Magic* (1987) y *Sweet Dream* (1988). Obviamente, estas nuevas variedades necesitaban un grupo propio, y de este modo la denominación «rosal de Patio» ha ido incrementando su utilización en catálogos y libros de texto.

No existe un acuerdo exacto o universalmente aceptado sobre la definición de rosal de Patio. En cuanto a este libro, se refiere a Floribunda que normalmente no exceden los 45-55 cm de altura y presentan un hábito de crecimiento arbustivo. Además, el tamaño foliar y floral está relacionado con el tamaño del arbusto, pues la floración es abundante, en grupos durante toda la estación. Algunos autores incluyen las antiguas formas enanas Floribunda como *Regensberg, Piccolo* y *Baby Bio* entre los Floribunda en lugar de clasificarlas en el nuevo grupo.

Los catálogos son muy confusos. Algunos agrupan los rosales de Patio y los Miniatura, y otros ignoran el concepto de rosal de Patio y dejan las variedades enanas junto a los Floribunda. Es posible encontrar una variedad como *Chatsworth* entre los rosales de Patio o en los Floribunda, pero sea como fuese aquí está el grupo de los rosales de Patio, que irá adquiriendo una creciente popularidad.

CLAVE DE LAS GUÍAS DE ROSALES

Tamaño de las flores
Grande: superior a 9 cm
Mediano: 5-9 cm

Fragancia
Véase pág. 6

Número de pétalos
Véase pág. 5

Color

Follaje
Color de la hoja y características de su superficie (*véase* pág. 6)

Flores: 30 pétalos
Rosa pálido
Pequeño
Ligeramente fragante

Follaje: Verde medio
Semibrillante

Salud: Buena resistencia a la enfermedad

Crecimiento: Vigoroso
Rastrero

Premios:

75
60
45
30
15

Altura en cm
Altura del arbusto en condiciones promedio de crecimiento.

Premios
(*Véase* pág. 122)

Crecimiento
Vigor (= robustez) y tipo de crecimiento (desplegado, erguido, muy ramificado, etc.)

Salud
Resistencia al mildiu y a la mancha negra

Flores: 20 pétalos Naranja intenso, ojo amarillo Pequeño Ligeramente fragante	−75 −60
Follaje: Verde oscuro Brillante	45
Salud: Buena resistencia a la enfermedad	
Crecimiento: Moderadamente vigoroso Arbustivo	−30
Premios:	−15

ANNA FORD

Este híbrido Floribunda x Miniatura es difícil de clasificar —en algunos catálogos aparece como Miniatura y en otros como rosal de Patio. Forma un excelente arbusto de baja altura, cubierto de hojas pequeñas y racimos que soportan multitud de pequeñas flores. Al principio, los ojos florales son rojo anaranjado, y cambian pausadamente a naranja. Como planta de márgenes o para macetas no tiene rival, especialmente si permanece en la sombra gran parte del día —el crecimiento es denso y las hojas son oscuras y brillantes.

Flores: 10 pétalos Rojo, ojo crema salmón Pequeño Sin fragancia	−75 −60
Follaje: Verde medio Semibrillante	45
Salud: Regular resistencia a la enfermedad	
Crecimiento: Vigoroso Arbustivo	−30
Premios:	−15

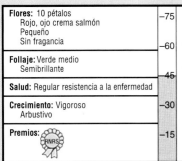

BOYS' BRIGADE

Esta rosa producida por Coker es compacta, elegante y produce racimos de flores que cubren las pequeñas hojas. Las flores nacen en número inusual y el racimo es especial entre los modernos rosales. Los pétalos son escasos, con un ojo distintivo blanco, crema o amarillo pálido. *Boys' Brigade* fue introducida en 1984, pero nunca ha sido popular; supone una novedad, pero es difícil para los tipos sencillos y semidobles alcanzar la lista de éxitos.

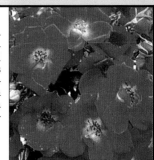

Flores: 20 pétalos Albaricoque intenso Pequeño Ligeramente fragante	−75 −60
Follaje: Verde medio Brillante	45
Salud: Buena resistencia a la enfermedad	
Crecimiento: Moderadamente vigoroso Arbustivo	−30
Premios:	−15

CIDER CUP

Esta rosa apareció por primera vez a finales de la década de 1980 y es un buen ejemplo de un compacto rosal de Patio. Tanto las flores como las hojas son pequeñas, y guardan relación con el tamaño del arbusto, pero la forma de la flor es muy buena y aparece libremente en grupos durante un período prolongado. *Cider Cup* proporciona una sensación brillante de color si se planta en una amplia zona. Se recomienda también para corte. Si se desea, se puede elegir una flor tipo híbrido de Té, a menos que se desee un perfume intenso.

Flores: 22 pétalos Rosa albaricoque Tamaño mediano Ligeramente fragante	−75 −60
Follaje: Verde medio Brillante	45
Salud: Buena resistencia a la enfermedad	
Crecimiento: Vigoroso Arbustivo	−30
Premios:	−15

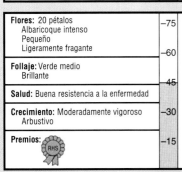

CONSERVATION

El nombre conmemora el 50 aniversario de la fundación Mundial para la Vida Salvaje. Al igual que las dos anteriores variedades, es un rosal de Patio de la década de 1980, producido en Escocia y ganador del primer premio en Glasgow y Dublín. Más que erguido, el hábito de crecimiento es desplegado, por lo que la producción de hojas es amplia. Este grupo de hojas se acompaña por grandes racimos de flores semidobles, lo que supone un buen tamaño para un rosal de Patio de 45 cm. El color es bastante variable, y el dominante puede ser el rosa o el naranja.

Flores: 18 pétalos Escarlata, envés plateado Grande Ligeramente fragante	−75 −60
Follaje: Verde oscuro Brillante	−45
Salud: Buena resistencia a la enfermedad	
Crecimiento: Vigoroso Arbustivo	−30
Premios:	−15

FESTIVAL

Festival recibió en 1994 el premio Rosa del Año por sus dos nuevas características: el matiz plateado en la parte inferior y en la base de los brillantes pétalos rojos, y la forma parecida a un acebo de las oscuras y lujosas hojas. Esta variedad Kordes recibió un premio Elección de los Cultivadores y un premio ROTY, y se trata de un rosal de mediados de la década de 1990 que debería estar en un primer puesto, pero sólo el tiempo lo dirá.

GENTLE TOUCH

La principal característica de este rosal de Patio es la bella forma de las inflorescencias altas-centradas con una forma clásica de híbrido de Té. Sin embargo, con el tiempo se van abriendo. Los racimos son fuertes y están formados de rosas de color rosa durante todo el período de floración. Obtuvo el premio Rosa del Año 1986 y ocupa un lugar destacado en cuanto a las mejores rosas de Patio. *Gentle Touch* puede colocarse en cualquier parte del jardín donde sea necesaria una variedad compacta.

Flores:	17 pétalos Rosa pálido Pequeño Ligeramente fragante
Follaje:	Verde medio Semibrillante
Salud:	Regular resistencia a la enfermedad
Crecimiento:	Moderadamente vigoroso Arbustivo
Premios:	ROTY

−75 −60 45 −30 −15

GINGERNUT

Una coloreada variedad que apareció en 1989 y está recomendada para arriates o macetas. Las flores se hayan bastante espaciadas dentro de un grupo y el color resulta inusual y atractivo —una mezcla de naranja ardiente, rosa y rojo. El desarrollo es compacto y parecido a una almohadilla, y la RNRS la mantiene entre los primeros 12 rosales de Patio. Para algunos jardineros existe un problema: los capullos aparecen pronto en flores horizontales.

Flores:	43 pétalos Naranja broncíneo, envés rojo Tamaño mediano Ligeramente fragante
Follaje:	Verde medio Brillante
Salud:	Buena resistencia a la enfermedad
Crecimiento:	Moderadamente vigoroso Arbustivo
Premios:	

−75 −60 45 −30 −15

HAKUUN

Introducido desde Dinamarca en 1962 y, por consiguiente, uno de los primeros rosales de Patio. Quizás deba buscarse en unos cuantos catálogos para encontrar un proveedor, y ello representa una limitación —no presenta demasiados pétalos y tampoco es perfumada. Se incluye aquí al ser la única «clásica» (anterior a 1970) entre los mejores rosales de Patio, y por la masa de flores de tonalidad pálida (su nombre significa «nube blanca») que hace de ella uno de los mejores ejemplares para arriates brillantemente coloreados.

Flores:	15 pétalos Blanco cremoso Pequeño Sin fragancia
Follaje:	Verde medio Brillante
Salud:	Regular resistencia a la enfermedad
Crecimiento:	Vigoroso Arbustivo
Premios:	

−75 −60 45 −30 −15

HONEYBUNCH

Si se busca un brillante rosal de Patio con un perfume delicado para cultivar en una maceta, éste es el ejemplar. El perfume es suficientemente fuerte para clasificarlo como «fragante» y los pétalos tienen un cálido color miel. Cada flor presenta numerosos pétalos y los racimos nacen libremente durante todo el período de floración. Tiene una buena reputación como flor cortada duradera, y se encuentra ampliamente disponible en los catálogos. Sorprendentemente, no figura entre las listas de popularidad.

Flores:	45 pétalos Amarillo, salmón manchado Pequeño Fragante
Follaje:	Verde medio Semibrillante
Salud:	Buena resistencia a la enfermedad
Crecimiento:	Moderadamente vigoroso Arbustivo
Premios:	

−75 −60 45 −30 −15

LITTLE BO-PEEP

En 1991, esta rosa de aspecto almohadillado recibió el primer premio de la RNRS. Su valor en el jardín no tiene discusión, pero sí su clasificación: es lo suficientemente pequeña para incluirla en los Miniatura y lo suficientemente expansiva para hacerlo con los Cobertores de Suelo... aunque se encuentran entre los rosales de Patio. Parece un Arbustivo diminuto: montones de hojas pequeñas y densos racimos de flores abiertas casi blancas. Debe cultivarse en macetas o en un margen.

Flores:	30 pétalos Rosa pálido Pequeño Ligeramente fragante
Follaje:	Verde medio Semibrillante
Salud:	Buena resistencia a la enfermedad
Crecimiento:	Moderadamente vigoroso Rastrero
Premios:	RNRS RNRS

−75 −60 45 −30 −15

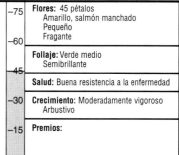

Flores: 20 pétalos Albaricoque Pequeño Ligeramente fragante	−75 −60
Follaje: Verde oscuro Semibrillante	45
Salud: Regular resistencia a la enfermedad	
Crecimiento: Moderadamente vigoroso Arbustivo	−30
Premios: 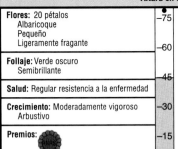	−15

PEEK A BOO
Otro nombre: BRASS RING

Apareció en 1980 y fue uno de los primeros rosales de Patio. Todavía es uno de los mejores rosales de rocalla y para tinajas, y se encuentra en muchos catálogos. El arbusto es elegante y redondeado, y los racimos soportan gran número de flores. Se puede encontrar esta variedad en la sección de rosas Miniatura. Cuando las flores maduran, los pétalos cambian su color albaricoque cobra hasta rosa.

Flores: 42 pétalos Amarillo Pequeño Ligeramente fragante	−75 −60
Follaje: Verde oscuro Brillante	45
Salud: Buena resistencia a la enfermedad	
Crecimiento: Vigoroso Arbustivo	−30
Premios: 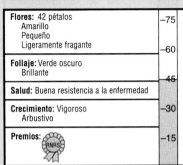	−15

PERESTROIKA
Otro nombre: SONNENKIND

Esta variedad Kordes de 1990 merece la pena. Las flores son de un amarillo dorado brillante con una apariencia notablemente puntiaguda al estar los márgenes de los pétalos girados. Los grupos de flores son grandes y el follaje denso. Obviamente no presenta desventajas: el crecimiento es elegante; el follaje, atractivo, y el arbusto, de abundante floración, aunque no ocupa los primeros puestos como Mejor Rosal de Patio.

Flores: 32 pétalos Rosa pálido Tamaño mediano Ligeramente fragante	−75 −60
Follaje: Verde medio Brillante	45
Salud: Buena resistencia a la enfermedad	
Crecimiento: Vigoroso Arbustivo	−30
Premios: 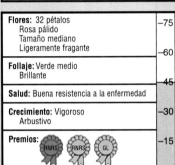	−15

PRETTY POLLY
Otro nombre: PINK SYMPHONY

Se trata de un rosal de Patio arbustivo con flores rosas que se abren horizontales al madurar y emiten una ligera fragancia. Con semejante descripción podría parecer extraño que esta variedad Meilland haya recibido el primer premio de la RNRS en 1989. Sin embargo, es más que otra rosa enana de color rosa. Las flores jóvenes resultan extremadamente atractivas y el denso arbusto florece de modo abundante de una forma remarcable. Se recomienda vivamente.

Flores: 14 pétalos Rosa Tamaño mediano Ligeramente fragante	−75 −60
Follaje: Verde oscuro Brillante	45
Salud: Buena resistencia a la enfermedad	
Crecimiento: Vigoroso Desplegado	−30
Premios: 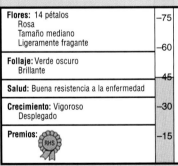	−15

QUEEN MOTHER

Nombrada para celebrar el 90 cumpleaños de la Reina Madre inglesa, esta rosa Kordes parece más un pequeño rosal Arbustivo que un rosal de Patio. Las flores semidobles de rosa puro presentan una apariencia clásica abierta y las pequeñas hojas son oscuras y brillantes. Es del todo fiable, con una excelente reputación en cuanto a la resistencia al mildiu y la mancha negra, y entre una floración y la siguiente transcurre poco tiempo. Una buena elección para un hueco en cualquier margen o para cultivarla en una maceta.

Flores: 15 pétalos Amarillo Pequeño Ligeramente fragante	−75 −60
Follaje: Verde oscuro Brillante	45
Salud: Buena resistencia a la enfermedad	
Crecimiento: Vigoroso Arbustivo	−30
Premios:	−15

RAY OF SUNSHINE

Ray of Sunshine es un típico rosal de Patio —el crecimiento es arbustivo y los tallos se encuentran cubiertos de pequeñas hojas brillantes. La popular Floribunda amarilla *Korresia* es uno de sus progenitores, por lo que no resulta sorprendente el amarillo brillante de las flores, característica que no varía cuando la flor alcanza la madurez. Tiene una buena forma floral, pero a diferencia de *Korresia* el número de pétalos es reducido. Aunque las flores son pequeñas, su abundancia es suficiente para proporcionar un espléndido colorido.

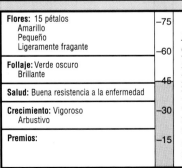

RED PASCAL

Esta variedad americana no ha recibido premios importantes, y con frecuencia no se encuentra en las listas recomendadas, pero merece la pena tenerla en cuenta si le gustan los ejemplares rojos enanos. El color es brillante y no se marchita con el tiempo o la lluvia. Las flores dobles tienen forma de copa y la textura es sedosa. Los arbustos se caracterizan por ser compactos. La floración continúa hasta finales de otoño, aunque apenas tiene fragancia.

Flores:	35 pétalos Carmesí Pequeño Ligeramente fragante
Follaje:	Verde oscuro Brillante
Salud:	Buena resistencia a la enfermedad
Crecimiento:	Moderadamente vigoroso Arbustivo
Premios:	

—75 —60 45 —30 —15

ROSY FUTURE

Un rosal de Patio, con una altura superior a la media, introducido por Harkness en 1991. El color rosa intenso no resulta algo especial en este grupo, pero sí la fragancia, que la distingue de casi todas las demás variedades. El crecimiento es erguido, con una densa cobertura de hojas sedosas. Las flores tienen una forma atractiva y nacen en grandes grupos. Puede plantarse como seto, en un arriate o en maceta, donde se pueda disfrutar de su perfume.

Flores:	30 pétalos Carmesí Pequeño Ligeramente fragante
Follaje:	Verde oscuro Brillante
Salud:	Buena resistencia a la enfermedad
Crecimiento:	Vigoroso Arbustivo
Premios:	

—75 —60 —45 —30 —15

SHINE ON

Esta variedad producida por Dickson e introducida en 1994, valdría «para cualquier corona», según su creador. Obtuvo el premio de la Asociación de Cultivadores, al cautivar obviamente a todo el mundo. El arbusto es elegante y la continuidad de las flores resulta excelente. Las flores tienen centros altos, que mantienen su buena forma, pero al igual que muchos otros rosales de Patio, posee un aroma ligero. Un descendiente de la popular variedad *Sweet Magic* con quien compite en brillo.

Flores:	30 pétalos Naranja, rosa combinado Pequeño Ligeramente fragante
Follaje:	Verde medio Brillante
Salud:	Buena resistencia a la enfermedad
Crecimiento:	Vigoroso Arbustivo
Premios:	

—75 —60 45 —30 —15

STRAWBERRY FAYRE

Una variedad atractiva para la vista que procede de América de principios de la década de 1990. Es al mismo tiempo o bien blanca muy mezclada de rojo, o roja jaspeada con blanco, y en la parte de abajo de los pétalos el color es blanco plateado. En cualquier caso, cada una de las flores tiene un color mezcla de rojo y blanco y los elegantes arbustos soportan pesados grupos de flores desde principios de verano hasta los primeros fríos. El perfume no es excesivamente fuerte. Debe plantarse en una maceta o en un margen mixto.

Flores:	22 pétalos Rojo, blanco jaspeado Tamaño mediano Ligeramente fragante
Follaje:	Verde oscuro Brillante
Salud:	Buena resistencia a la enfermedad
Crecimiento:	Vigoroso Arbustivo
Premios:	

—75 —60 —45 —30 —15

SUNSEEKER
Otro nombre: DUCHESS OF YORK

Una variedad fácil de identificar: las flores semidobles abiertas tienen pétalos que son de un atractivo rojo mandarina con una base amarilla. La envergadura es mayor que la del rosal de Patio estándar y no es un ejemplar que se pueda esconder fácilmente. Muy brillante, casi siempre con flores, debe ponerse en una maceta o en un arriate cerca de la casa —también como seto bajo o en la parte frontal de un margen arbustivo.

Flores:	14 pétalos Rojo naranja, ojos amarillos Tamaño mediano Ligeramente fragante
Follaje:	Verde medio Semibrillante
Salud:	Buena resistencia a la enfermedad
Crecimiento:	Vigoroso Arbustivo
Premios:	RNRS

—75 —60 —45 —30 —15

Flores: 35 pétalos
Albaricoque
Tamaño mediano
Fragante

Follaje: Verde medio
Brillante

Salud: Buena resistencia a la enfermedad

Crecimiento: Moderadamente vigoroso
Arbustivo

Premios: ROTY

-75
-60
-45
-30
-15

SWEET DREAM

Simplificando mucho, el rosal de Patio más vendido y popular. Obtuvo la Rosa del Año 1988 y ahora es favorito de la RNRS. Esta variedad producida por Fryer posee algunas cualidades especiales. El inusual color albaricoque no desaparece con el tiempo, y las flores bien formadas no se ven afectadas por la lluvia. El crecimiento es elegante y almohadillado, el follaje denso y atractivo. Se recomienda para arriates, setos bajos, plantas de patio y macetas.

Flores: 17 pétalos
Naranja, dorado combinado
Pequeño
Fragante

Follaje: Verde medio
Brillante

Salud: Buena resistencia a la enfermedad

Crecimiento: Vigoroso
Arbustivo

Premios: RNRS ROTY

-75
-60
-45
-30
-15

SWEET MAGIC

En su primer año en el mercado obtuvo el premio Rosa del Año. Las flores nacen en grupos grandes, de un naranja profundo que se vuelve amarillo dorado, lo que proporciona un atractivo efecto. Una nota de color rosa aparece en los pétalos de ejemplares más antiguos. Es una excelente elección para tinajas o para márgenes: las hojas, los tallos y el tamaño de las flores guardan proporción, y en otoño aparecen los escaramujos. El perfume es bastante pronunciado, rasgo poco usual en un rosal de Patio.

Flores: 10 pétalos
Blanco
Pequeño
Ligeramente fragante

Follaje: Verde suave
Brillante

Salud: Buena resistencia a la enfermedad

Crecimiento: Moderadamente vigoroso
Desplegado

Premios:

-75
-60
-45
-30
-15

TEAR DROP

Tear Drop ilustra la dificultad en la clasificación de las rosas. Las hojas son lo suficientemente pequeñas, y con frecuencia el arbusto es lo bastante bajo para considerarlo un rosal Miniatura. Además, está lo suficientemente desplegado como para constituir una Cobertura del Suelo. Aparentemente parece un rosal Arbustivo pequeño: masas de flores semidobles abiertas, con atractivos estambres amarillos. Nunca ha sido demasiado popular por la escasez de sus pétalos, pero resulta una buena opción para un arriate o un margen.

Flores: 20 pétalos
Rosa salmón
Tamaño mediano
Ligeramente fragante

Follaje: Verde medio
Mate

Salud: Propenso a la enfermedad

Crecimiento: Vigoroso
Arbustivo

Premios:

-75
-60
-45
-30
-15

TIP TOP

Introducido en 1963, es un Floribunda pequeño para arriates, macizos pequeños y macetas. Durante varios años, fue la principal opción cuando se necesitaba un rosal enano de color rosa. La floración es prolongada, con una excelente continuidad. Los grandes racimos parecen surgir profusamente con independencia de las condiciones climáticas, y aunque la fragancia no es marcada, resulta agradable. Pero el problema es la escasa resistencia a las enfermedades: mildiu y mancha negra.

Flores: 35 pétalos
Bermellón brillante
Pequeño
Ligeramente fragante

Follaje: Verde medio
Brillante

Salud: Buena resistencia a la enfermedad

Crecimiento: Vigoroso
Arbustivo

Premios: RNRS ROTY H

-75
-60
-45
-30
-15

TOP MARKS

Esta rosa producida en Inglaterra es una de las estrellas entre los rosales de Patio más nuevos. Los tallos y las brillantes hojas forman una almohadilla de 45 por 45 cm, y la abundancia de flores pequeñas, en roseta, es asombrosa. En cuanto al color, ocurre algo similar: en los catálogos se describe como «brillante» y «sorprendente». Estas flores duran mucho y no se marchitan, con un follaje es denso, lo que le ayudó a obtener el premio Rosa del Año 1992 con la puntuación más alta.

ROSALES MINIATURA

Al fin, los rosales miniatura se están popularizando en Europa, pero este despertar tardío hacia estas versiones de escala reducida de los rosales «normales» no iguala el entusiasmo que han conseguido en Estados Unidos. Este escaso interés es sorprendente, porque desde hace muchos años la rosa es la flor favorita en muchos países de Europa. Algunas personas sostienen que la causa reside en el precio (un arbusto diminuto puede costar lo mismo que un rosal Floribunda). Otras consideran que estos rosales son más interesantes para los americanos que para los europeos debido a que estos últimos comenzaron a usar los rosales para decorar sus jardines, mientras que los americanos los utilizaron para decorar apartamentos.

Las causas son más complejas. El factor principal puede residir en el cultivo de estas plantas. En Estados Unidos se multiplican por esqueje y crecen en sus propias raíces. Estas plantas tienen un crecimiento bastante lento, pueden ser algo delicadas y se mantienen como rosales Miniatura durante toda su vida. En Europa, los miniatura se multiplican por injerto; estas plantas son más robustas, más resistentes a la sequía y crecen más deprisa. Desafortunadamente, también tienden a ser demasiado vigorosas y, en consecuencia, a perder su bella forma. Un «Miniatura» de 45 cm de altura es decepcionante.

También se han producido fracasos como planta de interior fiable. Muchas personas los han comprado, los han colocado sobre la alacena y han esperado que felizmente florecieran desde principios de verano hasta mediados de otoño, como lo hacen sus homólogos de exterior. Los rosales Miniatura

pueden ser difíciles de cultivar como plantas de interior, aunque no tanto como algunos expertos pretenden (sólo es necesario seguir las instrucciones de la página 133).

Desde luego, los rosales Miniatura tienen un lugar en el jardín. Conviene comprar las plantas en macetas y plantarlas sin alterar su sistema radicular. La mejor época para plantar al aire libre es la primavera o a principios de verano, y cada año las plantas le recompensarán con la aparición de las primeras hojas a principios de primavera, de las primeras flores a mediados de primavera, y continuarán en flor hasta que lleguen las primeras heladas.

Incluso los rosales Miniatura tienen sus variedades enanas y gigantes. Las «enanas» crecen hasta los 22,5 cm de altura en condiciones promedio y las Miniatura «altas» alcanzan los 45 cm. Las flores «pequeñas» tienen un diámetro inferior a 2,5 cm y las grandes alrededor de 5 cm.

Los rosales Miniatura pueden tener muchos usos. Se recomiendan para delimitar arriates y para plantar en rocallas, pero quizás el uso que ha proporcionado mayor éxito ha sido la composición de arriates elevados formados únicamente por miniatura.

Es probable que las plantas que se adquieran estén injertadas (podrá ver el cuello de unión del injerto en la base de la planta). Para cultivar Miniatura como plantas de macetas, deben propagarse por esqueje, como se describe en la página 130. Las posibilidades de éxito serán mayores y las plantas resultantes se mantendrán compactas y enanas.

El mantenimiento es sencillo, pero no tanto como algunos libros sugieren. La poda (*véase* pág. 109) no es un problema, pero deben vigilarse cuidadosamente las plagas y las enfermedades. Las principales molestias son el mildiu, la mancha negra, la necrosis y el pulgón. No ha de olvidarse de regar los rosales en tiempo seco, ya que éstos carecen del sistema radicular de sus hermanos mayores. Es necesario abonar; los Miniatura de maceta deben nutrirse asiduamente con una pequeña cantidad de fertilizante líquido.

La historia de los Miniatura es tan fascinante como la de las plantas. Los rosales Miniatura fueron plantas de maceta populares en época victoriana (*Pompón de París* era una variedad muy conocida). Más tarde pasaron de moda y desaparecieron a finales del siglo XIX, con lo que se perdieron aparentemente para siempre. En 1918, Major Roulet halló en Suiza un rosal diminuto que crecía en una maceta; este superviviente se llamó *R. roulettii*, y con él comenzó la historia moderna de los Miniatura, y los hibridistas han proporcionado la amplia gama que existe actualmente.

ANGELA RIPPON
Otro nombre: OCARU

Es un rosal nuevo y destacado, producido en Holanda e introducido en 1978. Es alabado por algunos expertos debido a su crecimiento compacto, muy ramificado, que puede alcanzar aproximadamente 40 cm de altura. Las flores son dobles, de color rosa carmín pálido, bastante fragantes, y brotan en abundancia entre el sano follaje.

APRICOT SUNBLAZE
Otro nombre: SAVAMARK

Las flores son pequeñas pero coronadas de pétalos, y el color rojo naranja es nuevo entre los rosales Miniatura. Las flores en forma de copa nacen aisladamente o en grupos, y son ligeramente perfumadas. El crecimiento es elegante y arbustivo: los tallos son delgados y espinosos, y el follaje es mate.

BABY MASQUERADE

Es uno de los tres principales Miniatura por varios aspectos: popularidad, facilidad de cultivo, número de flores y largo período de floración. Es bastante alto y muy ramificado, y alcanza una altura igual o superior a 40 cm. Las flores son dobles, ligeramente fragantes y su color vira del amarillo al rosado y, finalmente, a un tono rosa rojizo. Debe despuntarse periódicamente.

BUSH BABY

Las flores de este compacto Miniatura son dobles y con pétalos de color salmón pálido. Nacen razonablemente libres, pero no son grandes y la fragancia es ligera. Los tallos se desarrollan unos 25 cm y las hojas verde mate tienen una resistencia superior a la media.

COLIBRÍ
Otro nombre: MEIDANOVER

Una variedad de floración abundante, muy ramificada y de unos 25 cm de altura. Las flores, dobles, presentan un color brillante amarillo anaranjado con bordes de color bermellón. Existe cierta confusión respecto de su nombre. El *Colibrí* primitivo se introdujo en 1958; desde entonces se ha introducido el *Colibrí 79* (conocido también como *Colibrí 80*).

DARLING FLAME
Otro nombre: MINUETTO

Esta variedad, introducida en 1971, se ha convertido en uno de los rosales Miniatura más populares de Europa. Presenta todos los requisitos necesarios para tener éxito: las flores, hermosas, dobles, de un intenso color bermellón anaranjado, brotan en abundancia de un arbusto muy ramificado, sano y de unos 40 cm de altura.

EASTER MORNING

Las flores, de color blanco marfil, son grandes y están situadas entre las hojas pequeñas y brillantes. Tienen un número de pétalos igual o superior a 60, y presentan una resistencia excelente a la lluvia y a la enfermedad. Esta variedad, producida en América, no florece profusamente, pero está muy recomendada para delimitar borduras.

FIESTA

Dependiendo del catálogo que consulte, lo verá clasificado como Miniatura o como rosal de Patio. Aquí se considera un Miniatura de desarrollo alto, pues llega a los 45 cm. Introducido en 1995, recibió un premio Elección de los Cultivadores. Las flores son de color rojo cereza con ojos blancos. La floración es abundante y tiene una excelente resistencia a la enfermedad.

FIRE PRINCESS

Una espléndida elección para los arriates, exhibiciones o cultivo en macetas. Los arbustos son altos y erguidos con un follaje oscuro y verde brillante, pero es el color de las flores, un rojo-naranja brillante con un toque dorado, lo que hace de él un sorprendente Miniatura. Las flores mantienen su color sin marchitarse, y el aroma no es excesivo.

LITTLE BUCKAROO

Una variedad de tallo bastante largo, adecuada para colocar en la parte frontal del arriate. De hábito expansivo, con brillantes hojas tintadas de bronce. Inflorescencias rojas con un centro blanco, de tamaño pequeño y aroma agradable. Presenta aproximadamente 25 pétalos. Una de los primeros rosales Miniatura (1956), pero con buena resistencia a las enfermedades.

LITTLE FLIRT

Es un rosal Miniatura bicolor, con flores pequeñas como las de *Piccadilly*. Las flores, de 40-50 pétalos de color rojo anaranjado, con el envés amarillo, tienen una fragancia escasa. El arbusto está recubierto de un abundante follaje de color verde claro y brillante; tiene una altura superior a la media, aproximadamente 40 cm. Fue un rosal popular durante 35 años.

MAGIC CARROUSEL

Es un Miniatura poco común y notable, excelente para la decoración del hogar y para los concursos. Las flores, bien proporcionadas, están formadas por pétalos blancos con un borde de color rojo muy bien definido. La fragancia es ligera y el crecimiento superior al término medio, pues alcanza unos 40 cm. *Magic Carrousel* es una variedad resistente y fiable.

MR BLUEBIRD

Mr Bluebird tiene sus partidarios, aunque sólo en algunas ocasiones puede contemplarse en todo su esplendor: un follaje verde oscuro adornado con flores de color lavanda pálido. El crecimiento es largo y delgado, el color es pobre y la floración es escasa. Si le gustan los miniatura con flores de color lavanda o violeta pálido escoja *Lavender Lace* o *Lavender Jewel*.

NEW PENNY

Es un nombre muy adecuado para un rosal con hojas brillantes y flores de color rosa cobrizo. Es un Miniatura muy hermoso, ideal para cultivarse como planta de maceta. Los capullos rojos brotan en abundancia y se abren dando flores semidobles que se decoloran con la edad. Carece de fragancia. La planta es vigorosa y muy ramificada, pero raras veces supera los 25 cm.

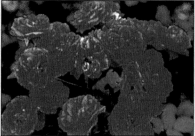

ORANGE SUNBLAZE
Otro nombre: SUNBLAZE

Un Miniatura francés aparecido en 1981 y que pronto se convirtió en una variedad popular en los catálogos. Las flores son llenas y con pétalos rojo-naranjas brillantes. Duran más en agua que la mayoría de los rosales Miniatura. Se encuentran disponibles en otros colores, como por ejemplo *Yellow Sunblaze*.

PANDORA

Este Miniatura se introdujo en 1989 y recibió un Certificado de Prueba de la RNRS. Los racimos de flores dobles de color crema nacen sobre hojas oscuras y sedosas, pero el perfume es escaso. El desarrollo alcanza los 30 cm. Un buen rosal para corte.

PINK SUNBLAZE

Esta variación de *Orange Sunblaze* es un poco más vigorosa que su pariente, y alcanza una altura de unos 45 cm. Otra diferencia es el follaje mate y manchado de bronce. Las flores de color rosa salmón son dobles y con poca fragancia. Se trata de una variedad de floración abundante, pero con una regular resistencia a las enfermedades.

POUR TOI
Otro nombre: PARA TI

Un Miniatura favorito, muy apreciado por la belleza de sus flores y por el hermoso aspecto del arbusto. El follaje es brillante y el crecimiento resulta escaso (17-22 cm) y muy ramificado. Las flores, de brotación abundante, están formadas por pétalos blancos, con la base de color amarillo verdoso. La fragancia es ligera.

RED ACE
Otro nombre: AMANDA
Sin duda, existe una amplia variedad de Miniatura rojos, tanto nuevos como clásicos. Esta variedad De Ruiter de la década de 1980 rompió moldes. Las flores semidobles son más oscuras que las demás Miniaturas y la superficie es aterciopelada. Buena para cortar y en concursos, la altura es de unos 25 cm.

RED SUNBLAZE
Existen diversas rosas Miniatura «Sunblaze» —Orange, Pink, Red, Snow, Yellow, etc. *Red Sunblaze* es diferente: es cultivada por Moore en Estados Unidos y no en Francia por Meilland, como las demás. Es una planta compacta y elegante que crece hasta unos 30 cm, con flores brillantes rojas que se suceden durante todo el período de floración.

RISE 'N' SHINE
Otro nombre: GOLDEN SUNBLANZE
Es considerado por muchos el mejor Miniatura amarillo. Los capullos son atractivos y aparecen abundantemente en condiciones de crecimiento adecuadas. Las alargadas flores tienen una forma de híbrido de Té, y el color amarillo profundo no se desvanece con el tiempo.

ROSINA
Otro nombre:
JOSEPHINE WHEATCROFT
Un encantador Miniatura de color amarillo brillante, cuyas flores mantienen una buena forma en los ejemplares jóvenes. La fragancia es ligera y no hay demasiados pétalos, pero esta variedad ha sido una de las favoritas durante varios años. Los racimos aparecen libremente sobre los erguidos tallos.

SCARLET GEM
Desde hace mucho tiempo, *Scarlet Gem* tiene la reputación de ser el Miniatura de color rojo más intenso. Es una planta de maceta popular, que produce numerosas flores muy llenas durante toda la estación. Éstas no se decoloran con una radiación solar intensa. El follaje es atractivo, oscuro y brillante. Su principal inconveniente es su propensión al mildiu.

STACEY SUE
Una planta elegante, que forma matas, procedente de Estados Unidos, y que crece hasta unos 40 cm; junto con *Angela Rippon* es considerada como uno de los mejores Miniatura de color rosa. Las flores son pequeñas y dobles; los racimos atractivos, pero con escaso perfume. Su hábito de crecimiento es expansivo y el follaje verde oscuro, brillante y frondoso.

STARINA
Starina continúa siendo la reina de las rosas Miniatura. Las flores, de forma perfecta y de color rojo bermellón intenso con el envés dorado, cubren la planta desde mediados de primavera hasta mediados de otoño. Esta variedad, famosa por su vigor, puede cultivarse como una planta de maceta o como un arbusto enano.

STARS 'N' STRIPES
Puede que se tengan problemas para reconocerla. Las flores son jaspeadas de blanco y rojo fresón. Los pétalos, aunque grandes, no son demasiado numerosos. No tiene perfume. Para algunos resulta llamativa en exceso, pero es una buena variedad para arriates si se desea una planta sorprendente. Laxa, arbustiva y con una altura de unos 40 cm.

YELLOW DOLL
Es una variedad de color amarillo pálida, popular como planta de maceta y para los concursos. Los capullos son atractivos, brotan individualmente o en racimos y se abren dando flores fragantes formadas por 50 o más pétalos estrechos. El arbusto es enano, tiene un crecimiento desplegado y alcanza aproximadamente 25 cm de altura. Se ha de prestar atención a la mancha negra.

ROSALES MINIATURA

ROSALES COBERTORES DEL SUELO

Hasta la década de 1980, los rosales postrados y expansivos no fueron lo suficientemente numerosos e importantes para clasificarlos aparte de los rosales Arbustivos en un grupo propio. La proliferación de nuevas variedades en años recientes se ve reflejada en el hecho de que más del 70 % de los rosales Cobertores del Suelo descritos en las cinco páginas siguientes no se encuentren en la edición anterior.

No todo empezó en 1980 —los rosales se utilizaban para cubrir el suelo mucho antes. *R. wichuriana* tiene un desarrollo de 6 m y se cultivaba como un ejemplar rastrero desde el pasado siglo. *Max Graf*, un vástago mucho más compacto, se introdujo en 1919, y *Nozomi,* con diminutas hojas y flores rosas sobre tallos rastreros, ha gozado de cierta popularidad como una cobertora de crecimiento bajo desde su introducción en 1968.

El problema con estas primeras rosas cobertoras del suelo era su floración no repetitiva, y durante la década de 1970 los productores buscaron variedades cobertoras que pudieran convertirse en número uno —rosas que cubriesen una zona del suelo y con una disposición floral que abarcara desde principios del verano hasta el otoño. A finales de la década empezó a aparecer una nueva generación de rosales Cobertores del Suelo. Desde Meilland, en Francia, llegaron *Swany* y *Fiona*; desde Holanda, *Red Blanket* y *Rosy Cushion*.

Este ramillete de nuevas variedades aumentó en la década de 1980 con especies procedentes de Meilland, Harkness, Dickson, Mattock, Ilsink, McGrady, etc., pero el mercado estaba dominado por dos series principales. Kordes introdujo las series Game Bird —*Grouse, Partridge,* etc.— mientras que la serie County (*Suffolk, Surrey,* etc.) de Kordes y Poulsen fue trasladada a Gran Bretaña por Mattock.

Se pueden utilizar los rosales Cobertores del Suelo de diversas formas, como se indica en la página 99, pero conviene pensar en la altura desarrollada antes de adquirirlos. Las plantas podrían alcanzar un desarrollo desde 20 cm hasta 2 m, y existen cuatro tipos diferentes de tamaño/forma. Los **Rastreros pequeños** crecen 30-45 cm con una envergadura de menos de 150 cm, y los **Rastreros grandes** tienen una altura superior a 45 cm con una envergadura que excede los 150 cm. Estas variedades rastreras crecen más o menos horizontalmente, en ocasiones enraizándose a su paso. Las variedades arqueadas presentan un desarrollo distinto: tienen ramas desplegadas arqueantes para cubrir el suelo. Las **Arqueadas pequeñas** crecen hasta 95 cm de altura con una envergadura de menos de 150 cm, mientras que en las **Arqueadas grandes** la altura es al menos de 100 cm y la envergadura de 150 cm o más.

Los rosales Cobertores del Suelo son antiguos. En 1990 *Kent* recibió el primer premio de la Real Sociedad Nacional de la Rosa (RNRS), y lo mismo ocurrió en 1991 con *Blenheim*. A mediados de la década de 1990 *Flower Carpet* fue la rosa más promocionada del año. Los rosales Cobertores del Suelo constituyen un nuevo grupo, y han pasado de la oscuridad al centro del escenario en un tiempo remarcablemente corto.

CLAVE DE LAS GUÍAS DE ROSALES

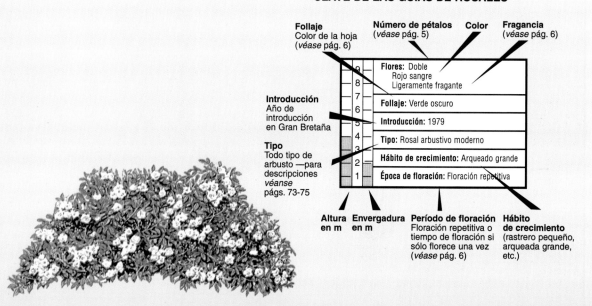

Follaje
Color de la hoja
(*véase* pág. 6)

Número de pétalos
(*véase* pág. 5)

Color

Fragancia
(*véase* pág. 6)

Introducción
Año de introducción en Gran Bretaña

Tipo
Todo tipo de arbusto —para descripciones *véanse* págs. 73-75

Flores: Doble
Rojo sangre
Ligeramente fragante

Follaje: Verde oscuro

Introducción: 1979

Tipo: Rosal arbustivo moderno

Hábito de crecimiento: Arqueado grande

Época de floración: Floración repetitiva

Altura en m

Envergadura en m

Período de floración
Floración repetitiva o tiempo de floración si sólo florece una vez (*véase* pág. 6)

Hábito de crecimiento
(rastrero pequeño, arqueada grande, etc.)

Flores: Semidoble	3
Rosado	
Ligeramente fragante	
Follaje: Verde medio	2
Introducción: 1992	
Tipo: Rosal Arbustivo Moderno	1
Tipo de crecimiento: Rastrero pequeño	
Época de floración: Floración repetitiva	

AVON

Se trata de una buena elección para cubrir un área pequeña y si se desea un arbusto de crecimiento bajo. Esta enana sólo tiene una altura de 30 cm y los tallos postrados están cubiertos de diminutas hojas y flores de un color blanco perla con una envergadura de 2,5 cm. Florece mucho durante todo el período, y la resistencia a la enfermedad es buena. Avon fue escogida por los Productores en 1993 y se recomienda para arriates y macetas, así como cobertora del suelo.

Flores: Doble	3
Blanco	
Ligeramente fragante	
Follaje: Verde medio	2
Introducción: 1993	
Tipo: Rosal Arbustivo Moderno	1
Tipo de crecimiento: Arqueado pequeño	
Época de floración: Floración repetitiva	

BLENHEIM

Una de las series Heritage producida por Tantau e introducida en la década de 1990. Esta variedad obtuvo el Trofeo Internacional del Presidente convocado por la RNRS en 1992. Destaca por la abundancia de flores, que nacen durante el verano. El crecimiento es denso y las hojas presentan una excelente resistencia tanto al mildiu como a la mancha negra. Un rosal fácil de cuidar que cubrirá un área de 15-30 m² con rosas que tienen una distinguida apariencia clásica.

Flores: Semidoble	3
Rosa	
Ligeramente fragante	
Follaje: Verde oscuro	2
Introducción: 1984	
Tipo: Rosal Arbustivo Moderno	1
Tipo de crecimiento: Arqueado pequeño	
Época de floración: Floración repetitiva	

BONICA
Otro nombre: BONICA 82

Existe cierta confusión: la *Bonica* original era un arbusto con flores de color escarlata —la Bonica de los catálogos es, en realidad, *Bonica 82*. Esta variedad cultivada por Meilland es un rosal Cobertor del Suelo de la década de 1980. Ha recibido los primeros premios en Estados Unidos y constituye una opción excelente cuando se necesita un arbusto en forma de cúpula que cubra el suelo.

Flores: Doble	3
Amarillo	
Ligeramente fragante	
Follaje: Verde medio	2
Introducción: 1994	
Tipo: Rosal Rugosa	1
Tipo de crecimiento: Arqueado pequeño	
Época de floración: Floración repetitiva	

BROADLANDS

Los productores y cultivadores ingleses premiaron esta variedad en 1996. Resulta suficientemente sana y de buena calidad para ello, lo que sin duda resultaba novedoso. Es uno de los pocos rosales Cobertores del Suelo realmente amarillos, que producen sus flores abiertas durante todo el verano. Se trata de otra serie Heritage producida por Tantau en Alemania —una variedad de tipo Rugosa destinada a ocupar un lugar entre las mejores.

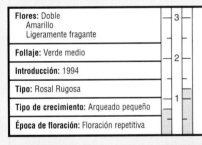

Flores: Semidoble	3
Carmesí	
Ligeramente fragante	
Follaje: Verde medio	2
Introducción: 1992	
Tipo: Rosal Arbustivo Moderno	1
Tipo de crecimiento: Arqueado grande	
Época de floración: Floración repetitiva	

CHILTERNS
Otro nombre: FIERY SUNSATION

La estrella de una nueva serie de rosales Cobertores del Suelo —Hills Britain, cultivada por Kordes. *Chilterns* es una variedad grande, expansiva, que produce un arbusto densamente cubierto con pequeñas hojas brillantes. Los grupos de flores soportan una masa de pequeñas inflorescencias, cada una con una prominente masa de estambres amarillos. Buena opción para un vacío grande de tierra para cubrir.

Flores: Simple	3
Rosa intenso, ojos blancos	
Ligeramente fragante	
Follaje: Verde medio	2
Introducción: 1989	
Tipo: Rosal Arbustivo Moderno	1
Tipo de crecimiento: Rastrero pequeño	
Época de floración: Floración repetitiva	

ESSEX
Otro nombre: PINK COVER

Este postrado rosal Cobertor del Suelo produce una densa mata de pequeñas y brillantes hojas, con una abundante exhibición de pequeñas flores estrelladas. Florece tanto al sol como con sombra parcial y puede cultivarse en una maceta grande. Un vástago de *The Fairy*, esta rosa Poulsen ha obtenido premios irlandeses y de la RNRS. Resulta una elección adecuada para quien le gusten las flores sencillas.

	Altura en m	Envergadura en m

FERDY
Otro nombre: FERDI

Las pequeñas hojas de esta variedad producida en Japón nacen profusamente y se encuentran profundamente recortadas. El número de pétalos es elevado, y cuando las flores se abren del todo, la inflorescencia rosa revela un centro de color crema. Este rosal Cobertor del Suelo, popular durante largo tiempo, todavía se recomienda para cubrir cerca de 1 m² con una densa disposición de ramas arqueadas y flores rosas.

Flores: Doble
Rosa
Sin fragancia

Follaje: Verde suave

Introducción: 1984

Tipo: Rosal Arbustivo Moderno

Tipo de crecimiento: Arqueado pequeño

Época de floración: Floración repetitiva

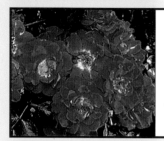

FIONA

Uno de los primeros y aun uno de los mayores rosales cobertores, descrito como un arbusto según ciertos catálogos. Las flores son pequeñas y sólo moderadamente frondosas, pero el rico color rojo supera la ausencia de masa. Estas flores aparecen libremente durante los meses de verano, y los pequeños grupos nacen entre las pequeñas y semibrillantes hojas. Debe cultivarse en un margen o como seto.

Flores: Doble
Rojo sangre
Ligeramente fragante

Follaje: Verde oscuro

Introducción: 1979

Tipo: Rosal Arbustivo Moderno

Tipo de crecimiento: Arqueado grande

Época de floración: Floración repetitiva

FLOWER CARPET

Pocas rosas en los últimos años han merecido tanta publicidad y atención. A mediados de la década de 1990 estaban presentes en todos los jardines, con su familiar color rosa brillante, y en las votaciones de la RNRS, donde fue calificada como la Mejor Rosa Nueva y La Rosa más Saludable. De hecho, las pequeñas flores son abundantes y la resistencia a la enfermedad es realmente remarcable, pero algunos expertos opinan que se han sobrevalorado.

Flores: Doble
Rosa
Ligeramente fragante

Follaje: Verde ligero

Introducción: 1991

Tipo: Rosal Arbustivo Moderno

Tipo de crecimiento: Rastrero pequeño

Época de floración: Floración repetitiva

GROUSE
Otro nombre: IMMENSEE

Uno de los Rosales cobertores Game Bird producido por Kordes. Presenta dos características importantes: las pequeñas flores fragantes a mediados-finales de verano, y las ramas postradas que se expanden en una zona amplia. Las malas hierbas se eliminan con el abundante follaje brillante. Puede utilizarse para cubrir taludes grandes o paredes. El principal inconveniente es que sólo florece una vez.

Flores: Sencilla
Rosa pálido
Fragante

Follaje: Verde medio

Introducción: 1984

Tipo: Rosal Arbustivo Moderno

Tipo de crecimiento: Rastrero grande

Época de floración: Finales de verano

GWENT

Esta ganadora de la Medalla de Oro merece la pena si dispone de una zona pequeña (cerca de 1 m²) para cubrir, o una gran cesta colgante. Las flores son de un color amarillo limón, inusual para un rosal cobertor. Otro rasgo poco común es su fragancia. La resistencia a la enfermedad es buena y el crecimiento vigoroso, y florece en grandes racimos durante todo el periodo.

Flores: Doble
Amarillo
Fragante

Follaje: Verde medio

Introducción: 1992

Tipo: Rosal Arbustivo Moderno

Tipo de crecimiento: Rastrero pequeño

Época de floración: Floración repetitiva

HERTFORDSHIRE

Esta rosa presenta un desarrollo elegante y compacto, lo que hace de ella una buena elección para cubrir áreas de suelo entre arbustos de mayor altura y cultivar en macetas. Cada flor tiene una masa de brillantes estambres amarillos, y nacen justo por encima de pequeñas hojas brillantes. Esta combinación de grupos de pequeñas flores y abundante follaje produce una mata efectiva contra las malas hierbas transcurridos un par de años.

Flores: Sencilla
Rosa carmín
Ligeramente fragante

Follaje: Verde medio

Introducción: 1991

Tipo: Rosal Arbustivo Moderno

Tipo de crecimiento: Rastrero pequeño

Época de floración: Floración repetitiva

Flores: Semidoble Blanca Ligeramente fragante	
Follaje: Verde oscuro	
Introducción: 1988	
Tipo: Rosal Arbustivo Moderno	
Tipo de crecimiento: Arqueado pequeño	
Época de floración: Floración repetitiva	

KENT
Otro nombre: WHITE COVER
Este rosal Cobertor del Suelo debe de poseer alguna característica especial para haber ganado el Trofeo Internacional del Presidente en 1990. El elegante arbusto tiene forma redondeada, más que rastrera, y los grandes racimos de flores blancas soportan la lluvia. En otoño aparecen los pequeños escaramujos. El denso follaje y las masas de flores hacen de ella una buena planta para los patios.

Flores: Semidoble Lavanda Fragante	
Follaje: Verde oscuro	
Introducción: 1996	
Tipo: Rosal Arbustivo Moderno	
Tipo de crecimiento: Arqueado pequeño	
Época de floración: Floración repetitiva	

MAGIC CARPET
Fue en 1996 cuando por fin un rosal Cobertor del Suelo ganó el premio Rosal del Año. Este híbrido *Grouse* por *Jacare* fue producido por Jackson & Perkins en Estados Unidos, e introducido en Gran Bretaña por Dickson. Ciertamente, *Magic Carpet* es diferente: las pequeñas flores son de color lavanda y el perfume es picante. Las flores nacen a lo largo de las arqueadas ramas, y debería utilizarse en tinajas y cestas, así como para cubrir el suelo.

Flores: Sencilla Rosa, centro blanco Fragante	
Follaje: Verde oscuro	
Introducción: 1919	
Tipo: Rosal Rugosa	
Tipo de crecimiento: Rastrero grande	
Época de floración: Mediados de verano	

MAX GRAF
El primer rosal Cobertor del Suelo. Los tallos postrados se extienden por la superficie del suelo, se enraizan a su paso y producen una densa mata de color verde. Las flores sencillas de color rosa aparecen durante un largo período (de principios a mediados de verano), pero la floración no es repetitiva. Las flores, que nacen en grupos, poseen una fragancia como de manzana. Los tallos son espinosos, lo que dificulta el desyerbado. Se recomienda para cultivarla contra las paredes.

Flores: Doble Amarillo Fragante	
Follaje: Verde oscuro	
Introducción: 1990	
Tipo: Rosal Arbustivo Moderno	
Tipo de crecimiento: Rastrero pequeño	
Época de floración: Floración repetitiva	

NORFOLK
Esta variedad producida por Poulsen posee flores que son al mismo tiempo amarillas y fragantes, dos características que no abundan en los rosales Cobertores del Suelo. El desarrollo es compacto, las ramas producen una masa densa de follaje. Una buena elección si desea flores brillantes con aroma y muchos pétalos para un suelo no demasiado bueno. Desgraciadamente, la flor aparece en dos floraciones distintas, más que continuadas.

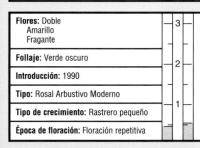

Flores: Sencillo Rosa perla No fragante	
Follaje: Verde oscuro	
Introducción: 1968	
Tipo: Rosal Arbustivo Moderno	
Tipo de crecimiento: Rastrero pequeño	
Época de floración: Mediados de verano	

NOZOMI
Técnicamente es una Miniatura Trepadora, pero en los catálogos se encuentra entre los rosales Cobertores del Suelo. Esta variedad japonesa fue la primera de este grupo en alcanzar popularidad. Sus tallos soportan pequeñas hojas brillantes, y en verano aparecen racimos de flores de color perla. No es tan expansiva como *Max Graf* o *Grouse*, pero resulta muy útil para los arriates. Los tallos pueden doblarse para mejorar la cobertura del suelo.

Flores: Sencillo Blanco Fragante	
Follaje: Verde medio	
Introducción: 1984	
Tipo: Rosal Arbustivo Moderno	
Tipo de crecimiento: Rastrero grande	
Época de floración: Finales de verano	

PARTRIDGE
Otro nombre: WEISSE IMMENSE
Este rosal Cobertor del Suelo Game Bird, de Kordes, está íntimamente relacionado con *Grouse*; tiene parientes similares (el vástago de *R. wichuriana* por *The Fairy*), un hábito de crecimiento similar y las flores sencillas de igual forma que aparecen a mediados-finales de verano. La fragancia es la misma pero el color es diferente —las flores de Partridge son blancas y no rosa pálido.

Altura **Envergadura**
en m en m

PHEASANT
Otro nombre: PALISSADE ROSE

Esta variedad Game Bird, de Kordes, apareció un par de años después de *Grouse* y *Partridge*. También es de desarrollo bajo, pero se extiende ampliamente, pues cubre 7 m², pero difiere al tener una floración repetitiva, más que una simple floración a finales del verano. Si la zona que se va a cubrir es grande, será de utilidad.

Flores: Doble
Rosa intenso
Fragante

Follaje: Verde medio

Introducción: 1986

Tipo: Rosal Arbustivo Moderno

Tipo de crecimiento: Rastrero grande

Época de floración: Floración repetitiva

RED BELLS

Las variedades de la serie Bells proceden de los mismos progenitores, *Temple Bells* y *Mini-Poul*, y presentan los mismos rasgos básicos. Pequeñas hojas semibrillantes que cubren los arqueados tallos, y una disposición de grupos florales a mediados-finales de verano con pequeñas flores horizontales. Se desarrollan en sombra parcial y no requieren buen suelo. Como indica su nombre, el color de la flor es la única diferencia importante entre ellas.

Flores: Doble
Rojo
Ligeramente fragante

Follaje: Verde medio

Introducción: 1983

Tipo: Rosal Arbustivo Moderno

Tipo de crecimiento: Arqueado pequeño

Época de floración: Finales de verano

RED BLANKET

Un buen nombre para un rosal Cobertor del Suelo, y hace honor al mismo. Las flores de tamaño medio nacen en grupos de color rojo pálido, en contraste con el brillante follaje oscuro. El desarrollo es vigoroso y *Red Blanket* aparece en muchos catálogos. Al igual que *Rosy Cushion*, desciende de *Yesterday*, pero las flores son más grandes. En su momento tuvo un buen récord de salud, pero actualmente se ve afectada por la mancha negra.

Flores: Semidoble
Rojo rosáceo
Ligeramente fragante

Follaje: Verde oscuro

Introducción: 1979

Tipo: Rosal Arbustivo Moderno

Tipo de crecimiento: Arqueado pequeño

Época de floración: Floración repetitiva

REPENS MEIDILAND

Pertenece a una de las series Meidiland, junto a *Alba, Red, White* y *Pride*. Estas rosas producidas por Meilland son populares entre los paisajistas americanos, pero en Gran Bretaña no es fácil de encontrar. Resulta útil para cubrir grandes áreas desnudas, al producir rápidamente una densa y postrada mata de brillantes hojas pequeñas con masas de flores blancas a principios de verano.

Flores: Sencilla
Blanca
Ligeramente fragante

Follaje: Verde medio

Introducción: 1987

Tipo: Rosal Arbustivo Moderno

Tipo de crecimiento: Rastrero pequeño

Época de floración: Principios de verano

ROSY CUSHION

Esa rosa holandesa se parece a *Red Blanket* en cuanto al hábito de crecimiento y la forma de las flores, pero éstas tienen un distintivo ojo de color blanco o marfil. Las flores son más pequeñas y únicamente tienen 7-10 pétalos; a veces la fragancia es bastante fuerte. El color de las hojas y la forma son similares, y los catálogos con frecuencia recomiendan ambas variedades para senderos o en márgenes. También resultan útiles si se desea ocultar objetos poco estéticos.

Flores: Semidoble
Rosa, ojo blanco
Ligeramente fragante

Follaje: Verde oscuro

Introducción: 1979

Tipo: Rosal Arbustivo Moderno

Tipo de crecimiento: Arqueado pequeño

Época de floración: Floración repetitiva

SNOW CARPET
Otro nombre: BLANCHE NEIGE

Si se compara con *Chilterns* se ve lo diferentes que resultan los rosales cobertores. Es un ejemplar inusualmente pequeño, a veces descrito como una cobertora miniatura. Las rastreras ramas soportan pequeñas hojas brillantes y flores también pequeñas con numerosos pétalos. El período de floración va desde principios de verano hasta mediados de invierno, pero técnicamente se describe como floración no repetitiva.

Flores: Doble
Blanco
Ligeramente fragante

Follaje: Verde suave

Introducción: 1980

Tipo: Rosal Arbustivo Moderno

Tipo de crecimiento: Rastrero pequeño

Época de floración: Floración repetitiva

Flores:	Sencilla Escarlata Ligeramente fragante
Follaje:	Verde suave
Introducción:	1988
Tipo:	Rosal Arbustivo Moderno
Tipo de crecimiento:	Rastrero pequeño
Época de floración:	Floración repetitiva

SUFFOLK
Otro nombre: BASSINO

Otra variedad de la serie County. Presenta pequeñas flores rojas con prominentes estambres amarillos. El follaje es frondoso, y se produce una densa mata. La disposición floral es vistosa y en otoño aparecen los escaramujos de color rojo-naranja. Esta rosa se encuentra ampliamente distribuida, y es recomendable para macetas colgantes y otros recipientes para poner una brillante nota de color.

Flores:	Doble Rojo rubí Sin fragancia
Follaje:	Verde oscuro
Introducción:	1989
Tipo:	Rosal Arbustivo Moderno
Tipo de crecimiento:	Rastrero pequeño
Época de floración:	Floración repetitiva

SUMA

Esta variedad japonesa se obtuvo a partir de la favorita clásica *Nozomi*, y mantiene el desarrollo bajo de aquella y el hábito rastrero. Las hojas son similares, pero las flores y el hábito de floración difieren bastante. *Suma* sostiene pequeñas flores en forma de roseta con numerosos pétalos, y aparece tanto en verano como en otoño. Más atractiva que *Nozomi*. Puede cultivarse como una trepadora pequeña o intentarlo sobre las paredes.

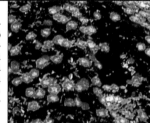

Flores:	Doble Rosa Fragante
Follaje:	Verde oscuro
Introducción:	1986
Tipo:	Rosal Arbustivo Moderno
Tipo de crecimiento:	Arqueado pequeño
Época de floración:	Floración repetitiva

SURREY
Otro nombre: SOMMERWIND

Una de las mejores variedades arqueadas, en la que destaca la continuidad de la floración. Los grupos de flores de tamaño mediano nacen profusamente, y el perfume es más fuerte que en otros Cobertores de Suelo. *Surrey* recibió una medalla de oro de RNRS en 1987 y se encuentra ampliamente disponible. Se puede usar como arbusto supresor de malas hierbas, al ser el crecimiento arbustivo más que postrado.

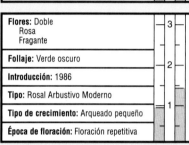

Flores:	Doble Albaricoque Ligeramente fragante
Follaje:	Verde medio
Introducción:	1991
Tipo:	Rosal Arbustivo Moderno
Tipo de crecimiento:	Rastrero pequeño
Época de floración:	Floración repetitiva

SUSSEX

Los condados ingleses de Surrey y Sussex se encuentran próximos entre sí, pero sus homónimas rosas difieren mucho. *Sussex* presenta un hábito de crecimiento bajo y sus flores tienen un inusual color para un rosal cobertor del suelo: los pétalos de color albaricoque cambian a un ante pálido con el tiempo. Las ramas foliares forman una efectiva mata supresora de malas hierbas —una buena elección si busca una alfombra compacta con flores de color cálido.

Flores:	Doble Blanco Ligeramente fragante
Follaje:	Verde, bronce manchado
Introducción:	1978
Tipo:	Rosal Arbustivo Moderno
Tipo de crecimiento:	Arqueado pequeño
Época de floración:	Floración repetitiva

SWANY

Más que postrada, es una rosa formadora de matas y sus ramas cubren hasta 2 m², con brillantes hojas y pequeños racimos de flores. Cada flor tiene forma de copa y presenta numerosos pétalos. Esta variedad producida por Meilland se ha venido cultivando durante varios años, pero todavía conserva la popularidad y se encuentra ampliamente disponible. Una buena opción si desea un rosal cobertor arbustivo con gran cantidad de flores de apariencia clásica.

Flores:	Doble Rosa intenso Ligeramente fragante
Follaje:	Verde medio
Introducción:	1993
Tipo:	Rosal Arbustivo Moderno
Tipo de crecimiento:	Rastrero pequeño
Época de floración:	Floración repetitiva

WILTSHIRE

Esta variedad County, de Kordes, ha recibido más premios que la mayoría de rosales Cobertores del Suelo: un Certificado de Méritos de la RNRS en 1991 y un premio Elección de la Productores en 1993. El atractivo follaje es brillante y frondoso, y las flores de tamaño mediano nacen en grandes racimos. Sin embargo, la razón de los premios reside probablemente en la inusual duración del período de floración, que se prolonga hasta las primeras heladas.

TREPADORES Y ENREDADERAS

Hace unos cien años, un libro sobre horticultura general describió los rosales Trepadores como las plantas más hermosas que jamás han adornado el jardín. Quizás esta afirmación no sea totalmente cierta, pero estos rosales todavía se consideran indispensables: su principal uso es cubrir parte de la casa; a veces, aproximan el jardín a su interior al enmarcar una ventana. Se usan también para cubrir arcos, postes, vallas, pérgolas y árboles viejos.

Existen dos tipos básicos de rosales que trepan: enredaderas y trepadores. Los enredaderas, cultivadas desde los tiempos victorianos, tienen largos tallos flexibles con enormes racimos de flores pequeñas. El crecimiento es muy vigoroso y en verano toda la planta es una masa de color, aunque sólo se produzca una floración. Los enredaderas han perdido popularidad porque sus hojas, propensas al mildiu, necesitan ser pulverizadas regularmente y la poda puede ser un trabajo molesto. Las flores brotan en la madera nueva y cada año se debe recortar la madera vieja. Si se desea cubrir una pared o un enrejado, normalmente lo más adecuado es escoger un rosal trepador, aunque las enredaderas tienen algunos usos especiales: dan espléndidos rosales llorones, y también pueden dejarse arrastrar por el suelo como cobertura o trepar sobre árboles muertos como si éstos produjeran de nuevo hojas y flores.

Los trepadores tienen tallos más rígidos, flores más grandes y racimos más pequeños que las enredaderas. Las flores bro-

tan de las ramas viejas que forman el esqueleto del rosal, el cual es más o menos permanente, por lo que su poda y su mantenimiento son más fáciles. Dividir los rosales Trepadores y Enredaderas en varios tipos resulta complejo. Algunos catálogos los agrupan juntos con el nombre «Trepadores y Enredaderas», mientras que ciertos libros los dividen en numerosos grupos como las trepadoras Banksian, las enredaderas Wichuriana, los híbridos de Té Trepadores, los Trepadores Noisette, etc.

En esta sección se adopta una posición intermedia, pues se agrupan en cinco tipos: los Enredadera; los Trepadores de floración abundante, con flores que nacen aisladamente o en varias yemas laterales; los Trepadores con flores agrupadas, que poseen flores parecidas a las de Floribundas; las especies trepadoras, que son rosales silvestres y se hallan emparentadas, y finalmente los Trepadores miniatura. Estos últimos constituyen un nuevo tipo. No son particularmente enanos, con una altura de 2 m o más, pero presentan las pequeñas hojas y las diminutas flores asociadas con los rosales Miniatura (*véanse* págs. 50-53).

Desde luego, adquirir un híbrido de Té trepador o un Floribunda siempre es una tentación. El propósito de cubrir una pared con flores de conocida belleza es atractivo. Lamentablemente, por lo general la forma trepadora ha perdido en gran parte la capacidad de florecer repetitivamente, propia de la forma arbustiva, y es posible que después de la primera o segunda floración las siguientes sean escasas.

No haga conjeturas con los rosales trepadores; elija cuidadosamente, plante correctamente y no espere demasiado el primer año. Prepare los tallos con el fin de estimular la floración y pódelos como se indica.

CLAVE DE LAS GUÍAS DE ROSALES

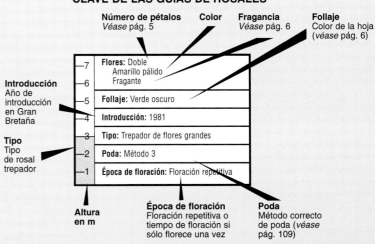

Número de pétalos *Véase* pág. 5

Color

Fragancia *Véase* pág. 6

Follaje Color de la hoja (*véase* pág. 6)

Introducción Año de introducción en Gran Bretaña

Tipo Tipo de rosal trepador

7	**Flores:** Doble / Amarillo pálido / Fragante
6	
5	**Follaje:** Verde oscuro
4	**Introducción:** 1981
3	**Tipo:** Trepador de flores grandes
2	**Poda:** Método 3
1	**Época de floración:** Floración repetitiva

Altura en m

Época de floración Floración repetitiva o tiempo de floración si sólo florece una vez

Poda Método correcto de poda (*véase* pág. 109)

Flores: Doble Color crema Ligeramente fragante	7 6
Follaje: Verde oscuro	5
Introducción: 1900	4
Tipo: Enredadera	3
Poda: Método 2	2
Época de floración: A mediados de verano	1

ALBERIC BARBIER

Es un viejo favorito importante. Esta variedad tiene una merecida reputación porque florece en condiciones desfavorables y en situaciones difíciles, cuando hay escasa radiación solar directa. Florece en abundancia a principios o mediados de verano; los pequeños capullos amarillos se abren dando flores planas de un color blanco cremoso. El follaje es oscuro y brillante, y perdura completamente la mayor parte del invierno. Se desarrolla mejor sobre un soporte. Pode cuando las últimas flores hayan caído.

Flores: Doble Color rosa pálido Fragante	7 6
Follaje: Verde oscuro	5
Introducción: 1921	4
Tipo: Enredadera	3
Poda: Método 2	2
Época de floración: A principios de verano	1

ALBERTINE

Es uno de los principales rosales Enredaderas. De crecimiento vigoroso y ramificado, se extiende sobre paredes o árboles viejos y florece a principios de verano. Los capullos, de color cobrizo, dan flores de mediano tamaño, muy fragantes. En ausencia de flores, la planta sigue siendo atractiva por sus hojas jóvenes de color rojizo. Presenta inconvenientes: el mildiu puede ser un problema grave, y la lluvia intensa a menudo estropea las flores.

Flores: Doble Rosado, salmón Fragante	7 6
Follaje: Verde medio	5
Introducción: 1949	4
Tipo: Trepador de floración abundante	3
Poda: Método 3	2
Época de floración: Floración repetitiva	1

ALOHA

Si se desea un trepador rosado parecido a *Albertine* pero con flores más hermosas y tallos mucho menos vigorosos, debe escoger *Aloha*. Se recomienda para pilares o paredes, donde se requiere un crecimiento lento y limitado. Su único inconveniente es que, a veces, se ramifica mucho y deja de trepar. El follaje es atractivo y sano, las flores son muy llenas y de agradable fragancia. Las flores, de tipo híbrido de Té, resisten la lluvia.

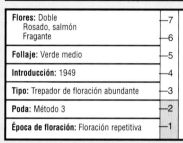

Flores: Simple Rojo sangre Ligeramente fragante	7 6
Follaje: Verde oscuro	5
Introducción: 1967	4
Tipo: Trepador de flores grandes	3
Poda: Método 3	2
Época de floración: Floración repetitiva	1

ALTISSIMO

Es un trepador bajo, vigoroso, sano y con llamativas flores. Florece a principios de verano, y permanece en flor hasta otoño. La floración no es masiva; en lugar de brotar súbitamente una gran cantidad de rosas pequeñas, aparecen flores grandes distribuidas al azar, cada una de ellas una belleza por sí misma. Los pétalos tienen un color rojo intenso y en el centro de cada flor hay una protuberancia de estambres dorados. Es aconsejable para paredes, postes y vallas.

Flores: Sencilla Color rosa intenso; ojo blanco Ninguna fragancia	7 6
Follaje: Verde oscuro	5
Introducción: 1902	4
Tipo: Enredadera	3
Poda: Método 1	2
Época de floración: A mediados de verano	1

AMERICAN PILLAR

Antes de la guerra, todos coincidían en que *American Pillar* era una excelente elección como rosal enredadera; sin embargo, actualmente la opinión de los expertos está dividida. Algunos consideran que por su gran abundancia de racimos de flores, a mediados de verano, todavía merece un lugar en el jardín; pero la mayoría opina que debe sustituirse por variedades más modernas, como *Dortmund*. Presenta graves inconvenientes: carece de resistencia al mildiu y debe podarse regularmente.

Flores: Semidoble Rosa Ligeramente fragante	7 6
Follaje: Verde medio	5
Introducción: 1967	4
Tipo: Trepador de floración abundante	3
Poda: Método 3	2
Época de floración: Floración repetitiva	1

BANTRY BAY

Bantry Bay puede crecer sobre una pared, debido a que resiste bien el mildiu, pero normalmente se recomienda para cubrir un pilar o una valla. No espere de esta variedad un crecimiento exuberante que le permita cubrir rápidamente grandes zonas; su tipo de crecimiento se describe como «moderado». Los capullos, de forma perfecta, se transforman en flores planas de color rosa, las cuales forman un racimo poco compacto. Estas flores, bastante grandes, brotan en abundancia durante toda la estación.

Altura en m

BOBBIE JAMES

La palabra para describir esta moderna enredadera es «rampante»: sus espinosos tallos se mantienen en los arbustos y al madurar alcanzan 8 m o más. El follaje es al mismo tiempo atractivo y abundante, y las flores nacen en racimos colgantes a principios de verano. El perfume es suave y la flor sostiene una prominente masa de estambres dorados. La planta en plena floración resulta espectacular, aunque necesita un espacio amplio.

7	**Flores:** Semidoble Blanco crema
6	Fragante
5	**Follaje:** Verde, cobre manchado
4	**Introducción:** 1961
3	**Tipo:** Enredadera
2	**Poda:** Método 3
1	**Época de floración:** Mediados de verano

BREATH OF LIFE

Una trepadora de Harkness de la década de 1980, galardonada desde Múnich hasta Tokio y una popular elección en Gran Bretaña. Tanto el color de las flores como el perfume son inusuales en el mundo de los rosales Trepadores, y las grandes flores tipo híbrido de Té son muy atractivas. Todos los catálogos la recomiendan como flor de corte —las flores nacen aisladamente o en pequeños grupos. Cuando no se disponga de un pilar o pared, se puede podar la planta, que se desarrollará como un arbusto.

7	**Flores:** Doble Albaricoque
6	Fragante
5	**Follaje:** Verde medio
4	**Introducción:** 1982
3	**Tipo:** Trepador de floración abundante
2	**Poda:** Método 3
1	**Época de floración:** Floración repetitiva

CAROLINE TESTAUT, TREPADORA
Otro nombre: MADAME CAROLINE TESTOUT

Una vigorosa trepadora de utilidad para cubrir áreas grandes. Los gruesos tallos erguidos se ramifican libremente, sosteniendo un abundante follaje. A mediados de verano aparece la principal floración. Al abrirse, las flores muestran una masa globular de pétalos de color rosa pálido alrededor de un centro de color rosa más intenso. Tolera la sombra parcial y un suelo no muy bueno, pero no debe intentarse cultivarla en un espacio reducido.

7	**Flores:** Doble Rosa rosáceo
6	Fragante
5	**Follaje:** Verde-grisáceo
4	**Introducción:** 1901
3	**Tipo:** Trepador de floración abundante
2	**Poda:** Método 3
1	**Época de floración:** Floración repetitiva

CASINO

La descripción del catálogo impulsa a adquirir uno rápidamente: capullos de color amarillo intenso y de forma similar a los de las rosas híbridos de Té, que se abren dando hermosas flores llenas de color amarillo suave y de agradable fragancia. Sin embargo, conviene advertir que *Casino* puede ser delicado, por ello, no debe escogerse si se vive en una zona fría o si el lugar donde se va a plantar está expuesto a vientos fríos.

7	**Flores:** Doble Amarillo pálido
6	Ligeramente fragante
5	**Follaje:** Verde oscuro
4	**Introducción:** 1963
3	**Tipo:** Trepador de floración abundante
2	**Poda:** Método 2
1	**Época de floración:** Floración repetitiva

CÉCILE BRUNNER, TREPADOR

Cécile Brunner es un arbusto precioso de 90 por 90 cm. El mutante trepador es un gigante, capaz de alcanzar 6 por 6 m. Aunque se lo describe como una variedad de floración repetitiva, *Cécile Brunner, Trepador* florece en abundancia dando pequeñas flores rosadas a principios de verano y, sólo esporádicamente, hacia el final de la estación. Las flores jóvenes tienen una forma hermosa, pero normalmente, durante el verano, el follaje predomina sobre las flores.

7	**Flores:** Doble Color rosa concha
6	Ligeramente fragante
5	**Follaje:** Verde oscuro
4	**Introducción:** 1894
3	**Tipo:** Trepador de floración abundante
2	**Poda:** Método 3
1	**Época de floración:** Floración repetitiva

COMPASSION

Según muchos expertos, *Compassion* es uno de los mejores rosales trepadores de introducción más reciente. Las flores tienen una forma hermosa, 40 pétalos y un color rosa albaricoque poco común en este grupo. El perfume es excepcional y la abundancia de flores es excelente. Produce abundantes ramas a partir de la base, pero no cubrirá la pared lateral de la casa. Se puede contemplar en todo su esplendor sobre un pilar o contra una pared blanca.

7	**Flores:** Doble Rosado, matizado color albaricoque
6	Muy fragante
5	**Follaje:** Verde oscuro
4	**Introducción:** 1973
3	**Tipo:** Trepador de floración abundante
2	**Poda:** Método 3
1	**Época de floración:** Floración repetitiva

Flores: Doble
Color carmesí oscuro aterciopelado
Muy fragante
Follaje: Verde medio
Introducción: 1946
Tipo: Trepador de floración abundante
Poda: Método 2
Época de floración: Floración repetitiva

(Escala altura: 7, 6, 5, 4, 3, 2, 1)

CRIMSON GLORY, TREPADOR

En otro tiempo, la forma arbustiva de *Crimson Glory* era el rosal rojo favorito de los británicos, pero actualmente ha sido reemplazado por muchas de las nuevas variedades rojas que carecen de sus problemas. Los inconvenientes de la forma arbustiva también se encuentran en la forma trepadora: las flores adquieren un color púrpura con la edad y las hojas son susceptibles al mildiu. Sin embargo, *Crimson Glory* sigue teniendo unas ventajas incomparables por su perfume y abundancia.

Flores: Doble
Carmesí
Ligeramente fragante
Follaje: Verde claro
Introducción: 1951
Tipo: Enredadera
Poda: Método 1
Época de floración: A finales de verano

CRIMSON SHOWER

Es una elección excelente para quienes gusten de los rosales enredaderas pero no del mildiu. Florece en abundancia, y las flores, pequeñas y con forma de roseta, constituyen grandes racimos cuando las otras enredaderas ya han dejado de florecer. Desde mediados de verano hasta principios de otoño, las flores rojas cubren enrejados, arcos o pilares. *Crimson Shower* constituye un rosal llorón excelente. La fragancia es muy tenue.

Flores: Doble
Color escarlata anaranjado
Ligeramente fragante
Follaje: Cobrizo
Introducción: 1954
Tipo: Trepador de floración abundante
Poda: Método 3
Época de floración: Floración repetitiva

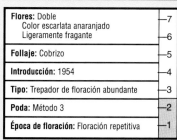

DANSE DU FEU
Otro nombre: SPECTACULAR

Es uno de los primeros trepadores modernos de floración repetitiva e, incluso, uno de los más populares. Las flores no son grandes, pero su color es intenso y la abundancia de la floración es excepcional. Los racimos de flores brotan hasta finales de otoño. Esta variedad es conocida por su capacidad de florecer en la primera estación y por su principal inconveniente: las flores se vuelven purpúreas con la edad.

Flores: Doble
Color rosa
Ligeramente fragante
Follaje: Verde medio
Introducción: 1901
Tipo: Enredadera
Poda: Método 1
Época de floración: A finales de verano

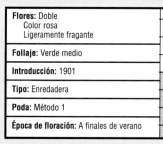

DOROTHY PERKINS

A casi cien años de su introducción, todavía puede encontrarse en algunos catálogos al rosal enredadera más famoso. No es una buena elección para una exposición en un jardín, pero se cultiva por razones sentimentales. Es muy sensible al mildiu y, por tanto, es inadecuado para crecer sobre una pared. Las flores son pequeñas y aparecen en grandes racimos a mediados de verano. Puede emplearse preferentemente para ocultar una valla abierta o un arco.

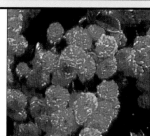

Flores: Sencilla
Rojo, ojo blanco
Ligeramente fragante
Follaje: Verde oscuro
Introducción: 1955
Tipo: Trepador de floración abundante
Poda: Método 3
Época de floración: Floración repetitiva

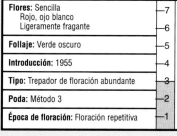

DORTMUND

Es un rosal sano y vigoroso, excelente para cubrir un pilar o bien para formar un gran rosal de pie cuando se lo poda adecuadamente. Las flores son grandes, con cinco pétalos, un ojo blanco y una protuberancia de estambres amarillos. Los racimos de flores brotan durante todo el verano y el otoño. Es conveniente eliminar las flores marchitas para alargar la estación de floración. El follaje es abundante y brillante, pero las flores no tienen una fragancia notable.

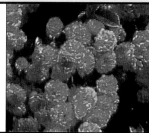

Flores: Doble
Amarillo
Fragante
Follaje: Verde oscuro
Introducción: 1973
Tipo: Trepador de floración abundante
Poda: Método 3
Época de floración: Floración repetitiva

DREAMING SPIRES

Esta descendiente trepadora de *Arthur Bell* no ha alcanzado los primeros puestos en las listas de éxito, pero merece la pena tenerla en cuenta si se desean rosas amarillas con una suave fragancia. Las flores tienen una forma alta-centrada y el color es de un intenso amarillo dorado, que cambia a amarillo primavera con el tiempo. El desarrollo, más que expansivo, es claramente erguido, y los tallos se encuentran revestidos de coriáceas hojas. Adecuada para lugares soleados.

TREPADORES Y ENREDADERAS

DUBLIN BAY

Esta variedad, producida por McGredy, se encuentra en la mayoría de los catálogos. Las flores, de color rojo intenso y de forma hermosa, brotan con gran abundancia; los tallos son sanos y están cubiertos de numerosas hojas brillantes. Lamentablemente, presenta una desventaja. Al principio, el tipo de crecimiento tiende a ser como el de un arbusto y en algunas ocasiones permanece como un arbusto erguido, en lugar de convertirse en un vigoroso trepador de floración abundante.

7—
6— **Flores:** Doble
Rojo intenso
Ligeramente fragante
5— **Follaje:** Verde oscuro
4— **Introducción:** 1976
3— **Tipo:** Trepador de floración abundante
2— **Poda:** Método 3
1— **Época de floración:** Floración repetitiva

EMILY GRAY

Este antiguo favorito todavía puede encontrarse en los catálogos gracias a sus dos características excepcionales: las flores tienen un color amarillo único y las hojas viran del rojo al verde oscuro y brillante al madurar. Este follaje es casi perenne, lo cual representa una ventaja importante cuando este rosal se usa para cubrir una pared o un enrejado. *Emily Gray* es un rosal bastante sano, pero carece de floración abundante. El secreto reside en realizar una poda muy ligera.

7—
6— **Flores:** Doble
Amarillo de ante
Fragante
5— **Follaje:** Verde oscuro
4— **Introducción:** 1918
3— **Tipo:** Enredadera
2— **Poda:** Método 3
1— **Época de floración:** A mediados de verano

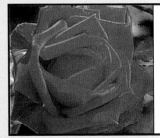

ENA HARKNESS, TREPADOR

Uno de los inconvenientes de la forma arbustiva de *Ena Harkness*, las flores que se inclinan hacia la base de la planta, constituye una ventaja para la forma trepadora. Este rosal conserva todas las ventajas del antiguo y muy apreciado híbrido de Té: hermoso color, forma y fragancia. Florece en abundancia durante el verano, aunque la exposición de otoño puede ser decepcionante. Puede cultivarse en una pared orientada hacia el sur y disfrutar de sus flores a mediados de primavera.

7—
6— **Flores:** Doble
Color carmesí
Fragante
5— **Follaje:** Verde medio
4— **Introducción:** 1954
3— **Tipo:** Trepador de floración abundante
2— **Poda:** Método 2
1— **Época de floración:** Floración repetitiva

ETOILE DE HOLLANDE, TREPADOR

La forma arbustiva de *Etoile de Hollande* fue la reina de las rosas rojas entre las dos guerras mundiales, y su mutante trepador continúa siendo popular. En realidad, a menudo se recomienda como el mejor trepador rojo para cubrir la pared de una casa. En esta situación se puede disfrutar totalmente de sus flores colgantes, rojo-aterciopeladas y muy fragantes. La floración de verano es impresionante, pero la de otoño es imprevisible.

7—
6— **Flores:** Doble
Rojo intenso
Muy fragante
5— **Follaje:** Verde oscuro
4— **Introducción:** 1931
3— **Tipo:** Trepador de floración abundante
2— **Poda:** Método 2
1— **Época de floración:** Floración repetitiva

EXCELSA

Otro nombre: RED DOROTHY PERKINS

Es la enredadera de color rojo de antaño. En la actualidad ha sido sustituida por *Crimson Shower*, variedad mucho más sana. Pero *Excelsa* todavía conserva su lugar en los catálogos debido a que constituye un excelente rosal llorón. Puede cultivarse cubriendo un arco, un pilar o como rosal llorón. A mediados de verano está adornada con flores pequeñas, de forma globular, que presentan un ojo blanco y pétalos de color carmesí.

7—
6— **Flores:** Doble
Color carmesí
Ninguna fragancia
5— **Follaje:** Verde oscuro
4— **Introducción:** 1909
3— **Tipo:** Enredadera
2— **Poda:** Método 2
1— **Época de floración:** A mediados de verano

FÉLICITÉ PERPÉTUE

A mediados de verano, los grupos de capullos ligeramente rojizos se abren en pequeñas flores en forma de roseta, que sobresalen del follaje oscuro y brillante. Una vigorosa rosa trepadora, con un sano follaje casi perenne. *Félicité Perpétue* destaca por su fiabilidad: florece tanto en situaciones frías como con sombra parcial. Los expertos la recomiendan, aunque no los entusiastas de flores grandes.

7—
6— **Flores:** Doble
Blanco marfil
Ligeramente fragante
5— **Follaje:** Verde oscuro
4— **Introducción:** 1827
3— **Tipo:** Enredadera
2— **Poda:** Método 3
1— **Época de floración:** A mediados de verano

Flores: Doble Color rosa pálido Fragante	—7 —6
Follaje: Cobrizo	—5
Introducción: 1906	—4
Tipo: Enredadera	—3
Poda: Método 1	—2
Época de floración: A principios de verano	—1

FRANÇOIS JURANVILLE

Esta vieja enredadera sigue siendo una elección excelente para cubrir una gran estructura, como una pérgola. De crecimiento muy vigoroso, alcanza una altura igual o superior a 6 m. Las flores, grandes, tienen una fragancia intensa y antigua. Brotan a principios de verano. Inicialmente tienen un color rosa asalmonado oscuro, pero pronto se decoloran hasta un rosa pálido. Los tallos son largos, flexibles y con algunas espinas. Las hojas son pequeñas y brillantes. Tolera sombra parcial.

Flores: Doble Rosado Ligeramente fragante	—7 —6
Follaje: Verde medio	—5
Introducción: 1966	—4
Tipo: Trepador de floración abundante	—3
Poda: Método 3	—2
Época de floración: Floración repetitiva	—1

GALWAY BAY

Este descendiente de *Queen Elizabeth* tiene todas las propiedades que pueden esperarse en un rosal pilar moderno: crecimiento moderado (alcanza aproximadamente 3 m de altura) y buena resistencia a la enfermedad. A pesar de que el tipo de crecimiento de *Galway Bay* no presenta ningún rasgo especial, sus flores son notables. Son grandes, de forma perfecta y brotan en gran profusión. Los racimos, pequeños, aparecen regularmente durante el verano y el otoño.

Flores: Doble Amarillo de ante Fragante	—7 —6
Follaje: Verde medio	—5
Introducción: 1853	—4
Tipo: Trepador de floración abundante	—3
Poda: Método 3	—2
Época de floración: Floración repetitiva	—1

GLOIRE DE DIJON

Durante la era victoriana, los expertos en rosales escribieron respecto de la gran belleza de este antiguo rosal trepador; ésta puede comprobarse observando una planta adulta y vigorosa a principios de verano. Las flores son grandes, de un colorido sorprendente y de una fragancia agradable. La floración empieza al principio de la estación y continúa hasta el otoño. Se recomienda para cubrir paredes, pero debe vigilarse el mildiu. Es conveniente comprar este rosal a un proveedor acreditado.

Flores: Doble Amarillo dorado Fragante	—7 —6
Follaje: Verde medio	—5
Introducción: 1956	—4
Tipo: Trepador de floración abundante	—3
Poda: Método 3	—2
Época de floración: Floración repetitiva	—1

GOLDEN SHOWERS

Desde hace mucho tiempo, es el rosal trepador amarillo más popular, y puede adquirirse en cualquier parte. La popularidad de esta variedad se debe a varias razones: resistencia a la lluvia, flores y follaje brillantes y, sobre todo, largo período de floración, que abarca desde principios de verano hasta las primeras heladas. Es excelente para un jardín pequeño ya que se mantiene con facilidad en macizos. Presenta inconvenientes: la flores caen y el crecimiento es ramificado y no trepador, al principio.

Flores: Semidoble Amarillo, crema combinado Ligeramente fragante	—7 —6
Follaje: Verde medio	—5
Introducción: 1907	—4
Tipo: Enredadera	—3
Poda: Método 2	—2
Época de floración: Mediados de verano	—1

GOLDFINCH

Esta antigua trepadora es mucho más limitada que la típica enredadera, y por tanto resulta adecuada para un jardín pequeño. Destaca por su atractivo follaje y floración abundante: los capullos dorados se abren en grupos de pequeñas flores en roseta. El color es una mezcla de amarillo y crema, con una masa central de estambres de un dorado intenso. Los tallos apenas llevan espinas. Puede cultivarse en una pared orientada al norte.

Flores: Doble Rojo muy oscuro, matizado negro Muy fragante	—7 —6
Follaje: Verde medio	—5
Introducción: 1938	—4
Tipo: Trepador de floración abundante	—3
Poda: Método 3	—2
Época de floración: Floración repetitiva	—1

GUINEE

Es la rosa de color más oscuro de todas las de jardín. Las flores, de un rojo intenso aterciopelado, aparecen apagadas en un día nublado, pero presentan un color vivo bajo un sol radiante. Son grandes, planas y de una fuerte fragancia. Este rosal florece en abundancia a principios de verano, pero las últimas floraciones son decepcionantes. El follaje es coriáceo y abundante, pero debe protegerse del mildiu. Una buena variedad para muros y pantallas sin sombra —los tallos son rígidos y bastante erguidos.

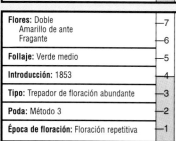
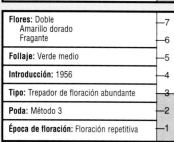

TREPADORES Y ENREDADERAS

HANDEL

Handel es una estrella del mundo de los rosales trepadores. Esto se debe exclusivamente al color único de sus flores, ya que carece de cualquier otra característica excepcional. Las flores tienen una forma hermosa, aunque sus pétalos son bastante escasos. Los tallos prácticamente carecen de espinas y las hojas son brillantes, pero el mildiu y la mancha negra pueden causar problemas. Las flores brotan moderadamente en racimos, durante un largo período, y no se deterioran por la lluvia.

Flores: Doble Color crema, bordes rosados Ligeramente fragante	
Follaje: Cobrizo	
Introducción: 1965	
Tipo: Trepador de floración abundante	
Poda: Método 3	
Época de floración: Floración repetitiva	

HIGHFIELD

Se trata de un mutante natural del rosal trepador más popular entre los nuevos, *Compassion*. Presenta muchas de las propiedades de éste, incluido el hábito de floración abundante. Las flores son de tamaño mediano, en ocasiones manchadas de rosa o melocotón. No es una especie rampante, por lo que luce mejor sobre un pilar, una valla o una arcada más que en un muro alto. Se encuentra en muchos catálogos, pero nunca ha alcanzado la popularidad de *Compassion*.

Flores: Doble Amarillo pálido Fragante	
Follaje: Verde oscuro	
Introducción: 1981	
Tipo: Trepador de floración abundante	
Poda: Método 3	
Época de floración: Floración repetitiva	

HIGH HOPES

Una de las nuevas Trepadoras que ha obtenido premios importantes. Este vástago de *Compassion* produce abundantes grupos de flores de tamaño medio, con una forma clásica de híbrido de Té y un agradable perfume. Tolera condiciones bastante malas y el brillante follaje resulta saludable y atractivo. La disposición floral de finales de temporada es impresionante. Su desarrollo es erguido más que expansivo, por lo que constituye una buena elección para cubrir una arcada o una pérgola.

Flores: Doble Rosa pálido Fragante	
Follaje: Verde oscuro	
Introducción: 1982	
Tipo: Trepador de floración abundante	
Poda: Método 3	
Época de floración: Floración repetitiva	

ICEBERG, TREPADOR

Este mutante de Floribunda blanco con más éxito en la actualidad no ha conseguido popularizarse. Quizás esto sorprenda, ya que tiene muchos admiradores y se le considera uno de los mutantes trepadores más fiables de los últimos años. Es adecuado para cubrir una pared, debido a que su follaje es muy abundante y brillante, está adornado con grandes racimos de flores blancas y planas, y mantiene esta exposición hasta el otoño. Puede necesitar un pulverizado contra el mildiu.

Flores: Doble Blanca Ligeramente fragante	
Follaje: Verde medio	
Introducción: 1968	
Tipo: Floribunda trepador	
Poda: Método 3	
Época de floración: Floración repetitiva	

KIFTSGATE

Otro nombre: ROSA FILIPES KIFTSGATE

Una gigante rastrera, alta y expansiva, utilizada para cubrir un hangar o cultivar entre árboles desarrollados. Hacia mediados de verano aparece una cascada de flores: enormes racimos de pequeñas flores fragantes. A las flores les siguen brillantes escaramujos rojos y un follaje dorado intenso en otoño. Debe tratarse como un arbusto grande que alcanza los 10 m o no; no ha de mantenerse acotado en un jardín pequeño podándolo.

Flores: Sencilla Blanco crema Fragante	
Follaje: Verde medio	
Introducción: 1954	
Tipo: Trepadora de especie	
Poda: Método 3	
Época de floración: Mediados de verano	

LAURA FORD

Este miembro de las nuevas Trepadoras miniaturas es muy popular. El desarrollo es al mismo tiempo restrictivo y erguido, por lo que resulta adecuado tanto en pilares o porches como en paredes entre ventanas. Los grupos de pequeñas flores amarillas cubren las pequeñas hojas brillantes, y el agradable perfume es un valor añadido. *Laura Ford* puede plantarse en una maceta, por su característica producción floral.

Flores: Semidoble Amarillo, rosa manchado Fragante	
Follaje: Verde oscuro	
Introducción: 1990	
Tipo: Trepadora miniatura	
Poda: Método 3	
Época de floración: Floración repetitiva	

Flores: Doble Rosa Fragante	7 6
Follaje: Verde medio	5
Introducción: 1980	4
Tipo: Trepador de floración abundante	3
Poda: Método 3	2
Época de floración: Floración repetitiva	1

LAVINIA
Otro nombre: LAWINIA

Esta vigorosa y expansiva trepadora producida por Tantau nunca ha sido realmente popular, a pesar de su envergadura. Las grandes inflorescencias son caliciformes y las grandes hojas semibrillantes. La fragancia es discutible: para algunas personas es demasiado fuerte y para otras bastante débil. Es una buena variedad para cubrir cualquier pared o para trepar por los árboles.

Flores: Doble Rosa salmón Muy fragante	7 6
Follaje: Verde oscuro	5
Introducción: 1986	4
Tipo: Trepador de floración abundante	3
Poda: Método 3	2
Época de floración: Floración repetitiva	1

LEAPING SALMON

La fuerte fragancia de las grandes flores brillantes ha hecho de ella una trepadora popular, y se encuentra en muchos catálogos. Las flores aparecen libremente durante toda la estación y el brillante follaje es abundante. Los robustos y erguidos tallos hacen de ella una rosa muy adecuada para cultivar en un pilar. Las flores son útiles para cortar. Tiene un inconveniente importante en una variedad moderna: su regular resistencia a la enfermedad.

Flores: Semidoble Amarillo pálido Ligeramente fragante	7 6
Follaje: Verde medio	5
Introducción: 1955	4
Tipo: Trepador de floración abundante	3
Poda: Método 3	2
Época de floración: Floración repetitiva	1

LEVERKUSEN

De acuerdo con las características de los trepadores Kordesii, las hojas son sanas y las flores brotan en abundancia. Incluso en un lugar expuesto o en una zona muy fría, *Leverkusen* proporciona una exposición atractiva cuando cubre un pilar o una pared. Los grandes racimos de flores brotan a principios de verano y más tarde hay nuevas floraciones. La exposición de otoño es excepcional para un rosal de este grupo. Pode y estaque si quiere formar un arbusto extenso.

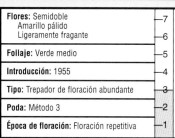

Flores: Doble Blanco, rosado rojizo Muy fragante	7 6
Follaje: Verde claro	5
Introducción: 1879	4
Tipo: Trepador de floración abundante	3
Poda: Método 3	2
Época de floración: Floración repetitiva	1

MADAME ALFRED CARRIÈRE

En la época victoriana se utilizó gran cantidad de trepadores Noisette para cubrir casas de campo y castillos, pero actualmente se encuentran muy pocos en los catálogos. *Mme Alfred Carrière* es una de éstas, porque su capacidad de cubrir la pared de una casa orientada hacia el norte no ha sido igualada por muchas variedades modernas. Crece con rapidez. Las flores, grandes y fragantes, brotan regularmente durante el verano y el otoño. Tiene más de cien años, pero se mantiene vigorosa.

Flores: Doble Rosado, carmesí matizado Muy fragante	7 6
Follaje: Verde medio	5
Introducción: 1927	4
Tipo: Trepador de floración abundante	3
Poda: Método 2	2
Época de floración: A principios de verano	1

MADAME GRÉGOIRE STAECHELIN
Otro nombre: SPANISH BEAUTY

Contemplar un ejemplar adulto de *Mme Grégoire Staechelin* totalmente en flor constituye un verdadero espectáculo. Las flores, tipo híbridos de Té, son grandes, con pétalos de color rosa, dentados y de una fragancia intensa y agradable. A principios de verano, las flores cubren el abundante follaje de esta vigorosísima variedad, pero la estación de floración dura sólo algunas semanas, después de las cuales desarrolla grandes escaramujos.

Flores: Semidoble Amarillo cobrizo Fragante	7 6
Follaje: Verde oscuro	5
Introducción: 1953	4
Tipo: Trepador de floración abundante	3
Poda: Método 3	2
Época de floración: A principios de verano	1

MAIGOLD

Maigold tiene muchas cualidades y, por ello, no sorprende encontrarlo en la lista de los rosales trepadores mejor vendidos. Florece a mediados de primavera, cuando las rosas se esperan con más ilusión. Además, las plantas empiezan a florecer cuando son jóvenes, problema que presentan muchos trepadores. El follaje es sano y atractivo y la fragancia es fuerte. Presenta inconvenientes: los tallos son espinosos, las flores son desproporcionadas y, después de la primera floración, no suele florecer más.

Altura en m

MASQUERADE, TREPADOR

Los grandes racimos de flores de color amarillo, rosado y rojo intenso de este mutante trepador de *Masquerade* son más espectaculares que los de la más familiar forma arbustiva. Esta variedad es apropiada para cubrir una valla o un pilar, y tiene buena reputación por su fiabilidad. Florece con profusión a principios de verano y deben eliminarse las flores marchitas antes de que se formen los escaramujos, para asegurar una buena exposición al final de la estación.

7 — **Flores:** Semidoble
Amarillo; después rosado y rojo
6 — Ligeramente fragante
5 — **Follaje:** Verde oscuro
4 — **Introducción:** 1958
3 — **Tipo:** Floribunda, trepador
2 — **Poda:** Método 3
1 — **Época de floración:** Floración repetitiva

MERMAID

Es el rosal trepador de mayor tamaño del mundo —una planta puede cubrir la pared de una gran casa; sin embargo, las heladas pueden destruir a *Mermaid* cuando cubre una pared orientada hacia el sur o el oeste. Esta falta de resistencia no es el único inconveniente de *Mermaid*. Los tallos son quebradizos y con espinas, y una planta nueva tarda un par de años en arraigar. No obstante, cuando está totalmente en flor no tiene rival, y sus flores son muy grandes, vistosas y fragantes.

7 — **Flores:** Simple
Amarillo pálido
6 — Fragante
5 — **Follaje:** Verde medio
4 — **Introducción:** 1918
3 — **Tipo:** Trepador de floración abundante
2 — **Poda:** Método 3
1 — **Época de floración:** Floración repetitiva

MORNING JEWEL

El color rosa de estas grandes flores ha recibido diferentes calificativos («intenso», «vivo», etc.). En el verano proporciona una exposición atractiva y las flores se realzan entre las hojas brillantes. Las ramas nuevas brotan fácilmente de la base, lo que lo convierte en un buen trepador de floración abundante para vallas o pilares. Ha obtenido un Premio de Mérito (AGM) de la RHS, y en opinión de los expertos es una rosa excelente para cultivar en un terreno expuesto o sombrío.

7 — **Flores:** Semidoble
Rosado
6 — Ligeramente fragante
5 — **Follaje:** Verde medio
4 — **Introducción:** 1969
3 — **Tipo:** Trepador de floración abundante
2 — **Poda:** Método 3
1 — **Época de floración:** Floración repetitiva

MRS SAM McGREDY, TREPADOR

Esta forma trepadora, casi desaparecida de los catálogos, permite disfrutar nuevamente del antiguo esplendor de *Mrs Sam McGredy*. Conserva el vigor antiguo, los capullos cobrizos, las flores rojo-cobrizas y el follaje joven purpúreo. Las flores brotan en gran cantidad y la época de floración perdura hasta finales de otoño. Realmente, es una variedad llena de color y fiable en una pared. El único inconveniente que presenta es su susceptibilidad a la mancha negra.

7 — **Flores:** Doble
Anaranjado cobrizo, rojo encendido
6 — Fragante
5 — **Follaje:** Cobrizo
4 — **Introducción:** 1937
3 — **Tipo:** Híbrido de Té trepador
2 — **Poda:** Método 3
1 — **Época de floración:** Floración repetitiva

NEW DAWN

En otro tiempo, *Dr. van Fleet* fue una enredadera popular, pero en la actualidad ha sido sustituida por su mutante *New Dawn*. Esta última variedad presenta dos ventajas inconfundibles: el crecimiento es mucho menos exuberante y los racimos aparecen durante todo el verano. Las flores son pequeñas, muy numerosas y están situadas entre las hojas brillantes. Este rosal puede emplearse como un seto, como un arbusto de pie o como un trepador.

7 — **Flores:** Semidoble
Color rosa concha
6 — Fragante
5 — **Follaje:** Verde medio
4 — **Introducción:** 1930
3 — **Tipo:** Enredadera
2 — **Poda:** Método 2
1 — **Época de floración:** Floración repetitiva

NICE DAY

Un Trepador miniatura ganador de la Elección de los Productores. Como cabría esperar de una variedad en este grupo nuevo, tanto las flores como las hojas son pequeñas —las flores en forma de roseta tienen una fragancia agradable y el follaje resulta denso y brillante. La envergadura es de 1 m, lo que resulta ventajoso en espacios limitados. Las flores aparecen desde la base a la parte superior; se puede poner en una maceta o cerca de la puerta frontal para disfrutar de su fragancia.

7 — **Flores:** Doble
Rosa salmón
6 — Fragante
5 — **Follaje:** Verde oscuro
4 — **Introducción:** 1993
3 — **Tipo:** Trepadora miniatura
2 — **Poda:** Método 3
1 — **Época de floración:** Floración repetitiva

TREPADORES Y ENREDADERAS

Flores: Doble
    Amarillo intenso
    Ligeramente fragante

Follaje: Verde oscuro

Introducción: 1982

Tipo: Trepador de floración abundante

Poda: Método 3

Época de floración: Floración repetitiva

— 7
— 6
— 5
— 4
— 3
— 2
— 1

NIGHT LIGHT

Las flores son grandes y los racimos razonablemente densos. Los capullos son de color rojo naranja, y el amarillo intenso de las flores a menudo está manchado de naranja, pero *Night Light* no tiene realmente nada especial. Los erguidos tallos soportan brillantes hojas oscuras, y constituyen un buen fondo para los capullos de color naranja intenso y las flores amarillas. La resistencia a la enfermedad es buena, pero la fragancia es bastante débil. No es recomendable en lugares sombríos.

Flores: Semidoble
    Rojo sangre
    Ligeramente fragante

Follaje: Verde oscuro

Introducción: 1957

Tipo: Trepador de floración abundante

Poda: Método 2

Época de floración: Floración repetitiva

— 7
— 6
— 5
— 4
— 3
— 2
— 1

PARKDIREKTOR RIGGERS

Esta variedad conserva la abundancia de flores y el vigor propios de los trepadores Kordesii, pero carece de la resistencia familiar a la enfermedad; el mildiu y la mancha negra pueden ser un problema. Este rosal trepador es popular debido a que sus grandes racimos de flores, de color carmesí intenso, brotan con singular abundancia. Cuando las flores se han marchitado, deben eliminarse para asegurar una floración continua. Resulta adecuada en una pared orientada al norte.

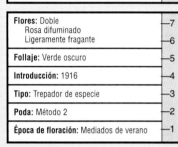

Flores: Doble
    Rosa difuminado
    Ligeramente fragante

Follaje: Verde oscuro

Introducción: 1916

Tipo: Trepador de especie

Poda: Método 2

Época de floración: Mediados de verano

— 7
— 6
— 5
— 4
— 3
— 2
— 1

PAUL'S HIMALAYAN MUSK

Un gigante para cubrir zonas grandes que puede alcanzar 8 m por 8 m. A mediados de verano, las grandes hojas colgantes se cubren de una masa de pendulares racimos con numerosas flores. Con el tiempo, estas flores se vuelven casi blancas. Constituye una buena opción para cubrir una pared grande o rodear un árbol, pero no soporta una poda continua. Se desarrolla preferentemente en sombra parcial. A pesar de su nombre y parentesco, el perfume no es acusado.

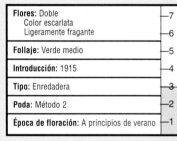

Flores: Doble
    Color escarlata
    Ligeramente fragante

Follaje: Verde medio

Introducción: 1915

Tipo: Enredadera

Poda: Método 2

Época de floración: A principios de verano

— 7
— 6
— 5
— 4
— 3
— 2
— 1

PAUL'S SCARLET, TREPADOR

Durante muchos años, *Paul's Scarlet* ha sido el mejor rosal trepador de color rojo, pero en la actualidad se halla en decadencia. Hay nuevas variedades rojas que no deslucen con la edad, y también mucho más resistentes a la enfermedad. A pesar de todo, esta variedad perdura como un rosal vistoso desde principios de verano con masas de flores rojas caliciformes que subsisten durante un mes o más. No se da una floración repetida. Menos vigoroso que las clásicas enredaderas.

Flores: Doble
    Rosado
    Ligeramente fragante

Follaje: Verde oscuro, matizado púrpura

Introducción: 1965

Tipo: Trepador de floración abundante

Poda: Método 3

Época de floración: Floración repetitiva

— 7
— 6
— 5
— 4
— 3
— 2
— 1

PINK PERPETUE

Es la variedad más vendida debido a su floración abundante y a la capacidad de producir una exposición de otoño que rivaliza con la de verano. *Pink Perpetue* no crece mucho, pero es vigoroso y muy desplegado, por lo cual es una elección acertada para cubrir una valla o una pared. Las flores no son grandes, pero tienen muchos pétalos, una forma globular atractiva y se disponen en racimos. La roya puede ser un problema grave.

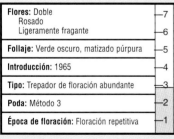

Flores: Semidoble
    Blanco crema
    Fragante

Follaje: Verde grisáceo

Introducción: Anterior a 1900

Tipo: Enredadera

Poda: Método 3

Época de floración: Mediados de verano

— 7
— 6
— 5
— 4
— 3
— 2
— 1

RAMBLING RECTOR

Uno de los mejores rosales para cubrir paredes, ocultar edificaciones poco vistosas o enredarse por los árboles. Las pequeñas hojas son abundantes, y también lo son las flores, que aparecen a principios de verano. Con el tiempo, las flores se vuelven blancas, y muestran un grupo de estambres dorados en el centro. Las hojas son saludables; los racimos de flores grandes; crece en una pared orientada al norte y presenta escaramujos. Es una excelente variedad para plantar en un lugar boscoso.

ROSY MANTLE

Es una producción acertada: tiene el crecimiento trepador fiable de *New Dawn* y algo de la belleza floral de *Prima Ballerina*, su otro progenitor. Las flores, grandes y de forma perfecta, se disponen en pequeños racimos durante toda la estación. La exposición de otoño es muy satisfactoria. Las hojas son brillantes y muy resistentes a la enfermedad, pero las ramas delgadas requieren una atención periódica para asegurar que se guían bien. Adecuada para una pared orientada al norte.

Flores: Doble — Color rosa intenso — Fragante
Follaje: Verde oscuro
Introducción: 1968
Tipo: Trepador de floración abundante
Poda: Método 3
Época de floración: Floración repetitiva

ROYAL GOLD

Según las descripciones de los catálogos, es irresistible: flores doradas, fragantes, altas-centradas como un híbrido de Té, y de 10 cm de diámetro. Pero en el jardín, *Royal Gold* no es tan atractiva como se describe en los catálogos, ya que no florece en abundancia y carece de vigor si el suelo no es fértil. Esto último constituye su mayor problema. Es un rosal apropiado para trepar por una pared orientada hacia el sur o el oeste de un lugar protegido.

Flores: Doble — Amarillo intenso — Ligeramente fragante
Follaje: Verde medio
Introducción: 1967
Tipo: Trepador de floración abundante
Poda: Método 3
Época de floración: Floración repetitiva

SANDERS' WHITE RAMBLER

A pesar de su antigüedad, esta estupenda enredadera clásica ha mantenido su carácter saludable y su lugar en los catálogos. Las flores en roseta son pequeñas, pero presentan numerosos pétalos y una agradable fragancia. Los grandes racimos de flores aparecen a finales de verano, y resultan recomendables para revestir arcadas, pilares y vallas, más que paredes. Como estándar llorón resulta particularmente buena, al apreciarse bien las atractivas hojas brillantes.

Flores: Doble — Blanco — Fragante
Follaje: Verde claro
Introducción: 1912
Tipo: Enredadera
Poda: Método 1
Época de floración: Mediados de verano

SCHOOLGIRL

No es sorprendente que *Schoolgirl* haya llegado a ser tan popular. Los buenos rosales trepadores de color anaranjado son sumamente raros, y las flores de este rosal, producido por McGredy, son grandes y fragantes. Las hojas son brillantes y abundantes, y las flores aparecen durante todo el verano y el otoño. Su principal defecto es la pérdida de las hojas inferiores, por lo que las ramas aparecen largas y desnudas. Otro inconveniente es que no producen gran cantidad de flores.

Flores: Doble — Anaranjado albaricoque — Fragante
Follaje: Verde oscuro
Introducción: 1964
Tipo: Trepador de floración abundante
Poda: Método 3
Época de floración: Floración repetitiva

SEAGULL

Otra rosa antigua, pero no es difícil para un proveedor localizarla. Se desconoce su procedencia, y se puede encontrar catalogada entre las Trepadoras de especie. Las pequeñas flores, que aparecen abundantemente en verano, soportan prominentes estambres dorados. Probablemente, la continuada popularidad de *Seagull* se debe a las frecuentes referencias en los catálogos respecto a su habilidad para trepar y revestir ejemplares de árboles antiguos.

Flores: Sencilla — Blanco — Fragante
Follaje: Verde gris
Introducción: 1907
Tipo: Enredadera
Poda: Método 1
Época de floración: Mediados de verano

SUMMER WINE

Esta trepadora Kordesii recibió un premio de Mérito de la RHS. Es una planta vigorosa y bien recubierta de un oscuro follaje semibrillante. Las flores son grandes, y fácilmente reconocibles por los brillantes estambres de color rojo en el centro. Los tallos son erguidos, por lo que resulta adecuada para arcadas y pérgolas. *Summer Wine* no es exigente: crecerá en una pared orientada al norte. Tiene una buena reputación al desarrollarse en un suelo no demasiado bueno.

Flores: Semidoble — Rosa coral — Fragante
Follaje: Verde gris
Introducción: 1985
Tipo: Trepador de floración abundante
Poda: Método 3
Época de floración: Floración repetitiva

Flores: Doble
    Blanco, rosado matizado
    Ligeramente fragante

Follaje: Verde medio

Introducción: 1968

Tipo: Trepador de floración abundante

Poda: Método 3

Época de floración: Floración repetitiva

SWAN LAKE

Es uno de los mejores trepadores blancos que se pueden comprar. Las flores son grandes y de forma perfecta, y el follaje es abundante. La humedad no estropea las flores, una ventaja poco común en un rosal blanco. Las flores, con un número de pétalos igual o superior a cincuenta, brotan en abundancia durante toda la estación, pero el follaje es propenso al mildiu y a la mancha negra, por lo que es necesario pulverizarlo. Es una buena elección para un arco o un pilar.

Flores: Semidoble
    Color violeta, se decolora a gris pizarra
    Fragante

Follaje: Verde claro

Introducción: 1909

Tipo: Enredadera

Poda: Método 2

Época de floración: A mediados de verano

VEILCHENBLAU
Otro nombre: VOILET BLUE

Una fotografía en blanco y negro de *Veilchenblau* en flor revela un rosal muy corriente: flores caliciformes, semidobles y pequeñas. En el jardín, cultivado trepando por una pared protegida del sol de mediodía, es una variedad muy poco común, uno de los rosales que más se parecen al siempre tan ansiado rosal «azul». Tal vez, la flor adulta sea más gris que azul, pero vale la pena cultivarlo si le gustan los rosales poco comunes.

Flores: Semidoble
    Bermellón naranja
    Ligeramente fragante

Follaje: Verde oscuro

Introducción: 1990

Tipo: Trepadora miniatura

Poda: Método 3

Época de floración: Floración repetitiva

WARM WELCOME

Otra Trepadora miniatura de Warner con todas las características que desearía de este grupo: masas de flores brillantes que cubren la planta durante todo el verano y un follaje que resulta al tiempo frondoso y saludable. Los pétalos son de color naranja brillante con una base amarilla. Se diferencia de *Laura Ford* y *Nice Day* al expandirse unos 2 m más.

Flores: Sencilla
    Blanco cremoso
    Fragante

Follaje: Verde medio

Introducción: 1950

Tipo: Enredadera

Poda: Método 3

Época de floración: Mediados de verano

WEDDING DAY

El único inconveniente de esta rosa son las flores pequeñas con cinco pétalos, de color crema que pasa a blanco rosado con el tiempo y estambres dorados. Todo lo demás aparece en mayor tamaño: el desarrollo es extremadamente vigoroso, los racimos de flores a mediados-finales de verano son grandes y los rampantes tallos cubrirán un edificio de dos pisos o árboles grandes. Va bien para zonas medio sombreadas y para ocultar objetos poco estéticos, pero no es una buena opción para jardines pequeños.

Flores: Doble
    Blanco
    Fragante

Follaje: Verde medio

Introducción: 1969

Tipo: Trepador de floración abundante

Poda: Método 3

Época de floración: Floración repetitiva

WHITE COCKADE

Al igual que *Swan Lake*, esta variedad, producida en Escocia, es uno de los mejores trepadores blancos disponibles. Las flores tienen una forma muy bella y una fragancia agradable, y la época de floración es larga. Es un trepador de crecimiento escaso, por lo cual evidentemente es idóneo para cubrir la parte lateral de una casa. Puede emplearse para revestir un pilar bajo o una valla, o cultivarse como un arbusto alto. La resistencia a la enfermedad es buena y el follaje es atractivo y brillante.

Flores: Semidoble
    Color rosa carmín
    Muy fragante

Follaje: Verde oscuro

Introducción: 1868

Tipo: Rosal borbón trepador

Poda: Método 3

Época de floración: Floración repetitiva

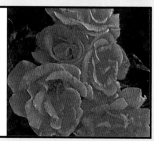

ZEPHIRINE DROUHIN
Otro nombre: THORNLESS ROSE

Hace más de cien años que este rosal borbón aparece en casi todos los catálogos, y los expertos siguen elogiándolo como siempre. Puede cultivarse como un trepador, o mantenerse podado como un arbusto alto o un seto. Si se despunta regularmente se tendrá una sucesión de flores desde principios de verano. Se ha de pulverizar regularmente con un fungicida.

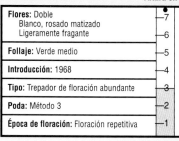
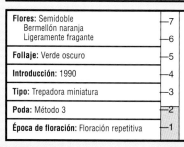
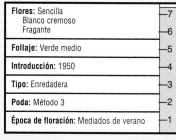

ROSALES ARBUSTIVOS

Un estudio reciente realizado en Gran Bretaña puso de manifiesto que por cada 25 rosales híbridos de Té y Floribunda adquiridos, solamente se compra un rosal arbustivo. Esto se debe, por supuesto, a los defectos por todos conocidos. Los rosales Arbustivos sólo florecen una vez, son demasiado grandes para un jardín mediano y demasiado antiguos para un jardín moderno.

Ninguna de estas afirmaciones es cierta. Respecto del primer concepto erróneo —la falta de floración repetitiva— algunos arbustos, como los rosales Especie, los Gallica y los Centifolia, sólo presentan una floración espectacular, pero otros rosales arbustivos florecen repetitivamente (muchos ejemplos se describen en las páginas 76-90). Incluso las variedades que florecen una sola vez no deben desacreditarse, puesto que el período de floración a menudo dura muchas semanas y porque las primeras flores brotan antes que las de cualquier rosal híbrido de Té o Floribunda. Así, por ejemplo, *Canary Bird* florece a finales de primavera. Además, la contemplación de algunas de estas variedades de floración única totalmente en flor a principios o mediados de verano, supera el valor de la exposición que presentan la mayoría de los arbustos que se cultivan. Asimismo, en muchas variedades existe el bono de una brillante disposición de escaramujos durante el otoño.

La segunda idea incorrecta en relación con los rosales Arbustivos concierne a su tamaño. En efecto, algunos son gigantes, como *William Lobb, Ne-*

vada y *Frühlingsmorgen*, pero otros podrían pasar por un Floribunda de tamaño mediano, como los delicados arbustos *Cécile Brunner* y *The Fairy*.

Por último, debe considerarse la idea de que parecen antiguos. Desde luego, hay rosales de tipo silvestre cuyo encanto reside en sus flores rosadas, de aspecto marchito y llenas de fragancia. Sin embargo, en esta clase están representados todos los tipos posibles de flor, desde *Fred Loads*, con flores de cinco pétalos, hasta *Uncle Walter*, con flores altas-centradas de tipo híbrido de Té.

Una característica de la década de 1980 fue el remarcable incremento en el número de rosales Arbustivos que podían utilizarse como coberteros del suelo. Estas variedades solían catalogarse con los demás rosales Arbustivos, pero en esta edición se agrupan en una clase separada (*véanse* págs. 54-59).

Los rosales Arbustivos están subestimados, mal empleados y mal comprendidos. Uno de los problemas se debe a que no forman un grupo bien definido y, con toda franqueza, son «un cajón de sastre» de las variedades que no pertenecen a ninguna de las otras clases perfectamente delimitadas. En esta clase están incluidos los rosales Especie (variedades silvestres y próximas) y los rosales antiguos (variedades que se remontan a la época anterior a los híbridos de Té). Finalmente, los rosales Arbustivos modernos a menudo tienen un tipo de floración bastante similar al de un Floribunda o un híbrido de Té.

Dentro de esta clase se encuentra una variedad de rosales adecuada para casi todos los jardines.

CLAVE DE LAS GUÍAS DE ROSALES

Follaje Color de la hoja (*véase* pág. 6)

Número de pétalos (*véase* pág. 5)

Color

Fragancia (*véase* pág. 6)

Flores: Semidoble Color rosa, ojo blanco Fragante

Follaje: Verde claro

Introducción: 1975

Tipo: Arbustivo moderno

Tipo de crecimiento: Erguido

Época de floración: Floración repetitiva

Introducción Año de introducción en Gran Bretaña

Tipo Todo tipo de arbusto (para descripciones *véanse* págs. 73-78)

Altura en m   **Anchura en m**

Época de floración Floración repetitiva o tiempo de floración si sólo florece una vez (*véase* pág. 6)

Tipo de crecimiento (erguido, rastrero, desplegado, etc.)

Tipos de rosales Arbustivos

Los rosales Arbustivos deberían considerarse como arbustos extremadamente útiles, como alternativa a los rododendros o las lilas más que a *Silver Jubilee* o *Sweet Magic*. Sin embargo, a diferencia de aquellos, tienen pocas características en común. Son más altos que los Floribunda y los híbridos de Té, y la mayoría requiere de una poda ligera o inexistente, aunque el abanico de períodos de floración, forma de las flores, necesidades de cultivo, etc., varían considerablemente. Por ejemplo, las Rugosas son muy fáciles de cultivar, mientras que los híbridos de Té necesitan lugares resguardados del frío. Por este motivo, resulta de utilidad conocer a qué tipo pertenece un rosal arbustivo, y más abajo se señalan las características de los 19 tipos más importantes. Generalmente, las variedades dentro de un mismo tipo comparten diversas características, aunque en ocasiones, la línea divisoria entre los diversos tipos no está bien definida. Esto significa que la clasificación podría no resultar tan clara como en principio parece. Por ejemplo, es posible clasificar a *Ballerina* como un híbrido Almizclero, un Polyantha o un rosal Arbustivo moderno, según el catálogo que se consulte.

ROSAL ALBA
Los rosales Alba constituyen un grupo antiguo, uno de cuyos antecesores es la Rosa Perro (*R. canina*). Este rosal se puede reconocer fácilmente por sus hojas de color verde grisáceo, suaves e inclinadas. El arbusto es vigoroso, resistente a plagas y enfermedades, y puede necesitar una poda rigurosa para conservar la forma. Presenta una sola floración a mediados de verano. Las flores, de color rosa o blanco, tienen un perfume intenso. Los rosales Alba toleran mejor un ambiente sombrío que la mayoría de los otros rosales.

Celestial

ROSAL BORBÓN
Este grupo apareció aproximadamente en 1818 como resultado de un cruzamiento entre *Autumn Damask* y un rosal China. Estos rosales, con flores globulares, fragantes, grandes y con muchos pétalos, se convirtieron en los más populares de los jardines victorianos por su capacidad de florecer tanto en otoño como en verano. Finalmente, perdieron su popularidad en favor de los híbridos Perpetua, y en la actualidad se encuentran muy pocas variedades en los catálogos. Son resistentes, pero propensos al mildiu.

Madame Isaac Periere

ROSAL CENTIFOLIA   *Otros nombres: Rosal Col, Rosal Provenzal*
Las pinturas de flores holandesas muestran que estas flores globulares con numerosos pétalos florecían ya en el siglo XVII. El rosal Centifolia, con sus colores campestres y su fragancia intensa, es el representante de los rosales antiguos. Desafortunadamente, este grupo carece de la robustez de los Rugosa y los Alba, puesto que los tallos son flexibles y necesitan soporte y, además, los arbustos precisan una pulverización regular y fertilizante.

Fantin-Latour

ROSAL CHINA
La importancia de los rosales China en el desarrollo de las variedades modernas se describe en el capítulo 8. En la actualidad, todavía pueden adquirirse tanto *Old Blush*, una de las importaciones originales de China durante el siglo XVIII, como *Cécile Brunner*, la variedad favorita de época victoriana. Los híbridos que se pueden comprar son arbustos desplegados y pequeños que producen grandes racimos de flores pequeñas durante todo el verano. Han de plantarse en un lugar protegido y soleado.

Cécile Brunner

ROSAL DAMASCO
Este rosal, que sobresale por el perfume de sus flores blancas o rosadas, nunca ha sido realmente popular, ya que sus tallos, débiles y arqueados, tienen un follaje pálido y sus flores se inclinan a causa de sus débiles pedicelos. Las flores se disponen principalmente en racimos y hay una sola floración a mediados de verano. Estos rosales son muy robustos, pero precisan un suelo adecuado y un cultivo apropiado.

Madame Hardy

ROSALES ARBUSTIVOS

ROSALES INGLESES

El grupo de rosales Ingleses es la adición más reciente a la lista. En el último cuarto del siglo xx, David Austin puso a la venta el primer rosal Inglés. Son híbridos de Gallicas, Damasco, etc. con modernos híbridos de Té y Floribundas. Se trata de arbustos compactos con un amplio abanico de colores y la apariencia de las rosas antiguas. La mayoría presenta una floración repetitiva y posee la resistencia a la enfermedad de los Floribunda o híbridos de Té.

The Pilgrim

ROSAL GALLICA   *Otro nombre: rosal francés*

Se trata del primer rosal de jardín. Con el tiempo ha recibido muchos nombres corrientes. En la actualidad, los híbridos que se cultivan por lo general son compactos, con hojas rugosas y con flores dobles o semidobles. *Rosa mundi* es uno de los rosales más cultivados y, como otros Gallica, carece prácticamente de espinas, florece a mediados de verano, tiene éxito en suelos pobres y es propenso al mildiu.

R. gallica officinalis

HÍBRIDO ALMIZCLEÑO

A principios del siglo xx, el reverendo Pemberton introdujo y bautizó a este grupo de rosales. La fragancia es parecida a la de un antiguo rosal almizcleño, aunque no existe una estrecha relación entre ellos. Son apropiados para un jardín de tamaño mediano siempre que se controle su tendencia a expandirse. Durante los meses de verano presentan abundantes racimos de flores, y la exposición de otoño es particularmente impresionante. Normalmente las flores son fragantes.

Penelope

HÍBRIDO PERPETUA

A finales del siglo xix, el híbrido Perpetua se convirtió en el rosal de jardín más popular de Gran Bretaña. En la actualidad, todavía pueden adquirirse algunas de las miles de variedades pero, por supuesto, los Floribunda y los híbridos de Té han acaparado el mercado. El híbrido Perpetua perdió su popularidad porque *no* es perpetuo (presenta una floración en verano y otra en otoño). El arbusto tiende a ser demasiado vigoroso para jardines medianos y las flores no son altas-centradas sino que tienen forma de cáliz.

Frau Karl Druschki

ROSALES ARBUSTIVOS MODERNOS

Se trata de un grupo muy diverso que no tienen nada en común aparte de haber sido producidos en el siglo xx y no encajar netamente en ninguno de los 18 grupos de esta sección. Presentan toda clase de colores, formas y tamaños, pero la mayoría ofrece una floración repetitiva, y la forma de las variedades dobles normalmente es claramente moderna, más que globular o caliciforme abierta. Muchos de ellos, como *Nevada* y *Angelina*, son sencillos o semidobles.

Chinatown

ROSAL MUSGO

Hace aproximadamente 300 años un rosal Centifolia desconocido produjo un mutante, el rosal Musgo. Todos los rosales Musgo son bastante similares a su progenitor, pero se diferencian porque presentan en los sépalos y en los tallos de las flores unos pelillos pegajosos parecidos a un musgo de color marrón o verde. Las flores dobles, de agradable fragancia, tienen una apariencia clásica, y pocos presentan floración repetitiva. Muchas variedades aparecieron en el siglo xix, pero no alcanzaron la popularidad: después de la floración el follaje no resulta atractivo.

William Lobb

ROSAL NOISETTE

Los primeros rosales Noisette fueron producidos en Carolina del Sur por Philippe Noisette a principios del siglo xix. Estos híbridos rosal China por rosal Almizcleño son fragantes y con floración repetitiva. Los sedosos pétalos varían desde un blanco difuminado hasta un color crema intenso. Durante un tiempo, se pudo disponer de tipos arbustivos y trepadores, pero en la actualidad los arbustivos han desaparecido de los catálogos y sólo unos pocos trepadores como *Madame Alfred Carrière* permanecen. Un inconveniente es que la mayoría no son del todo resistentes.

Madame Alfred Carrière

ROSAL POLYANTHA

Un grupo de rosales arbustivos de escaso crecimiento, ya que raramente alcanzan una altura superior a 1 m. Los arbustos son muy resistentes y dan grandes racimos de flores pequeñas de forma más o menos continua durante todo el verano y el otoño. Los primeros híbridos Polyantha aparecieron en 1870 y fueron muy populares en los primeros años del siglo xx, pero únicamente algunos pocos permanecen en los catálogos. Este grupo ha sido sustituido casi enteramente por sus vástagos, mucho más atractivos: los Floribunda.

The Fairy

ROSAL PORTLAND

El primer rosal Portland fue el resultado de un cruce Gallica por Damasco, a finales del siglo xviii. Los arbustos presentan tallos bastante rectos y pecíolos florales cortos. Con frecuencia, las flores blancas, rosas, rojas o de color púrpura son fragantes y muchas presentan floración repetitiva. Normalmente tienen un hábito de crecimiento compacto, y resultan de utilidad como seto bajo y destacan por la abundancia de la floración otoñal. En la guía alfabética se encuentra *Comte de Chambord*.

Comte de Chambord

RUGOSA   *Otro nombre: Rosal Japonés*

R. rugosa se introdujo en Europa procedente de Japón al final del siglo xviii, y se utiliza como progenitor de multitud de híbridos distintivos: las Rugosas. Presentan hojas verdes oscuras con nerviaciones profundas, y son remarcablemente resistentes a la enfermedad. Se desarrollan en suelos y condiciones donde apenas lo hacen otros rosales, y los densos y espinosos tallos hacen de este grupo una excelente opción para setos. Las flores son fragantes y los escaramujos normalmente grandes.

Roseraie de L'Haÿ

ROSAL ESCOCÉS   *Otro nombre: Rosal Pimpinela*

Los rosales Escoceses tienen a *R. pimpinellifolia* como progenitor, y durante los primeros años del siglo pasado se distribuyeron ampliamente. El desarrollo habitual es el de un denso arbusto de tallos espinosos, con masas de hojas pequeñas y una floración a principios de verano. Su declive se debe al corto período de floración, aunque los estupendos híbridos Kordesii de *R. pimpinellifolia* y los híbridos de Té del siglo xx los han devuelto a los catálogos. *Véase Frühlinsgold* y *Frühlingsmorgen*.

Stanwell Perpetual

ROSAL ESPECIE

En este grupo se incluyen todos los rosales silvestres y sus parientes más próximos. Muchos se conocen por sus nombres en latín (por ejemplo, *Rosa rubrifolia*), aunque algunos tienen nombres comunes (por ejemplo, *Canary Bird*). Presentan algunas características generales, pero ningún rasgo único distintivo. La mayoría, aunque no todos, son rosales antiguos y soportan flores sencillas con escaramujos que siguen a la floración. La mayoría de los rosales Especie sólo florecen una vez al año, pero este período de floración puede ser anterior al de cualquier rosal arbustivo.

Canary Bird

ROSAL ELEGANTINA

Este grupo se ha desarrollado a partir de *R. eglanteria* y de *Manning's Blush*, que apareció hace aproximadamente doscientos años. Los más conocidos son los híbridos Penzance, producidos a finales del siglo xix. Los vigorosos arbustos han conservado el follaje de aroma agradable que presentaba *R. eglanteria*; los tallos son muy espinosos y a las flores sencillas les siguen grandes escaramujos. En los híbridos más recientes se ha perdido la fragancia del follaje.

Lady Penzance

ROSALES DE TÉ

Este grupo se creó al cruzar variedades de *R. odorata* (el rosal de Té original procedente de China a principios de 1800) con rosales Noisette, Borbón, etc. El resultado fue una multitud de híbridos, populares en la época victoriana a pesar de su nula resistencia. Éste es un inconveniente importante en estos rosales de refinadas flores alta-centradas con delgados pecíolos, por lo que casi han desaparecido de los catálogos. Todavía es posible disponer de la trepadora *Gloire de Dijon* con flores cuarteadas.

Gloire de Dijon

ROSALES ARBUSTIVOS

	Altura en m	Envergadura en m

ABRAHAM DARBY

No debería encontrar problemas en localizar este rosal inglés, ya que se incluye en muchos catálogos. Se trata de un vigoroso arbusto con espinosos tallos y follaje coriáceo: las hojas no resultan particularmente propensas al mildiu, pero muchas necesitan protección contra la mancha negra. Las grandes flores tienen forma de copa y presentan un marcado aroma frutal. Una atractiva rosa, adecuada para todo tipo de terreno, especialmente en las zonas más cálidas.

Flores: Doble
Rosa, amarillo combinado
Fragante

Follaje: Verde oscuro

Introducción: 1985

Tipo: Rosal inglés

Tipo de crecimiento: Arqueado

Época de floración: Floración repetitiva

ANGELINA

Es un arbusto esférico bastante pequeño para ser un rosal arbustivo. *Angelina* es adecuado para plantarlo en la parte anterior de una bordura arbustiva o como un seto, pero a pesar de ello no ha llegado a ser popular. Las flores se reúnen en racimos y aparecen regularmente hasta principios de otoño. Son muy atractivas a pesar de que no tienen muchos pétalos, son caliciformes y de estambres prominentes. El crecimiento es vigoroso y sano.

Flores: Semidoble
Color rosa intenso; ojo blanco
Ligeramente fragante

Follaje: Verde claro

Introducción: 1975

Tipo: Rosal arbustivo moderno

Tipo de crecimiento: Muy ramificado

Época de floración: Floración repetitiva

ARMADA

Este rosal arbustivo destaca por la larga duración de las flores. Éstas nacen en grandes racimos casi continuamente a lo largo del verano y otoño, tras lo cual aparecen atractivos escaramujos. La resistencia a la enfermedad es buena, como cabría esperar de una rosa emparentada con *Silver Jubilee*. Las hojas son brillantes y el crecimiento ramificado y erguido, lo que hace de *Armada* una buena elección como seto.

Flores: Semidoble
Rosa rosa
Fragante

Follaje: Verde oscuro

Introducción: 1988

Tipo: Rosal arbustivo moderno

Tipo de crecimiento: Erguido

Época de floración: Floración repetitiva

AUSTRIAN COPPER
Otro nombre: R. FOETIDA BICOLOR

Es el más brillante de los rosales arbustivos y cuando está totalmente en flor su aspecto es imponente. Lamentablemente, la época de floración sólo dura un par de semanas, y durante el resto del verano el arbusto tiene un aspecto bastante insulso y es muy susceptible a la mancha negra. El aroma no es intenso ni agradable. Algunos expertos creen que es el progenitor original de todos los híbridos de Té de color amarillo.

Flores: Sencilla
Anaranjado cobrizo; envés amarillo
Ninguna fragancia

Follaje: Verde medio

Introducción: Antes de 1590

Tipo: Rosal Especie

Tipo de crecimiento: Arqueado

Época de floración: A mediados de verano

BALLERINA

En verano brotan numerosas flores pequeñas que se disponen como las de la hortensia. El arbusto produce abundantes hojas brillantes y pequeñas. Esta variedad, sana, es apropiada para una bordadura herbácea y para un arriate de rosales. También puede plantarse como un seto o cultivarse como un estándar. Tiene un agradable perfume parecido al almizcle. Para los amantes de *Ballerina*, hoy existe una variedad similar disponible de color rojo (*Marjorie Fair*).

Flores: Sencilla
Color rosa pálido; ojo blanco
Ligeramente fragante

Follaje: Verde claro

Introducción: 1937

Tipo: Rosal arbustivo moderno

Tipo de crecimiento: Muy ramificado

Época de floración: Floración repetitiva

BLANC DOUBLE DE COUBERT

Este viejo arbusto, producido en Francia, aún es popular. Sus flores son grandes y de aroma agradable; la primera floración se produce a principios de verano y continúa hasta el otoño. La gran ventaja es su excepcional resistencia a la enfermedad, por lo que no es necesario realizar ningún pulverizado. Presenta inconvenientes: la lluvia estropea fácilmente los pétalos delgados, el follaje es bastante escaso y las bases de las ramas están demasiado deshojadas.

Flores: Semidoble
Blanco
Muy fragante

Follaje: Verde medio

Introducción: 1892

Tipo: Rosal rugoso

Tipo de crecimiento: Muy ramificado

Época de floración: Floración repetitiva

Flores: Doble Blanco Fragante	
Follaje: Verde oscuro	
Introducción: 1880	
Tipo: Rosal musgo	
Tipo de crecimiento: Erguido	
Época de floración: Mediados de verano	

BLANCHE MOREAU

Tiene cerca de cien años y todavía es uno de los mejores rosales Musgo. Las flores blancas son grandes y con un centro verde en contraste con el follaje oscuro y espinoso. Los capullos aparecen en masas de color marrón. Las flores nacen a principios del verano en grupos, y la floración no es repetitiva, aunque en otoño pueden aparecer unas pocas flores. Este rosal arbustivo resulta adecuado como arbusto espécimen o como set.

Flores: Doble Marfil Muy fragante	
Follaje: Verde oscuro	
Introducción: 1867	
Tipo: Rosal Borbón	
Tipo de crecimiento: Erguido	
Época de floración: Floración repetitiva	

BOULE DE NEIGE

La denominación inglesa de este rosal Borbón francés es Snowball o «bola de nieve». Los capullos, matizados de color rojo y dispuestos en racimos pequeños, al abrirse dan flores blancas semejantes a una bola de unos 6 cm de diámetro. Sus pétalos sedosos y su fragancia intensa lo convierten en uno de los mejores borbones del mercado. El problema principal es el apelotonamiento de las flores cuando hay humedad. La mancha negra también puede ser un problema.

Flores: Doble Albaricoque pálido Fragante	
Follaje: Purpúreo	
Introducción: 1939	
Tipo: Híbrido almizcleño	
Tipo de crecimiento: Arqueado	
Época de floración: Floración repetitiva	

BUFF BEAUTY

Las flores, reunidas en grandes racimos, tienen al principio un color amarillo de ante y luego se decoloran a un marfil cálido. Los capullos, de forma perfecta, al madurar se transforman en flores confusas e informes. *Buff Beauty* es una buena elección para un seto o para flor cortada, ya que su perfume es agradable y el follaje atractivo. Las ramas desplegadas necesitan un pulverizado contra el mildiu. Si se mantiene sano, la exposición de otoño es excepcional.

Flores: Sencilla Amarillo canario Fragante	
Follaje: Verde grisáceo	
Introducción: Posterior a 1907	
Tipo: Rosal Especie	
Tipo de crecimiento: Arqueado	
Época de floración: A finales de primavera	

CANARY BIRD
Otro nombre: R. XANTHINA SPONTANEA

Es un rosal muy popular porque su floración precede a la de cualquier otro rosal. Las delicadas flores amarillas aparecen en abundancia en las ramas arqueadas a finales de primavera. La época de floración dura un mes. El arbusto es atractivo cuando está completamente florecido. *Canary Bird* forma un buen seto. Si se dispone de un espacio reducido, puede cultivarse como un estándar. Algunas veces se produce la necrosis.

Flores: Doble Púrpura Fragante	
Follaje: Verde oscuro	
Introducción: 1840	
Tipo: Rosal Gallica	
Tipo de crecimiento: Arbustivo	
Época de floración: Mediados de verano	

CARDINAL DE RICHELIEU

Una variedad fiable poseedora de un Premio de Mérito de la RHS. Presenta una impresionante lista de virtudes: las flores de un color púrpura terciopelo nacen en grupos sobre tallos casi sin espinas, y el follaje es sano y frondoso. Las flores, de tamaño medio, tienen una fragancia agradable y el crecimiento es compacto. Puede cultivarse en maceta, arriate o como seto. Su único inconveniente es que al igual que los demás rosales Gallica presenta una única floración en verano.

Flores: Doble Rosa de concha Ligeramente fragante	
Follaje: Verde oscuro	
Introducción: 1881	
Tipo: Rosal China	
Tipo de crecimiento: Abierto	
Época de floración: Floración repetitiva	

CÉCILE BRUNNER
Otro nombre: SWEETHEART ROSE

Esta variedad, de cien años, todavía es una favorita en numerosos jardines. Aún se la encuentra en muchos catálogos debido a que ningún rosal ha podido sustituir el encanto de este arbusto de flores pequeñas de color rosa, cuyos capullos tienen una forma perfecta. Es excelente para flor cortada o como una rosa de ojal; los racimos son grandes con poco follaje. La floración abarca todo el verano hasta mediados de otoño.

ROSALES ARBUSTIVOS

	Altura en m	Envergadura en m

CELESTIAL
Otros nombres: CELESTE, MINDEN ROSE

Como todos los Alba, *Celestial* es robusto, fuerte y no tiene problemas. Su floración es abundante y las flores, de color rosa y muy olorosas, aparecen a principios de verano y proporcionan una exposición a mediados de éste. Las flores, con unos 25 pétalos, cuando están abiertas muestran los estambres. Es una variedad antigua predilecta, excelente para formar setos o como un arbusto de pie alto.

Flores: Semidoble / Rosa pálido / Muy fragante
Follaje: Verde grisáceo
Introducción: Anterior a 1800
Tipo: Rosal Alba
Tipo de crecimiento: Erguido
Época de floración: A mediados de verano

CHAPEAU DE NAPOLEON
Otro nombre: CRESTED MOSS

Es un rosal Centifolia auténtico: flores llenas y globulares, con un agradable perfume antiguo. Los capullos son únicos, pues presentan una prolongación alada que les proporciona un aspecto de «sombrero de Napoleón». El arbusto es resistente y desplegado. Las flores aparecen a principios o mediados de verano en racimos que se inclinan hacia la base. Las ramas pueden necesitar un soporte y protección contra el mildiu.

Flores: Doble / Rosado / Fragante
Follaje: Verde medio
Introducción: 1827
Tipo: Rosal Centifolia
Tipo de crecimiento: Abierto
Época de floración: A mediados de verano

CHARLES DE MILLS
Otro nombre: BIZARRE TRIOMPHANT

Una misteriosa e inusual rosa cuya procedencia se desconoce. Las flores son grandes, llenas de onduladas pétalos y que son horizontales al abrirse. El color es único: rojo vino con borrones blancos y rosas. También la fragancia es única, por lo que resulta una buena elección si se quiere algo diferente. Las cabezuelas florales son pesadas y los tallos podrían necesitar soporte.

Flores: Doble / Rojo intenso / Fragante
Follaje: Verde oscuro
Introducción: Desconocida
Tipo: Rosal Gallica
Tipo de crecimiento: Arbustivo
Época de floración: Mediados de verano

CHINATOWN
Otro nombre: VILLE DE CHINE

Es un rosal arbustivo grande y popular que puede encontrarse descrito en los catálogos junto con los Floribunda o con los rosales arbustivos. Las fragantes flores resisten la lluvia y el arbusto es sano y soporta situaciones extremas. Las flores se disponen en grandes racimos y aparecen en abundancia durante toda la estación. Es una buena elección para setos o para la parte posterior de una bordura.

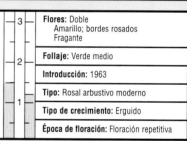

Flores: Doble / Amarillo; bordes rosados / Fragante
Follaje: Verde medio
Introducción: 1963
Tipo: Rosal arbustivo moderno
Tipo de crecimiento: Erguido
Época de floración: Floración repetitiva

CLAIRE ROSE

Esta especie es un arbusto vigoroso procedente del vivero de David Austin. El arbusto porta una densa cubierta de largas hojas que constituyen el bloque de flores clásicas. Éstas son floraciones de gran tamaño con numerosos pétalos reflejos, primero en forma de copa y después en forma de rosetas planas. El color es de un rosa pálido muy atractivo pero con el tiempo pasa a blanco. Una preciosa vista para un día soleado; poco destacable en climas húmedos.

Flores: Doble / Rosa / Ligeramente fragante
Follaje: Verde claro
Introducción: 1986
Tipo: Inglés
Tipo de crecimiento: Erguido
Época de floración: Floración repetitiva

COMMON MOSS
Otro nombre: R. CENTIFOLIA MUSCOSA

Es el rosal Musgo original y, quizá, también el mejor, denominado en ocasiones *Old Pink Moss*. Las grandes flores globulares se abren horizontalmente al madurar, y aparecen a principios o mediados de verano. Los capullos y los tallos tienen un «musgo» verde que les da un aspecto antiguo. Es apropiado para los jardines más pequeños, como un seto o como un arbusto de pie. Debe vigilarse el mildiu.

Flores: Doble / Rosado / Fragante
Follaje: Verde medio
Introducción: Aproximadamente 1700
Tipo: Rosal Musgo
Tipo de crecimiento: Abierto
Época de floración: A mediados de verano

ROSALES ARBUSTIVOS

Flores:	Sencilla
	Rosado; ojo blanco
	Ligeramente fragante
Follaje:	Verde claro
Introducción:	Desconocido
Tipo:	Rosal Gallica
Tipo de crecimiento:	Arqueado
Época de floración:	A mediados de verano

COMPLICATA
Otro nombre: R. GALLICA COMPLICATA

La característica sobresaliente de esta variedad es el tamaño de sus flores (10 o 13 cm de diámetro). Éstas aparecen a principios de verano, son sencillas y su perfume es agradable e intenso. Los tallos de las flores son largos y laxos. Esta variedad crece mejor cerca de un árbol viejo, sobre el cual puede trepar sin necesitar ningún soporte artificial. Enraíza fácilmente a partir de un esqueje.

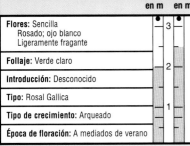

Flores:	Doble
	Rosa intenso
	Muy fragante
Follaje:	Verde grisáceo
Introducción:	1860
Tipo:	Rosal Portland
Tipo de crecimiento:	Arbustivo
Época de floración:	Floración repetitiva

COMTE DE CHAMBORD

Este rosal Portland es una buena publicidad para los rosales antiguos. Razonablemente compacto, sus flores aparecen casi continuamente durante toda la estación. Los grandes racimos presentan numerosos pétalos con los márgenes adornados. La fragancia es acusada y agradable y el crecimiento de los tallos vigoroso. El Premio de Mérito concedido por la RHS subraya su fiabilidad como rosal de arriate y como seto.

Flores:	Doble
	Rosa
	Fragante
Follaje:	Verde grisáceo
Introducción:	1961
Tipo:	Rosal Inglés
Tipo de crecimiento:	Arbustivo
Época de floración:	Mediados de verano

CONSTANCE SPRY

Se trata de una rosa grande y atractiva que puede podarse para mantener su forma, aunque quizás es mejor cultivarla como una trepadora cuando llega a los 4 m o más. Las flores son grandes y densas, en grupos sobre espinosos tallos. La fragancia es picante, y tolera más la sombra y las condiciones de un suelo pobre que la mayoría de las rosas. Sin embargo, sólo se da una floración a principios de verano, y es necesario pulverizar para prevenir el mildiu.

Flores:	Doble
	Rosa albaricoque
	Fragante
Follaje:	Verde oscuro
Introducción:	1925
Tipo:	Híbrido almizcleño
Tipo de crecimiento:	Desplegado
Época de floración:	Floración repetitiva

CORNELIA

Puede cultivarse esta variedad como un seto, aunque si se dispone de mucho espacio puede cultivarse como un arbusto de pie. Se reconoce por el aspecto oscuro poco común de sus ramas y de sus hojas, y por sus flores rosadas, pequeñas y fragantes, que aparecen a principios de verano. Estas flores son resistentes a la lluvia, y la mejor exposición floral se produce en otoño. *Cornelia* es un rosal arbustivo popular debido a sus grandes racimos y a su floración abundante.

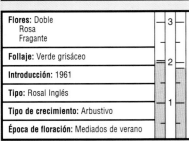

Flores:	Doble
	Rosa
	Ligeramente fragante
Follaje:	Verde medio
Introducción:	1961
Tipo:	Rosal inglés
Tipo de crecimiento:	Arbustivo
Época de floración:	Mediados de verano

COTTAGE ROSE

Esta variedad se encuentra en muchos catálogos, aunque no presenta ninguna diferencia acusada con las demás rosas inglesas. Resulta razonablemente compacta y está bien recubierta de hojas, y se puede cultivar en una maceta. Las flores de tamaño medio se abren en forma de copa y nacen más o menos continuamente a lo largo del verano. Los tallos se ramifican libremente y la fragancia es agradable. Una buena rosa, aunque no excesivamente especial.

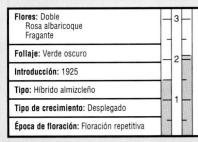

Flores:	Semidoble
	Rojo anaranjado, color escarlata
	Ligeramente fragante
Follaje:	Verde medio
Introducción:	1960
Tipo:	Rosal arbustivo moderno
Tipo de crecimiento:	Erguido
Época de floración:	Floración repetitiva

DOROTHY WHEATCROFT

Arbusto endeble que debe plantarse en la parte posterior de la bordura. Su aspecto más destacado es la profusión de flores, de color rojo brillante, de largos tallos. Éstas son tan grandes que pueden inclinarse y necesitar un soporte. La resistencia a la lluvia es buena, pero es esencial pulverizar en una zona propensa a la mancha negra. La fragancia es muy ligera. Obtuvo un Premio de Mérito de la RHS, pero más que un rosal de arriate es un rosal para exhibiciones.

ROSALES ARBUSTIVOS

Altura en m **Envergadura en m**

ENGLISH GARDEN

English Garden se desarrolla como un arbusto compacto y elegante. Las flores son grandes y llenas de numerosos pétalos pequeños, con un cálido color amarillo en el centro que se vuelve progresivamente más pálido hacia los márgenes. Al abrirse, las flores son horizontales y cuarteadas: realmente una apariencia clásica para una rosa moderna. El perfume no es fuerte. Para quien le gusten los rosales ingleses, es mejor adquirir uno con una fragancia clásica.

Flores: Doble
Amarillo albaricoque, márgenes marfil
Ligeramente fragante

Follaje: Verde suave

Introducción: 1987

Tipo: Rosal Inglés

Tipo de crecimiento: Erguido

Época de floración: Floración repetitiva

EVELYN

Un rosal inglés como el anterior. Ambos poseen grandes flores dobles y el color básico es el albaricoque, pero existen algunas diferencias. Las flores de *Evelyn* son de un color más vivo y la fragancia es mucho más intensa. La forma de la flor es abierta y caliciforme, y no horizontal y en forma de roseta como *English Garden*, y el abundante follaje es más oscuro que su rival. Una buena rosa que tiene como antecesor *Graham Thomas*.

Flores: Doble
Albaricoque brillante
Muy fragante

Follaje: Verde medio

Introducción: 1991

Tipo: Rosal Inglés

Tipo de crecimiento: Arbustivo

Época de floración: Floración repetitiva

FANTIN-LATOUR

Los expertos cantan las excelencias de esta Centifolia y no resulta sorprendente que haya recibido un Premio de Mérito de la RHS. Está abundantemente revestida de un brillante follaje y los grupos de flores nacen profusamente. A principios de verano se da una floración y la planta se cubre de grandes flores horizontales al abrirse totalmente, y el perfume es al mismo tiempo fuerte y agradable.

Flores: Doble
Albaricoque brillante
Fragante

Follaje: Verde oscuro

Introducción: 1900

Tipo: Rosal Centifolia

Tipo de crecimiento: Erguido

Época de floración: Mediados de verano

FELICIA

Se trata de un híbrido Almizcleño conocido por su larga estación de floración. Las primeras flores, de agradable aroma, aparecen a principios de verano, y la floración continúa hasta finales de éste. La mejor exposición es la de otoño; y a finales de dicha estación aún hay flores en los arbustos. Las flores, de una forma perfecta, parecida a la de un híbrido de Té, se disponen en grandes racimos. *Felicia* forma un buen seto o un arbusto de pie y es excelente para flor cortada.

Flores: Doble
Color rosa albaricoque
Fragante

Follaje: Verde oscuro

Introducción: 1928

Tipo: Híbrido Almizcleño

Tipo de crecimiento: Desplegado

Época de floración: Floración repetitiva

FERDINAND PICHARD

Ferdinand Pichard es una de las mejores rosas jaspeadas que se pueden adquirir, con varias virtudes remarcables. Las brillantes hojas son sanas y abundantes; las flores grandes, llenas de pétalos y fragantes, y el arbusto tiene una forma atractiva. La principal floración se da a principios de verano, cuando la planta está llena de flores. Una regular despuntadura y una localización soleada asegurará una sucesión de flores hasta el otoño.

Flores: Doble
Blanco, jaspeado de rosa y rojo
Fragante

Follaje: Verde medio

Introducción: 1921

Tipo: Híbrido Perpetuo

Tipo de crecimiento: Arbustivo

Época de floración: Floración repetitiva

FISHERMAN'S FRIEND

Durante las últimas décadas, han aparecido muchos rosales ingleses. Éste no ha alcanzado la popularidad de sus parientes ampliamente distribuidos, como *Gertrude Jekyll* y *Graham Thomas*. Tiene algunas características remarcables, como una fuerte fragancia y unas vistosas flores carmesí. Las flores son grandes y abundantes, pero la mancha negra puede ser un problema. Puede cultivarse en un arriate o maceta, o bien como seto bajo.

Flores: Doble
Rojo vivo
Muy fragante

Follaje: Verde medio

Introducción: 1987

Tipo: Rosal Inglés

Tipo de crecimiento: Arbustivo

Época de floración: Floración repetitiva

ROSALES ARBUSTIVOS

Flores: Doble
Carmesí
Ninguna fragancia
Follaje: Verde claro
Introducción: 1918
Tipo: Rosal Rugosa
Tipo de crecimiento: Arbustivo
Época de floración: Floración repetitiva

F.J. GROOTENDORST
Otro nombre: NELKENROSE

En muchos aspectos, este arbusto tiene muy poco que ofrecer. No tiene fragancia, no forma escaramujos y las flores son pequeñas y bastante apagadas. El follaje es pálido y pequeño, aunque es atractivo durante el otoño. Lo único destacable de *F.J. Grootendorst* es el inconfundible dentado de los bordes de sus pétalos, que le otorgan un aspecto semejante al del clavel. Como todos los Rugosa, este rosal es fiable.

Flores: Sencilla
Rosa concha
Muy fragante
Follaje: Verde oscuro
Introducción: 1914
Tipo: Rosal Rugosa
Tipo de crecimiento: Arbustivo
Época de floración: Floración repetitiva

FRAU DAGMAR HARTOPP
Otro nombre: FRU DAGMAR HASTRUP

Frau Dagmar Hartopp no alcanza la altura de muchos de los Rugosa, pero bastantes expertos consideran que es uno de los mejores. Presenta todas las cualidades del grupo: inmunidad a las enfermedades, floración continua, flores atractivas e intensamente perfumadas y escaramujos rojos y grandes. Crece en casi todos los sitios y es ideal como seto de crecimiento bajo. En otoño, las hojas mudan a un atractivo color amarillo.

Flores: Doble
Blanco
Ninguna fragancia
Follaje: Verde medio
Introducción: 1901
Tipo: Híbrido Perpetua
Tipo de crecimiento: Erguido
Época de floración: Floración repetitiva

FRAU KARL DRUSCHKI
Otro nombre: SNOW QUEEN

El primer *Frau Karl Druschki* apareció hace 80 años, pero sigue siendo muy vigoroso y puede adquirirse con facilidad. Su gran atractivo puede sorprender ya que carece de perfume y no resiste al mildiu, pero en un jardín grande es un arbusto imponente, cubierto de gran cantidad de capullos moteados de rojo que se abren dando flores blancas. Debe podarse ligeramente y sujetar con estacas los tallos largos.

Flores: Sencilla
Bermellón anaranjado
Fragante
Follaje: Verde claro
Introducción: 1967
Tipo: Rosal arbustivo moderno
Tipo de crecimiento: Erguido
Época de floración: Floración repetitiva

FRED LOADS

Esta variedad es muy popular, aunque sólo tiene flores de cinco pétalos. Esto se debe a que estas flores con escasos pétalos se reúnen en inmensos racimos de brillante colorido, que pueden sobrepasar los 45 cm de diámetro. Las flores son grandes y no se decoloran. El arbusto es sano, vigoroso y está copiosamente recubierto de hojas. *Fred Loads* es una excelente elección, aunque puede parecer bastante recargado en plena floración.

Flores: Doble
Rosa
Ligeramente fragante
Follaje: Verde grisáceo
Introducción: 1940
Tipo: Rosal arbustivo moderno
Tipo de crecimiento: Arbustivo
Época de floración: A mediados de verano

FRITZ NOBIS

Es un arbusto hermoso que produce grandes cantidades de flores a principios de verano y atractivos escaramujos de color rojo oscuro en otoño. Los capullos, de hermosa forma, se abren dando flores planas con un aroma agradable parecido al del clavo. Las hojas coriáceas son sanas, y se considera que este arbusto, producido por Kordes, es uno de los mejores rosales arbustivos modernos de floración de verano. Debe tener espacio para que pueda crecer.

Flores: Semidoble
Amarillo
Fragante
Follaje: Verde claro
Introducción: 1937
Tipo: Rosal escocés
Tipo de crecimiento: Arqueado
Época de floración: A principios de verano

FRÜHLINGSGOLD
Otro nombre: SPRING GOLD

A partir de *R. pimpinellifolia*, el rosal silvestre escocés, Kordes produjo varios híbridos. *Frühlingsgold* es, quizás, el más hermoso: un arbusto adulto totalmente en flor a finales de primavera. Las ramas arqueadas están adornadas con flores de tamaño de un plato pequeño y el aire está impregnado de su aroma. La época de floración dura solamente 15 días y necesita de un amplio espacio.

ROSALES ARBUSTIVOS

	Altura en m	Envergadura en m

FRÜHLINGSMORGEN
Otro nombre: SPRING MORNING

Es otro híbrido Kordes más pequeño y más ramificado que su hermano amarillo descrito en la página anterior. El arbusto, de hojas pequeñas, no es muy atractivo, pero las flores son grandes, aromáticas y de gran colorido. Los pétalos de bordes rosados y centros pálidos rodean los estambres marrones. La segunda floración, a principios de otoño, es más pequeña y prolífica que la de principios de verano.

Flores: Sencilla
Color rosa intenso, centro amarillo.
Fragante

Follaje: Verde grisáceo

Introducción: 1942

Tipo: Rosal escocés

Tipo de crecimiento: Erguido

Época de floración: De verano a otoño

GERTRUDE JEKYLL

Este rosal Inglés se ha hecho muy popular y aparece en muchos catálogos. Las características que han cautivado el favor del público son el perfume intenso clásico, los capullos coloreados y los grupos de grandes flores en forma de roseta. *Gertrude Jekyll,* de hecho, es una atractiva rosa cuando está llena de flores, pero el arbusto en ocasiones puede parecer disperso más que bien proporcionado. El lugar ideal para colocarlo es en la parte posterior de un margen.

Flores: Doble
Rosa
Muy fragante

Follaje: Verde oscuro

Introducción: 1986

Tipo: Rosal Inglés

Tipo de crecimiento: Erguido

Época de floración: Floración repetitiva

GIPSY BPY
Otro nombre: ZIGEUNERKNABE

Recibió un Premio de Mérito de la RHS. Este gran arbusto luce estupendo a principios de verano, cuando las flores de oscuros pétalos se abren y descubren los estambres dorados en su interior. Las flores son dulcemente perfumadas y la planta es resistente y fiable. El único inconveniente es que los arqueados tallos pueden necesitar un soporte cuando se cultiva como un arbusto. Puede utilizarse como rosal para un pilar.

Flores: Doble
Carmesí púrpura
Fragante

Follaje: Verde medio

Introducción: 1909

Tipo: Rosal Borbón

Tipo de crecimiento: Laxo

Época de floración: Mediados de verano

GOLDEN WINGS

Es una variedad muy elogiada y popular y, quizás, el mejor arbusto amarillo de floración abundante. Desde principios de verano, las flores se reúnen en racimos regulares, siempre que se despunten las marchitas. Las flores son grandes, de perfume agradable y de color amarillo pálido con estambres de color amarillo de ante prominentes. La lluvia no daña estas flores, pero se decoloran ligeramente con la edad. La resistencia a la enfermedad es buena. Es una excelente elección.

Flores: Sencillo o semidoble
Amarillo pálido
Fragante

Follaje: Verde claro

Introducción: 1956

Tipo: Rosal Escocés

Tipo de crecimiento: Arbustivo

Época de floración: Floración repetitiva

GRAHAM THOMAS

Este rosal Inglés recibe el nombre de una autoridad en el mundo de los rosales clásicos y es una de las mejores variedades arbustivas. Casi todo en ella es inusual: el color, casi único entre las flores de apariencia antigua; la fragancia, más parecida al té que dulce. Cada flor tiene la forma de una peonía, y el período de floración se extiende desde principios de verano hasta finales de otoño.

Flores: Doble
Amarillo intenso
Fragante

Follaje: Verde oscuro

Introducción: 1983

Tipo: Rosal Inglés

Tipo de crecimiento: Arqueado

Época de floración: Floración repetitiva

HERITAGE

Al igual que *Graham Thomas,* este rosal Inglés tiene a *Iceberg* como uno de los progenitores y resulta al mismo tiempo robusto y de floración abundante. Difieren en cierto modo en el hábito de crecimiento: *Heritage* es bastante erguido, mientras que *Graham Thomas* es más abierto y arqueado. Además, la forma de la flor no es la misma: la de *Heritage* tiene una forma caliciforme más notoria. Esta rosa posee una buena reputación por su continua floración hasta el otoño.

Flores: Doble
Rosa pálido
Muy fragante

Follaje: Verde oscuro

Introducción: 1984

Tipo: Rosal Inglés

Tipo de crecimiento: Erguido

Época de floración: Floración repetitiva

ROSALES ARBUSTIVOS

ISPAHAN

Flores:	Doble / Rosa / Fragante
Follaje:	Verde medio
Introducción:	Anterior a 1832
Tipo:	Rosal Damasco
Tipo de crecimiento:	Erguido
Época de floración:	Mediados de verano

Otro nombre: POMPON DES PRINCES

Florece sólo una vez durante el verano, pero la duración del período de floración es remarcable. Resulta una buena elección para el fondo de un margen. Tanto el follaje como los rojos capullos son atractivos, y las grandes flores presentan un dibujo cuaterizado cuando se abren totalmente. *Ispahan* posee un Premio de Mérito de la RHS.

JACQUELINE DU PRÉ

Flores:	Semidoble / Blanco marfil / Muy fragante
Follaje:	Verde oscuro
Introducción:	1989
Tipo:	Arbustivo Moderno
Tipo de crecimiento:	Arbustivo
Época de floración:	Floración repetitiva

La característica destacable de esta variedad moderna producida por Harkness es la duración del período de floración. Los primeros capullos se abren para revelar pétalos de color blanco y estambres de color naranja profundo a finales de primavera. Las flores continúan apareciendo con pequeños intervalos de tiempo, hasta las primeras heladas. Es un arbusto saludable con un abundante follaje. *Jacqueline du Pré* es uno de los rosales arbustivos más recientes.

JACQUES CARTIER

Flores:	Doble / Rosa rosa / Fragante
Follaje:	Verde medio
Introducción:	1968
Tipo:	Rosal Portland
Tipo de crecimiento:	Erguido
Época de floración:	Floración repetitiva

Otro nombre: MARQUISE BOCCELLA

Esta rosa antigua no tiene una fragancia tan acusada como su compañera *Comte de Chambord*, pero todavía se incluye como uno de los mejores rosales arbustivos. Las flores horizontales están formadas por numerosos y pequeños pétalos festoneados. Los capullos son de color rojo y el arbusto es frondoso. Se recomienda para corte y para macetas, y también para arriates y márgenes.

JOSEPH'S COAT

Flores:	Semidoble / Amarillo, bordes rojos / Ligeramente fragante
Follaje:	Verde oscuro
Introducción:	1964
Tipo:	Rosal arbustivo moderno
Tipo de crecimiento:	Abierto
Época de floración:	Floración repetitiva

A principios o mediados de verano se encuentra en todo su esplendor, con flores de tamaño medio reunidas en grandes racimos. Los pétalos mudan del amarillo al anaranjado y finalmente al rojo cereza con la edad. Esta llamativa variedad puede guiarse como un trepador y alcanzar una altura de 3 m, o bien puede cultivarse como un seto de 2 m. También puede mantenerse, mediante la poda, como un arbusto de 1,2 m para un jardín pequeño.

KÖNIGIN VON DÄNEMARCK

Flores:	Doble / Rosa / Muy fragante
Follaje:	Verde grisáceo
Introducción:	1826
Tipo:	Rosal Alba
Tipo de crecimiento:	Erguido
Época de floración:	A mediados de verano

Otro nombre: QUEEN OF DENMARK

Este rosal Alba de aroma dulce forma un elegante arbusto con flores cuarteadas de tamaño medio sobre el follaje. Cuando se abren completamente, presentan un rico centro rosado y pétalos externos de color rosa pálido agrupados alrededor de un centro verde. Se creía que guardaban cierta relación con los rosales Damasco. Resulta muy recomendable como arbusto espécimen en un margen mixto.

LADY PENZANCE

Flores:	Sencilla / Cobrizo; centro amarillo / Muy fragante
Follaje:	Verde oscuro
Introducción:	1894
Tipo:	Rosal Eglanteria
Tipo de crecimiento:	Abierto
Época de floración:	A principios de verano

R. eglanteria (la fragante rosa silvestre de Eglantina) es un rosal silvestre inglés que presenta una propiedad muy rara y particular: después de llover, el follaje despide un olor parecido al de la manzana. *Lady Penzance* es el mejor híbrido para los jardines normales y florece a principios de verano. Las flores son pequeñas y la época de floración sólo dura una o dos semanas. Se cultiva por la fragancia de su follaje, no por la de sus flores. Si aprecia las novedades, elíjala.

ROSALES ARBUSTIVOS

	Altura en m	Envergadura en m

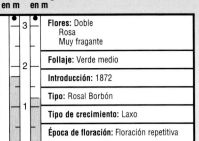

LA REINE VICTORIA
Otro nombre: QUEEN VICTORIA

Al ver una fotografía de *La Reine Victoria* deseará adquirir una. El color de las flores, marcadamente caliciformes, es de un rosa cálido, lo que le da el aspecto de una rosa salida de un cuadro holandés. Antes de adquirir una se deberían contrastar los inconvenientes: esta rosa Borbón requiere de un buen suelo y tiene poca resistencia a la mancha negra. Además, los tallos podrían necesitar de algún soporte.

Flores: Doble
Rosa
Muy fragante

Follaje: Verde medio

Introducción: 1872

Tipo: Rosal Borbón

Tipo de crecimiento: Laxo

Época de floración: Floración repetitiva

LA SEVILLANA
Otro nombre: SEVILLANDA

Esta rosa cultivada por Meilland destaca por la brillantez de sus flores rojas, que no se marchitan durante los calurosos días de verano. El arbusto, de floración libre, es bastante expansivo, en ocasiones más ancho que alto, por lo que algunas veces se incluye entre los rosales Cobertores del Suelo más que como un rosal arbustivo. *La Sevillana* presenta una buena resistencia a la enfermedad.

Flores: Semidoble
Escarlata
Ligeramente fragante

Follaje: Verde oscuro, manchado de rojo

Introducción: 1982

Tipo: Rosal arbustivo moderno

Tipo de crecimiento: Arbustivo

Época de floración: Floración repetitiva

L. D. BRAITHWAITE

Si sólo se dispone de espacio para un rosal Inglés, y se quiere uno atractivo, debe pensarse en esta rosa. Las brillantes flores rojas son grandes y frondosas, y aparecen en gran número sobre la arbustiva planta. El perfume es fuerte, y las flores, cuando están totalmente abiertas, son bastante horizontales. Desciende de *Mary Rose*, pero el color de las flores y el hábito de crecimiento difieren bastante.

Flores: Doble
Carmesí
Ligeramente fragante

Follaje: Verde grisáceo

Introducción: 1988

Tipo: Rosal Inglés

Tipo de crecimiento: Arbustivo

Época de floración: Floración repetitiva

LITTLE WHITE PET
Otro nombre: WHITE PET

Un antiguo rosal Polyantha que junto con *The Fairy* conserva su lugar en los catálogos, a pesar de las mejores flores de los modernos Floribundas. De hecho las flores son pequeñas y en forma de pompón, pero nacen en grandes racimos durante los meses estivales. Puede plantarse como un estándar o cultivarse arbustos en grupo de 3 o 4 en los márgenes del jardín. Una excelente opción para un jardín pequeño.

Flores: Doble
Blanco
Ligeramente fragante

Follaje: Verde oscuro

Introducción: 1879

Tipo: Rosal Polyantha

Tipo de crecimiento: Arbustivo

Época de floración: Floración repetitiva

LOUISE ODIER
Otro nombre: MADAME DE STELLA

Las densas flores de este rosal Borbón a menudo son descritas como parecidas a las camelias, pues se abren al madurar para mostrar los estambres en su interior. Las flores son grandes y los racimos soportan tantas flores que a menudo los tallos se arquean con el peso. Podría ser necesario algún tipo de soporte, especialmente en tiempo húmedo. En ocasiones, *Louise Odier* se cultiva como una Trepadora baja.

Flores: Doble
Rosa rosa
Fragante

Follaje: Verde medio

Introducción: 1851

Tipo: Rosal Borbón

Tipo de crecimiento: Erguido

Época de floración: Floración repetitiva

MADAME HARDY

Es un hermoso rosal antiguo de color blanco, lleno de pétalos y fragante. *Mme Hardy* es un rosal Damasco, con el follaje de color mate y las ramas laxas que caracterizan a este grupo. Las flores se reúnen en grandes racimos a principios o mediados de verano. Algunos lo consideran el arbusto de flores blancas más hermoso. Éstas no son las más resistentes, puesto que las lluvias y los vientos fuertes las dañan y las ramas pueden necesitar algún soporte.

Flores: Doble
Blanco
Fragante

Follaje: Verde medio

Introducción: 1832

Tipo: Rosal Damasco

Tipo de crecimiento: Abierto

Época de floración: A mediados de verano

ROSALES ARBUSTIVOS

Flores:	Doble Rosado carmín intenso Muy fragante
Follaje:	Verde medio
Introducción:	1881
Tipo:	Rosal Borbón
Tipo de crecimiento:	Abierto
Época de floración:	Floración repetitiva

MADAME ISAAC PEREIRE

La opinión de los expertos respecto de este rosal Borbón es muy diversa. La mayoría opina que esta variedad antigua es muy adecuada debido a sus flores muy grandes y a su fragancia, probablemente incomparable a la de cualquier otro rosal arbustivo. Otros consideran que es una planta de aspecto desagradable, con un follaje poco atractivo y con flores a menudo deformes. Ambas opiniones son ciertas. Los tallos necesitan un soporte y puede cultivarse como un rosal pilar.

Flores:	Doble Color crema, rosado marcado Fragante
Follaje:	Verde medio
Introducción:	1878
Tipo:	Rosal Borbón
Tipo de crecimiento:	Laxo
Época de floración:	Floración repetitiva

MADAME PIERRE OGER

Las flores no son grandes y el desarrollo no es demasiado vigoroso, pero las inflorescencias en forma de copa, de dulce aroma, nacen en atractivos grupos. Es una variación de *La Reine Victoria*, de la cual hereda la forma de las inflorescencias y la fragancia, pero también presenta la mancha negra y los tallos débiles como aquélla. Buena opción si opta por bellas flores de tipo clásico, pero no si busca un arbusto sin problemas.

Flores:	Doble Rosado pálido Muy fragante
Follaje:	Verde grisáceo
Introducción:	Anterior a 1500
Tipo:	Rosal Alba
Tipo de crecimiento:	Erguido
Época de floración:	A mediados de verano

MAIDEN'S BLUSH
Otro nombre: CUISSE DE NYMPHE

Esta clásica rosa Alba es realmente bella. Presenta una sola floración a principios de verano —una cautivadora visión de abundantes inflorescencias con dulce fragancia. Crecimiento fuerte y suficientemente alto para cultivarlo contra un soporte. El atractivo follaje presenta una excelente resistencia a enfermedades. En algunos catálogos encontrará *Maiden's Blush Small*, más compacto.

Flores:	Semidoble Rosa, rosado intenso matizado. Ligeramente fragante
Follaje:	Verde medio
Introducción:	1959
Tipo:	Rosal arbustivo moderno
Tipo de crecimiento:	Arqueado
Época de floración:	De verano a otoño

MARGUERITE HILLING
Otro nombre: PINK NEVADA

Es un mutante del popular arbusto Nevada, idéntico a él en muchos aspectos: el crecimiento, el follaje y el tamaño. Sin embargo, tiene una floración más abundante y las flores son de color rosa pálido superpuesto a una tonalidad rosada más subida. La primera floración puede cubrir la base entera del arbusto a principios de verano. Las hojas son pequeñas y de color mate. La mancha negra puede ser un problema.

Flores:	Sencilla Rojo, ojo blanco Sin fragancia
Follaje:	Verde débil
Introducción:	1978
Tipo:	Rosal arbustivo moderno
Tipo de crecimiento:	Arbustivo
Época de floración:	Floración repetitiva

MARJORIE FAIR
Otro nombre: RED BALLERINA

Se trata de un híbrido de *Ballerina* y *Baby Faurax*. No ha heredado de ninguno de sus progenitores el color carmín de las flores, pero las características de crecimiento provienen de *Ballerina*. Presenta las mismas grandes cabezuelas de brillantes flores, la abundancia de brillantes hojas y la ausencia de enfermedades. Ha sido premiada en diversos países, aunque realmente no es un *best-seller*.

Flores:	Doble Rosa intenso Fragante
Follaje:	Verde medio
Introducción:	1983
Tipo:	Rosal Inglés
Tipo de crecimiento:	Arbustivo
Época de floración:	Floración repetitiva

MARY ROSE

A finales de la década de 1980 y 1990 aparecieron muchos rosales ingleses, y esta rosa de 1983 fue una de las primeras. Todavía conserva su popularidad y se puede encontrar en muchos catálogos. Su principal virtud es la apariencia realmente clásica de sus flores: son grandes, muy densas y atractivamente caliciformes con pétalos rosas de color más claro en el centro. Adecuada para suelos no demasiado buenos y recomendable como un robusto rosal fiable.

	Altura en m	Envergadura en m

MOONLIGHT

Este híbrido Almizcleño casi blanco fue cultivado por el reverendo Pemberton antes de la introducción de *Penélope*, más popular. *Moonlight* presenta flores más pequeñas que su ilustre hermana y con menos pétalos, pero la tendencia a contraer mildiu es menor. Las flores nacen en grandes grupos sobre largos tallos rojizos, y en el corazón de cada flor hay una masa de dorados estambres. Crece en sombra parcial.

Flores: Semidoble
Amarillo pálido
Fragante

Follaje: Verde, rojo ligero

Introducción: 1913

Tipo: Híbrido Almizcleño

Tipo de crecimiento: Arbustivo

Época de floración: Floración repetitiva

NEVADA

Nevada es uno de los rosales más espectaculares. A principios de verano, el arbusto está cubierto de grandes flores de color blanco cremoso. Cuando la planta es adulta y está desarrollada, las flores ocultan los tallos rojos, sin espinas, y las hojas pequeñas. El espacio es esencial. Es mejor mantenerlo mediante una poda intensa, y evitar así resultados decepcionantes. Si la mancha negra resulta un problema, podría necesitar pulverizarlo.

Flores: Semidoble. Blanco cremoso
Ligeramente fragante

Follaje: Verde medio

Introducción: 1927

Tipo: Rosal arbustivo moderno

Tipo de crecimiento: Arqueado

Época de floración: A principios de verano y a principios de otoño

OLD BLUSH
Otro nombre: OLD BLUSH CHINA, MONTHLY ROSE

Uno de los mejores rosales China, antecesor de muchas de las variedades modernas. Florece desde principios de verano hasta mediados de otoño, y en lugares favorables hasta el invierno. Las flores, de tamaño medio, nacen sobre los tallos casi sin espinas. Un gran inconveniente es que no resulta del todo resistente.

Flores: Semidoble
Rosa pálido, carmesí
Ligeramente fragante

Follaje: Verde oscuro

Introducción: 1789

Tipo: Rosal China

Tipo de crecimiento: Erguido

Época de floración: Floración repetitiva

PENÉLOPE

Probablemente *Penélope* es el híbrido Almizcleño más popular de todos los descritos en esta sección. Puede cultivarse prácticamente en cualquier jardín. Su aspecto depende de la poda: si no se poda produce un arbusto grande y desplegado, pero si se poda regularmente puede crecer como un arbusto de 1 m de altura. También forma un excelente seto. A principios de verano, el arbusto está cubierto con grandes racimos de flores pálidas, y conviene despuntarlo regularmente.

Flores: Semidoble
Rosa concha
Fragante

Follaje: Cobrizo

Introducción: 1924

Tipo: Híbrido almizcleño

Tipo de crecimiento: Arbustivo

Época de floración: Floración repetitiva

PERLE D'OR
Otro nombre: YELLOW CÉCILE BRUNNER

Es una variedad relativamente próxima a *Cécile Brunner*, y a esto se debe su nombre alternativo. Los diminutos capullos, puntiagudos y de forma clásica, se abren dando flores miniatura, que viran del color albaricoque a un tono casi blanco con la edad. Es excelente para flor cortada. Debe emplearse como rosal de arriate más que como arbusto de pie. El crecimiento es mucho más vigoroso que el de *Cécile Brunner*.

Flores: Doble
Albaricoque
Fragante

Follaje: Verde oscuro

Introducción: 1884

Tipo: Rosal China

Tipo de crecimiento: Abierto

Época de floración: Floración repetitiva

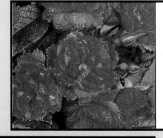

PINK GROOTENDORST

Es un mutante de *F. J. Grootendorst* que posee algunas ventajas. Como su progenitor, presenta pétalos dentados, aunque de un color mucho más atractivo. Las flores están muy recomendadas para exposición. El arbusto no es atractivo, pero es fuerte y resistente como su antecesor. Esta variedad es una buena elección para formar un seto en áreas frías y azotadas por el viento. Durante todo el verano y el otoño brotan pequeños racimos de flores diminutas.

Flores: Doble
Rosado
Ninguna fragancia

Follaje: Verde claro

Introducción: 1923

Tipo: Rosal Rugosa

Tipo de crecimiento: Abierto

Época de floración: Floración repetitiva

ROSALES ARBUSTIVOS

Flores:	Doble
	Crema
	Fragante
Follaje:	Verde oscuro
Introducción:	1919
Tipo:	Híbrido Almizcleño
Tipo de crecimiento:	Arbustivo
Época de floración:	Floración repetitiva

PROSPERITY

Las flores de este híbrido Almizcleño no son individualmente grandes, pero los racimos soportan tantas flores que los tallos pueden arquearse. La floración es tardía, aunque se repite hasta el otoño. Las flores jóvenes tienen una forma atractiva antes de abrirse al madurar, revelando los estambres de su interior. Buena para setos y arriates.

Flores:	Semidoble
	Carmesí pálido
	Fragante
Follaje:	Verde medio
Introducción:	Anterior a 1300
Tipo:	Rosal Gallica
Tipo de crecimiento:	Arbustivo
Época de floración:	A mediados de verano

ROSA GALLICA OFFICINALIS
Otro nombre: APOTHECARY'S ROSE

Uno de los rosales primitivos que aún se cultiva hoy día; este rosal rojo de Lancaster es el predecesor de muchos de los híbridos de Té y Floribunda rojos actuales. Los racimos de flores, de color rojo pálido, brotan a principios o mediados de verano, formándose posteriormente escaramujos redondos y pequeños. Debe pulverizarse regularmente para mantener el mildiu bajo control.

Flores:	Sencilla
	Amarillo
	Ligeramente fragante
Follaje:	Verde grisáceo
Introducción:	1899
Tipo:	Rosal Especie
Tipo de crecimiento:	Arqueado
Época de floración:	A finales de primavera

ROSA HUGONIS
Otro nombre: GOLDEN ROSE OF CHINA

Es un popular rosal silvestre, bastante parecido a *Canary Bird* cuando no está en flor. Tiene un aspecto elegante, los tallos son arqueados y las hojas recuerdan a un helecho. Las flores brotan a finales de primavera y a menudo no se abren del todo. *R. hugonis* es propensa a la necrosis, especialmente después de un invierno duro; por ello, es más conveniente escoger *Canary Bird* o *R. cantabrigiensis*.

Flores:	Sencilla
	Color escarlata
	Ninguna fragancia
Follaje:	Verde medio
Introducción:	1938
Tipo:	Rosal Especie
Tipo de crecimiento:	Arqueado
Época de floración:	A principios de verano

ROSA MOYESII GERANIUM
Otro nombre: GERANIUM

Arbusto enorme y desvaído que se cultiva por la belleza de sus flores rojas y por sus espectaculares escaramujos. Es mejor cultivar la variedad *Geranium* más pequeña, más compacta, con flores de color rojo anaranjado y con escaramujos con forma de jarrón. A finales de primavera las flores de color rojo brotan entre las hojas pequeñas, y los escaramujos, de unos 5 cm de longitud, aparecen más tarde.

Flores:	Semidoble
	Rosa pálido, carmesí rayado
	Ligeramente fragante
Follaje:	Verde medio
Introducción:	Anterior a 1500
Tipo:	Rosal Gallica
Tipo de crecimiento:	Erguido
Época de floración:	A mediados de verano

ROSA MUNDI
Otro nombre: R. GALLICA VERSICOLOR

Rosa mundi, que data de unos 400 años, es el rosal Gallica más popular. Las flores, pequeñas y claramente rayadas, brotan a principios de verano, aproximadamente durante cuatro semanas. Esta variedad, como todos los rosales Gallica, tiene éxito en suelos pobres, pero necesita una pulverización regular contra el mildiu. Los arbustos serpollan abundantemente en la base.

Flores:	Sencilla
	Rosado
	Ligeramente fragante
Follaje:	Verde grisáceo, purpúreo matizado
Introducción:	Anterior a 1830
Tipo:	Rosal Especie
Tipo de crecimiento:	Arqueado
Época de floración:	A mediados de verano

ROSA RUBRIFOLIA
Otro nombre: R. GLAUCA

Es un rosal silvestre de Europa Central que se cultiva en los jardines por la belleza de su follaje. Las hojas son de color púrpura, y las ramas, prácticamente sin espinas, constituyen el material favorito de los floristas. Las flores son insignificantes y de corta duración, pero los racimos de escaramujos rojo oscuros son sumamente decorativos. Si el espacio es limitado, puede impedirse el crecimiento podándolo.

ROSALES ARBUSTIVOS

	Altura en m	Envergadura en m

ROSA RUGOSA ALBA

Es un rosal Rugosa típico: hojas arrugadas e inmunes a la enfermedad, flores fragantes, escaramujos atractivos y una constitución de hierro. Produce flores grandes durante todos los meses de verano y otoño, y los escaramujos, semejantes a un tomate de color rojo anaranjado, son muy grandes. Forma un seto atractivo, y el denso follaje se vuelve dorado en otoño. También puede cultivarse como un arbusto de pie, pero nunca se debe podar intensamente.

Flores: Sencilla
Blanco
Fragante

Follaje: Verde claro

Introducción: 1870

Tipo: Rosal Rugosa

Tipo de crecimiento: Arbustivo

Época de floración: Floración repetitiva

ROSA RUGOSA SCABROSA
Otro nombre: SCABROSA

Scabrosa y *Roseraie de L'Haÿ* se disputan la nominación de mejor rosal Rugosa. Ambos son sumamente sanos, resistentes y producen flores grandes y fragantes. Scabrosa sobresale por la producción de escaramujos de color rojo tomate en otoño. La floración empieza a finales de primavera y continúa todo el otoño. Es excelente como seto o como arbusto de pie; por ello puede elegirse si no se dispone de espacio excesivo.

Flores: Sencilla
Rosado magenta
Muy fragante

Follaje: Oscuro

Introducción: 1950

Tipo: Rosal Rugosa

Tipo de crecimiento: Arbustivo

Época de floración: Floración repetitiva

ROSA SERICEA PTERACANTHA
Otro nombre: WINGED THORN ROSE

Es un arbusto alto y enigmático con algunas características poco comunes. Las pequeñas flores blancas, que aparecen efímeramente a principios de verano, tienen 4 pétalos, y las hojas recuerdan a un helecho. Las características más raras son las espinas de los tallos jóvenes: rojas, grandes, triangulares y 2,5 cm de base. Es necesario efectuar podas regulares para asegurar el desarrollo de madera nueva.

Flores: Sencilla
Blanco
Ninguna fragancia

Follaje: Verde oscuro

Introducción: 1890

Tipo: Rosal Especie

Tipo de crecimiento: Arbustivo

Época de floración: A principios de verano

ROSERAIE DE L'HAŸ

Es uno de los mejores Rugosa y uno de los mejores rosales arbustivos para setos. La planta está copiosamente recubierta de follaje coriáceo, inmune a la enfermedad. Crece en los suelos pobres, en ambientes salinos y en lugares expuestos. Sin embargo, su resistencia no se refleja en sus flores. Éstas son grandes, aterciopeladas y agradablemente aromáticas. La floración es prolífica; su único defecto, comparado con otros Rugosa, es la falta de escaramujos.

Flores: Doble
Rojo vino
Fragante

Follaje: Verde oscuro

Introducción: 1901

Tipo: Rosal Rugosa

Tipo de crecimiento: Arbustivo

Época de floración: Floración repetitiva

SALLY HOLMES

R. A. Holmes produjo dos destacados rosales Arbustivos: *Sally Holmes* y *Fred Loads*. Éste es bastante distintivo: las grandes flores abiertas nacen en grupos que mantienen el follaje erguido. Un inusual efecto parecido a delfinium para un rosal, cuya popularidad proviene de las descripciones de los catálogos. Tenga cuidado: es temperamental y necesita protección contra el viento.

Flores: Sencilla
Blanco crema, rosa manchado
Fragante

Follaje: Verde oscuro

Introducción: 1976

Tipo: Rosal arbustivo moderno

Tipo de crecimiento: Erguido

Época de floración: Floración repetitiva

SARAH VAN FLEET

Las grandes flores caliciformes nacen en grupos. Como todos los rosales Rugosa se recomienda para seto; las flores presentan una dulce fragancia y el follaje es denso. Una ventaja añadida es que *Sarah Van Fleet* es una de las primeras rosas en florecer, algo importante si se desea impresionar a los vecinos. A diferencia de algunas rosas de floración temprana, la exhibición no se acaba —las suaves flores de color rosa aparecen continuamente durante el verano.

Flores: Doble
Rosa
Muy fragante

Follaje: Verde oscuro, manchado de bronce

Introducción: 1926

Tipo: Rosal Rugosa

Tipo de crecimiento: Erguido

Época de floración: Floración repetitiva

ROSALES ARBUSTIVOS

Flores:	Sencilla Rojo Fragante
Follaje:	Verde medio
Introducción:	1952
Tipo:	Rosal Gallica
Tipo de crecimiento:	Abierto
Época de floración:	Mediados de verano

SCARLET FIRE
Otro nombre: SCHARLACHGLUT

No debería perderse este rosal cuando está total-mente en flor. El hábito de crecimiento es abierto, y los arqueados tallos soportan grandes flores ater-ciopeladas. El color rojo es brillante y en el centro de cada flor hay prominentes estambres dorados. Los escaramujos en forma de frasco son de color naran-ja. La exhibición floral es prolongada, y sólo si dispo-ne de mucho espacio ésta será su elección.

Flores:	Semidoble Blanco Ligeramente fragante
Follaje:	Verde oscuro
Introducción:	1912
Tipo:	Rosal Rugosa
Tipo de crecimiento:	Desplegado
Época de floración:	Floración repetitiva

SCHNEEZWERG
Otro nombre: SNOW DWARF

Es el rosal Rugosa más pequeño y el menos atracti-vo. Su aroma es débil, y el follaje, color mate y poco interesante. Sin embargo, la época de floración es ex-celente: desde finales de primavera hasta finales de otoño aparecen flores blancas semejantes a la ané-mona. En otoño, brotan nuevas flores entre los pe-queños escaramujos de color escarlata, pero el follaje no adquiere el atractivo colorido de los otros Rugosa.

Flores:	Doble Rosa difuminado Fragante
Follaje:	Verde medio
Introducción:	1989
Tipo:	Rosal Inglés
Tipo de crecimiento:	Erguido
Época de floración:	Floración repetitiva

SHARIFA ASMA

No hay nada llamativo en este rosal Inglés. Se desa-rrolla fuerte, pero el arbusto es corto y compacto, óp-timo para un espacio limitado. Las flores son calici-formes y se abren en una roseta horizontal, con los pétalos de color rosa pálido que cambian a un blanco casi puro en los márgenes curvados hacia fuera de los pétalos. Las grandes flores presentan muchos pé-talos y una agradable fragancia. Según su descubri-dor «todo lo que un rosal antiguo debería tener».

Flores:	Doble Blanco, rosa difuminado Muy fragante
Follaje:	Verde medio
Introducción:	1849
Tipo:	Rosal Borbón
Tipo de crecimiento:	Arbustivo
Época de floración:	Floración repetitiva

SOUVENIR DE LA MALMAISON

Si las condiciones son favorables, será un bello ejemplar en los catálogos y bastante espectacular en el jardín. Las flores de aroma picante están lle-nas de pétalos, y al abrirse totalmente son distinti-vamente cuarteadas. Desgraciadamente, tiene sus problemas: las pesadas flores penden, parecen des-cuidadas con la lluvia, y normalmente es necesario pulverizar contra el mildiu. La floración es tardía.

Flores:	Doble Rosa pálido Muy fragante
Follaje:	Verde grisáceo
Introducción:	1838
Tipo:	Rosal Escocés
Tipo de crecimiento:	Arqueado
Época de floración:	Floración repetitiva

STANWELL PERPETUAL

Muy espinoso, como cabría esperar de un descen-diente de *Rosa pimpinellifolia*. Un arbusto grande y disperso, útil como rosal de pilar. Las hojas son inu-sualmente pequeñas, numerosas y a menudo descolo-ridas; las flores de tamaño medio se marchitan y pa-san del rosa al blanco. Nadie conoce con certeza su procedencia; apareció en un jardín de Essex, al sur de Inglaterra, hace más de 150 años. La fragancia y la continuidad en la floración son rasgos característicos.

Flores:	Doble Rojo profundo Muy fragante
Follaje:	Verde oscuro
Introducción:	1991
Tipo:	Rosal Inglés
Tipo de crecimiento:	Desplegado
Época de floración:	Floración repetitiva

THE DARK LADY

En esta sección de arbustos se describen varios ro-sales ingleses, cada uno con una característica espe-cial. Quizás éste sea el más ilustrativo. Las grandes flores horizontales poseen un atractivo color carme-sí y los pétalos tienen una disposición dispersa, lo que da una imagen de una flor de las antiguas pin-turas holandesas, aunque sea una rosa de la década de 1990. El arbusto es bajo y expansivo.

ROSALES ARBUSTIVOS

Altura en m · Envergadura en m

THE FAIRY

The Fairy es uno de los pocos Polyantha que persisten, y tiene sus admiradores. Éstos elogian la profusión de flores, que aparecen a finales de verano, y el atractivo follaje brillante parecido al de un boj. Las flores son muy pequeñas, con forma de roseta, y se reúnen en grandes racimos a finales de verano y durante todo el otoño. Su principal desventaja es que no florece hasta mediados de verano.

Flores: Doble
Rosa
Ninguna fragancia

Follaje: Verde medio

Introducción: 1932

Tipo: Rosal Polyantha

Tipo de crecimiento: Desplegado

Época de floración: Floración repetitiva

THE PILGRIM

Las inflorescencias maduras de *The Pilgrim* son planas y los pétalos externos de color más pálido que los centrales. Actualmente existen tantos rosales ingleses que resulta difícil elegir y es fácil olvidarse de los magníficos clásicos. *The Pilgrim* no posee la popularidad de otras variedades de este grupo —opte por ella si busca un arbusto con flores amarillas de dulce fragancia que se abren planas al madurar.

Flores: Doble
Amarillo
Muy fragante

Follaje: Verde medio

Introducción: 1991

Tipo: Rosal Inglés

Tipo de crecimiento: Erguido

Época de floración: Floración repetitiva

TUSCANY SUPERB
Otro nombre: OLD VELVET

Esta rosa antigua luce muy bien llena de flores. Los grupos florales de color vino no presentan demasiados pétalos, pero son grandes y abiertos horizontales, con una masa central de estambres dorados. La textura es aterciopelada y la fragancia picante; una buena rosa para cortar al no presentar los tallos demasiadas espinas. Muy recomendable si se desea una rosa vistosa para un espacio limitado.

Flores: Semidoble
Rojo profundo
Fragante

Follaje: Verde oscuro

Introducción: 1837

Tipo: Rosal Gallica

Tipo de crecimiento: Erguido

Época de floración: Mediados de verano

UNCLE WALTER

Esta rosa McGredy muestra la dificultad en la clasificación de los rosales. Las brillantes flores rojas nacen en grupos, y debido a su forma alta-centrada, en ocasiones se clasifica con los híbridos de Té. Pero las flores pronto parecen descuidadas y el frondoso crecimiento se hace alto, por lo que es más usual encontrarla entre los rosales Arbustivos. *Uncle Walter* no tiene nada de especial, aunque conserva su lugar en los catálogos y resulta de utilidad como seto.

Flores: Doble
Rojo
Ninguna fragancia

Follaje: Verde oscuro

Introducción: 1963

Tipo: Rosal Arbustivo Moderno

Tipo de crecimiento: Arbustivo

Época de floración: Floración repetitiva

WILLIAM LOBB
Otro nombre: OLD VELVET MOSS

Es un rosal Musgo gigantesco y desvaído, empleado como un gran arbusto de pie o como un rosal pilar. Hay una sola floración, a principios o mediados de verano, con racimos de grandes flores; al principio, éstas son de color fucsia purpúreo y, después, gris pizarra. Los capullos y los pedicelos de las flores son musgosos; los tallos y las hojas lo son en menor proporción. Debe elegirse si se quieren tallos musgosos.

Flores: Semidoble
Color magenta purpúreo
Fragante

Follaje: Verde oscuro

Introducción: 1855

Tipo: Rosal Musgo

Tipo de crecimiento: Abierto

Época de floración: A mediados de verano

YESTERDAY
Otro nombre: TAPIS D'ORIENT

A pesar de su juventud, parece antiguo. Las pequeñas flores nacen en grupos, y el arbusto se encuentra casi continuamente en flor durante el período de floración. Las flores son horizontales, y el color varía desde rosa pálido hasta malva intenso. Esta inusual Arbustiva es buena para cortar y ha recibido algún premio europeo. Un buen arbusto compacto que puede tratarse como cobertora del suelo.

Flores: Semidoble
Rosa
Ligeramente fragante

Follaje: Verde medio

Introducción: 1974

Tipo: Rosal Arbustivo Moderno

Tipo de crecimiento: Abierto

Época de floración: Floración repetitiva

ROSALES ARBUSTIVOS

CAPÍTULO 3

ELECCIÓN Y COMPRA DE ROSALES

La clave del éxito para conseguir los rosales apropiados se basa en prepararse con tiempo. Durante el verano, ojee las guías de selección (*véanse* págs. 92-95) y las secciones alfabéticas (*véanse* págs. 12-90) y revise catálogos de rosales para encontrar grandes fotografías de las variedades elegidas; sin embargo, no se guíe nunca solamente por una hermosa fotografía. Trate de observar los rosales que crecen en un jardín o en un vivero; de este modo podrá estar seguro de que tanto la forma de la flor como su aspecto general son los que usted desea.

Compre las plantas con tiempo. Tanto si las compra en una tienda como en un centro de jardinería, el mayor surtido estará a su disposición en otoño. Esta norma es aun más importante cuando se realiza la compra por correo, porque si la variedad solicitada está agotada el cultivador la sustituirá por otra similar. Si no quiere que esto le suceda, anote en su pedido «Ningún sustituto».

Debe tener mucho cuidado con las «gangas», porque los resultados estarán de acuerdo con el precio. Para el principiante, es mejor adquirir varios tipos de rosales, pero siempre debe comprobar las propiedades de cada uno de ellos antes de comprarlos. La mayoría de los proveedores ofrecen algún tipo de garantía; no obstante, si obtiene un fracaso asegúrese de que no ha sido por su culpa antes de reclamar.

Tipo de compra

Existen tres tipos de materiales para plantar. El arbusto de **raíz desnuda** que se recoge en el vivero durante la estación de reposo (desde mediados de otoño hasta principios de primavera) y se vende al cliente en las tiendas o por correo. En los últimos años se ha vendido un elevado número de plantas de raíz desnuda en tiendas, supermercados, grandes almacenes, así como en centros de jardinería.

La forma correcta de comprar algunos trepadores y arbustivos, la mayoría de los miniatura y *todos* los rosales durante la estación de crecimiento es como plantas **cultivadas en recipientes**.

Plantas precintadas

Los rosales precintados son plantas de raíces desnudas rodeadas con un terrón de turba y protegidas por una bolsa de politeno o una caja. Este sistema tiene ventajas: precio razonable, disponibles en cualquier tienda, láminas coloreadas e instrucciones. No obstante, pueden presentarse problemas, como crecimiento prematuro y tallos marchitos si se han conservado en un lugar demasiado cálido.

Plantas de raíz desnuda

Es el tipo tradicional para plantar: la planta se desarraiga en el vivero o en el centro de jardinería y se transporta a casa directamente o bien con un terrón de turba húmeda alrededor de las raíces. Como alternativa, se desarraigan los rosales en reposo y se colocan en envases de papel parafinado, que se envían al cliente por correo. Existe el peligro de la desecación (*véanse* las instrucciones sobre cómo tratar este problema en la página 103).

Plantas cultivadas en recipientes

Los rosales cultivados en recipientes pueden comprarse para proporcionar color al instante, pero son más caros que las plantas de raíz desnuda y necesitan cuidados adicionales en el momento de la plantación. Elija un ejemplar por su robustez y buena salud, y no por la belleza de sus escasas flores. Asegúrese de que ha crecido en el recipiente y de que no ha sido colocado en él para su venta.

Características que se deben considerar

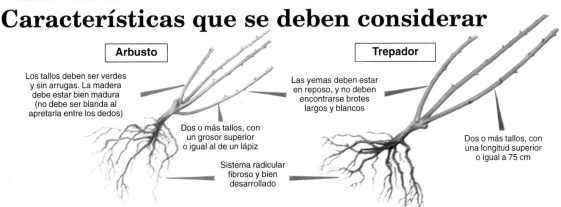

Arbusto

Los tallos deben ser verdes y sin arrugas. La madera debe estar bien madura (no debe ser blanda al apretarla entre los dedos)

Dos o más tallos, con un grosor superior o igual al de un lápiz

Sistema radicular fibroso y bien desarrollado

Trepador

Las yemas deben estar en reposo, y no deben encontrarse brotes largos y blancos

Dos o más tallos, con una longitud superior o igual a 75 cm

SELECTOR DE HÍBRIDOS DE TÉ

Los rosales híbridos de Té se escogen por las razones consideradas en la página 12. Una vez escogido este grupo, se debe elegir las variedades que más se ajustan a la situación y al gusto personal.

Si se utilizan las claves de esta página, obtendrá una breve lista de rosales, seleccionados según tres características fundamentales: color, altura y fragancia. Después, busque cada variedad en la guía alfabética (*véanse* págs. 13-30) para conocer sus ventajas e inconvenientes. Observe que algunos rosales se recomiendan como productores de flores para exposición y no para lucir en el jardín. A menudo, los primeros sólo producen escasas flores y es posible que el mal tiempo las estropee fácilmente.

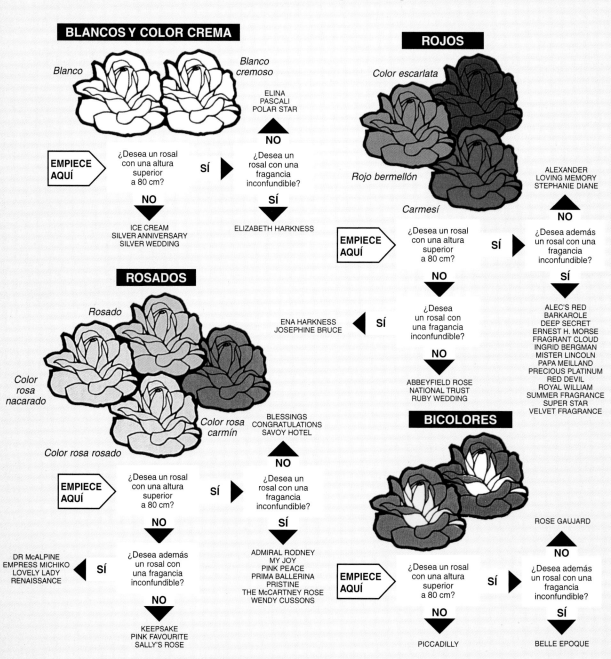

AMARILLOS

Amarillo ranúnculo

Amarillo limón

Amarillo dorado

Amarillo canario

GOLDEN JUBILEE
GOLDSTAR
GRANDPA DICKSON
SUNBLEST

NO

> EMPIECE AQUÍ

¿Desea un rosal con una altura superior a 80 cm?

SÍ ▶

¿Desea además un rosal con una fragancia inconfundible?

NO

SÍ

¿Desea un rosal con una fragancia inconfundible?

SÍ ◀ KING'S RANSOM

SÍ

DUTCH GOLD
FREEDOM
POT O' GOLD
VALENCIA

NO

SIMBA

ANARANJADOS Y COMBINADOS

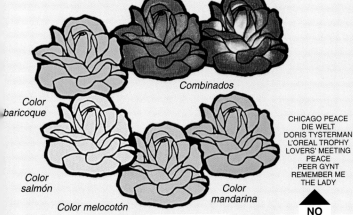

Combinados

Color baricoque

Color salmón

Color melocotón

Color mandarina

CHICAGO PEACE
DIE WELT
DORIS TYSTERMAN
L'OREAL TROPHY
LOVERS' MEETING
PEACE
PEER GYNT
REMEMBER ME
THE LADY

NO

> EMPIECE AQUÍ

¿Desea un rosal con una altura superior a 80 cm?

SÍ ▶

¿Desea además un rosal con una fragancia inconfundible?

NO

SÍ

ALPINE SUNSET
FULTON MACKAY
INDIAN SUMMER
JUST JOEY
VIDAL SASSOON
WARM WISHES
WHISKY MAC

SÍ ◀

¿Desea un rosal con una fragancia inconfundible?

NO

CHESHIRE LIFE
JULIA'S ROSE
TEQUILA SUNRISE

APRICOT SILK
DAWN CHORUS
DOUBLE DELIGHT
FRAGRANT DREAM
MISCHIEF
NEW ZEALAND
PAUL SHIRVILLE
ROSEMARY HARKNESS
SILVER JUBILEE
TROIKA

LILÁCEOS

RAYADOS

BLUE MOON

HARRY WHEATCROFT

SELECTOR DE FLORIBUNDAS

Se prefieren los Floribunda a los híbridos de Té en aquellos jardines donde se requiere gran cantidad de color, especialmente cuando la composición es irregular.

Las variedades elegidas deben adecuarse a su jardín y a su gusto personal. Si se utilizan las claves de esta página se obtendrá una breve lista. Luego debe buscar cada variedad en la guía alfabética (*véanse* págs. 32-43) para conocer sus ventajas e inconvenientes. Compruebe la altura media, porque la altura de los Floribunda oscila desde 20 cm en los enanos hasta 1,5 m en los gigantes, y los catálogos algunas veces son un poco imprecisos respecto del significado de «bajo» y «alto».

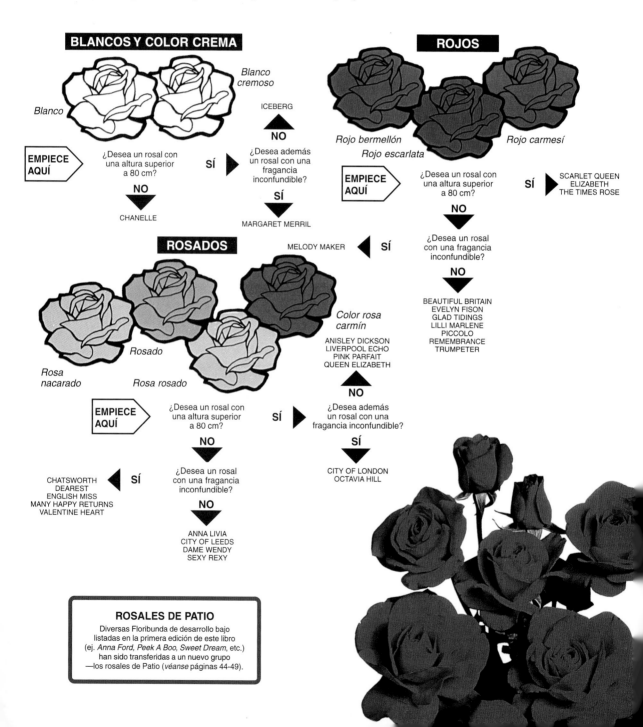

BLANCOS Y COLOR CREMA

Blanco

Blanco cremoso

ICEBERG

EMPIECE AQUÍ

¿Desea un rosal con una altura superior a 80 cm? — SÍ → ¿Desea además un rosal con una fragancia inconfundible?

NO → CHANELLE

SÍ → MARGARET MERRIL

ROJOS

Rojo bermellón
Rojo escarlata
Rojo carmesí

EMPIECE AQUÍ

¿Desea un rosal con una altura superior a 80 cm? — SÍ → SCARLET QUEEN ELIZABETH THE TIMES ROSE

NO → ¿Desea un rosal con una fragancia inconfundible?

SÍ → MELODY MAKER

NO → BEAUTIFUL BRITAIN
EVELYN FISON
GLAD TIDINGS
LILLI MARLENE
PICCOLO
REMEMBRANCE
TRUMPETER

ROSADOS

Color rosa carmín

ANISLEY DICKSON
LIVERPOOL ECHO
PINK PARFAIT
QUEEN ELIZABETH

Rosa nacarado
Rosado
Rosa rosado

EMPIECE AQUÍ

¿Desea un rosal con una altura superior a 80 cm? — SÍ → ¿Desea además un rosal con una fragancia inconfundible?

NO → ¿Desea un rosal con una fragancia inconfundible?

SÍ → CHATSWORTH
DEAREST
ENGLISH MISS
MANY HAPPY RETURNS
VALENTINE HEART

NO → ANNA LIVIA
CITY OF LEEDS
DAME WENDY
SEXY REXY

SÍ → CITY OF LONDON
OCTAVIA HILL

ROSALES DE PATIO

Diversas Floribunda de desarrollo bajo listadas en la primera edición de este libro (ej. *Anna Ford, Peek A Boo, Sweet Dream,* etc.) han sido transferidas a un nuevo grupo —los rosales de Patio (*véanse* páginas 44-49).

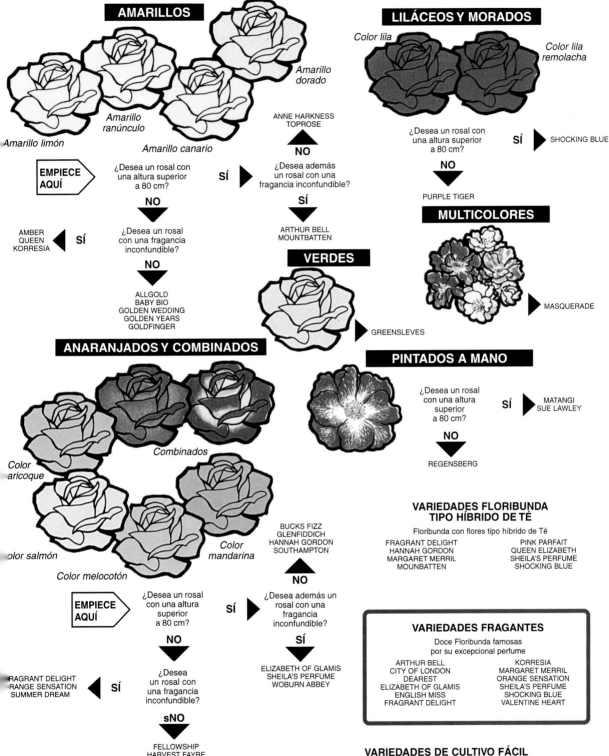

AMARILLOS

Amarillo dorado

Amarillo ranúnculo

Amarillo limón

Amarillo canario

ANNE HARKNESS
TOPROSE

NO

EMPIECE AQUÍ

¿Desea un rosal con una altura superior a 80 cm?

SÍ ▶

¿Desea además un rosal con una fragancia inconfundible?

SÍ

NO

¿Desea un rosal con una fragancia inconfundible?

ARTHUR BELL
MOUNTBATTEN

AMBER QUEEN
KORRESIA

◀ **SÍ**

NO

ALLGOLD
BABY BIO
GOLDEN WEDDING
GOLDEN YEARS
GOLDFINGER

LILÁCEOS Y MORADOS

Color lila

Color lila remolacha

¿Desea un rosal con una altura superior a 80 cm?

SÍ ▶ SHOCKING BLUE

NO

PURPLE TIGER

MULTICOLORES

▶ MASQUERADE

VERDES

▶ GREENSLEVES

ANARANJADOS Y COMBINADOS

Combinados

Color aricoque

Color salmón

Color melocotón

Color mandarina

BUCKS FIZZ
GLENFIDDICH
HANNAH GORDON
SOUTHAMPTON

NO

EMPIECE AQUÍ

¿Desea un rosal con una altura superior a 80 cm?

SÍ ▶

¿Desea además un rosal con una fragancia inconfundible?

SÍ

NO

ELIZABETH OF GLAMIS
SHEILA'S PERFUME
WOBURN ABBEY

FRAGRANT DELIGHT
ORANGE SENSATION
SUMMER DREAM

◀ **SÍ**

¿Desea un rosal con una fragancia inconfundible?

sNO

FELLOWSHIP
HARVEST FAYRE
ORANGES AND LEMONS
RED GOLD
WISHING

PINTADOS A MANO

¿Desea un rosal con una altura superior a 80 cm?

SÍ ▶ MATANGI
SUE LAWLEY

NO

REGENSBERG

VARIEDADES FLORIBUNDA
TIPO HÍBRIDO DE TÉ

Floribunda con flores tipo híbrido de Té

FRAGRANT DELIGHT
HANNAH GORDON
MARGARET MERRIL
MOUNBATTEN

PINK PARFAIT
QUEEN ELIZABETH
SHEILA'S PERFUME
SHOCKING BLUE

VARIEDADES FRAGANTES

Doce Floribunda famosas
por su excepcional perfume

ARTHUR BELL
CITY OF LONDON
DEAREST
ELIZABETH OF GLAMIS
ENGLISH MISS
FRAGRANT DELIGHT

KORRESIA
MARGARET MERRIL
ORANGE SENSATION
SHEILA'S PERFUME
SHOCKING BLUE
VALENTINE HEART

VARIEDADES DE CULTIVO FÁCIL

Quince Floribunda para principiantes, suelos pobres y zonas industriales

ALLGOLD
AMBER QUEEN
ANNE HARKNESS
ARTHUR BELL
CITY OF LEEDS

CITY OF LONDON
EVELYN FISON
ICEBERG
LILLI MARLENE
MANY HAPPY RETURNS

MATANGI
MOUNTBATTEN
PINK PARFAIT
QUEEN ELIZABETH
SOUTHAMPTON

CAPÍTULO 4

USOS DE ROSALES

Por todos es conocido que los rosales se cultivan en arriates y borduras, para cubrir paredes, arcos y enrejados. En esta página encontrará muchos más usos para la reina de las flores. En la página conveniente hallará una relación de normas para cada uno de estos usos, pero recuerde que se trata de su jardín y en él puede hacer lo que desee... con una condición. Cerciórese de que la variedad o variedades que ha elegido son las adecuadas para el fin propuesto.

PLANTACIÓN EN ARRIATES (pág. 97)

PLANTACIÓN EN BORDURAS (pág. 98)

PLANTACIÓN COMO ROSALES DE PIE (pág. 99)

PARA CUBRIR ENREJADOS (pág. 101)

CULTIVO EN INVERNADEROS (pág. 100)

PARA CUBRIR ÁRBOLES (pág. 101)

PLANTACIÓN EN ROCALLAS (pág. 98)

PARA CUBRIR PAREDES (pág. 101)

USO COMO FLOR CORTADA (pág. 132)

USO COMO PLANTA DE INTERIOR (pág. 133)

CULTIVO EN CUBAS (pág. 100)

PLANTACIÓN COMO COBERTURAS (pág. 99)

PLANTACIÓN EN SETOS (pág. 99)

USO COMO FLOR DE OJAL (pág. 134)

USO EN LA COCINA (pág. 134)

EXPOSICIÓN (pág. 127)

ELABORACIÓN DE PERFUMES (pág. 133)

Plantación en arriates

Un arriate es un área plantada y diseñada para ser contemplada desde cualquier ángulo.

ARRIATE LATERAL

Muchos jardines tienen uno o más arriates que dividen el césped de un camino o una calzada, los cuales pueden transformarse en atractivos arriates laterales usando una sola hilera de rosales.

Los rosales más importantes para este fin son los estándares y los llorones, y el arriate debe ser lo suficientemente extenso para soportarlos.

En este caso, es esencial una plantación acompañante. Allí donde emplee rosales elija variedades compactas, las cuales no competirán con los estándares. Los rosales de Patio enanos son esenciales para este fin.

Color

Según algunos puristas, sólo se debe plantar una variedad en cada arriate; pero en la mayoría de los jardines esto no es adecuado ya que originaría un aspecto totalmente monótono. Es importante evitar el extremo opuesto, es decir, un gran arriate repleto de plantas de muchas variedades, lo que parecerá una colcha de retazos.

La mejor manera de proceder se basa en emplear entre tres y cinco arbustos de cada variedad. Los expertos le darán toda clase de consejos sobre qué colores armonizan y cuáles no; no obstante, la agrupación de colores depende del gusto personal y no debe preocuparse demasiado porque aquéllos desentonen. Sin embargo, los rojos pueden ser un problema, ya que algunas tonalidades desentonan entre sí; en consecuencia, es conveniente que separe grupos de rosales rojos plantando entre ellos variedades blancas, de color crema o amarillo pálido.

Vegetación acompañante

Algunos expertos sostienen que en un arriate de rosales no deben cultivarse otro tipo de plantas. Por lo general, se basan en la antigua tradición de que el esplendor de las rosas es malogrado por las flores «inferiores». De todos modos, existen también razones prácticas de gran solidez en contra de una plantación acompañante. El acolchado es difícil o imposible; las reservas de agua y de nutrientes se agotan, y manipular entre los arbustos, para realizar el trabajo de mantenimiento, puede convertirse en una operación difícil.

Si selecciona las plantas apropiadas, los inconvenientes de una plantación secundaria llegan a ser insignificantes e, incluso, puede obtener ventajas importantes, como color en el jardín cuando los rosales estén deshojados o sin flores. Las plantas elegidas deben tener un crecimiento escaso y raíces poco profundas y, de este modo no serán ningún inconveniente cuando crezcan formando un borde.

Durante la primavera, emplee bulbosas como el azafrán, la anémona, etc., pero evite las plantas bulbosas que deben eliminarse regularmente, así como las grandes bulbosas cuyo follaje se vuelve desagradable después de la floración. Otras plantas favoritas para una plantación acompañante son: la prímula, el carraspique, el ageratum, la viola, la aubrietia, la Alpine Phlox y la arabis.

ARRIATE EN ISLA

Hace aproximadamente cien años comenzaron a aparecer los primeros arriates de rosales; en la actualidad constituyen una característica fundamental de muchos jardines. Algunas veces, estos arriates están rodeados de grava o de un pavimento en mosaico, pero tradicionalmente se utiliza césped, que a pesar de todo es el mejor camino entre ellos. Evite numerosos arriates pequeños, es mejor pocos y grandes.

En general, los arriates son regulares, con los rosales plantados según un modelo estrictamente geométrico. Puede utilizar tanto híbridos de Té como Floribunda, aunque es aconsejable no mezclarlos. Si el arriate está junto a la casa, y cada flor puede ser admirada con facilidad, utilice híbridos de Té. Escoja Floribunda cuando desee obtener gran cantidad de color continuo.

Mantenga las proporciones, es decir, utilice arbustos pequeños en arriates pequeños. Existe el peligro de que los arriates grandes o de tamaño mediano presenten un aspecto monótono. Esto puede evitarse plantando un estándar o una variedad de crecimiento alto en el centro.

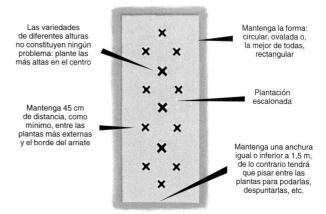

Las variedades de diferentes alturas no constituyen ningún problema: plante las más altas en el centro

Mantenga la forma: circular, ovalada o, la mejor de todas, rectangular

Plantación escalonada

Mantenga 45 cm de distancia, como mínimo, entre las plantas más externas y el borde del arriate

Mantenga una anchura igual o inferior a 1,5 m, de lo contrario tendrá que pisar entre las plantas para podarlas, despuntarlas, etc.

El rosal ideal de arriate

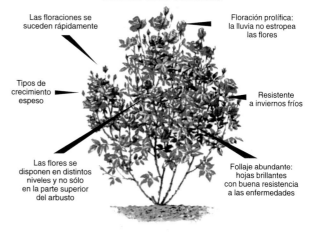

Las floraciones se suceden rápidamente

Floración prolífica: la lluvia no estropea las flores

Tipos de crecimiento espeso

Resistente a inviernos fríos

Las flores se disponen en distintos niveles y no sólo en la parte superior del arbusto

Follaje abundante: hojas brillantes con buena resistencia a las enfermedades

Plantación en borduras

Una bordura es un área plantada y diseñada para ser contemplada desde uno, dos o tres ángulos, pero no desde su parte posterior.

Las normas descritas en la página opuesta para el arriate regular son aplicables a las borduras regulares, con la salvedad de que las variedades de crecimiento más alto se plantan en la parte posterior de la bordura y las más bajas en la parte anterior. Lo más importante es el conjunto de color, y por ello los Floribunda se usan con preferencia a los híbridos de Té.

Lo más corriente es que la bordura sea irregular, con las plantas agrupadas y distanciadas según su altura y amplitud. Para este fin puede escoger cualquier variedad. En una bordura grande puede utilizar variedades trepadoras y enredaderas, así como arbustos altos para la hilera del fondo. En un jardín más pequeño usará rosales pilar y arbustos de tamaño más pequeño.

Explote completamente la amplia gama de rosales que existen. Como sugerencia, llene aproximadamente la mitad del espacio con Floribunda y algunos híbridos de Té, y plante el resto de la bordura con otros tipos de rosales. Plante *Canary Bird* para disfrutar de flores en primavera e híbridos *Rosa rugosa* para tener escaramujos rojos en invierno.

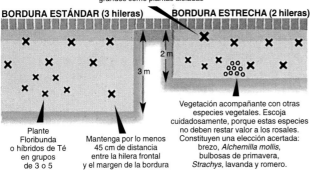

Cultive trepadores y arbustos grandes como plantas aisladas

BORDURA ESTÁNDAR (3 hileras)

BORDURA ESTRECHA (2 hileras)

2 m

3 m

Plante Floribunda o híbridos de Té en grupos de 3 o 5

Mantenga por lo menos 45 cm de distancia entre la hilera frontal y el margen de la bordura

Vegetación acompañante con otras especies vegetales. Escoja cuidadosamente, porque estas especies no deben restar valor a los rosales. Constituyen una elección acertada: brezo, *Alchemilla mollis*, bulbosas de primavera, *Strachys*, lavanda y romero.

BORDURA ARBUSTIVA MIXTA

Una bordura de rosales en un jardín es algo realmente bello. En los jardines privados se pueden ver algunos ejemplos modestos, pero lo cierto es que la mayoría de los jardines sólo disponen de espacio para una bordura arbustiva, y ésta está compuesta con *Forsythia*, hortensia, *Ribes*, lilas, etc.

Sorprende que muchas de estas borduras de arbustos carezcan de un rosal arbustivo, el cual les proporcionaría color y fragancia a mediados de verano, cuando muchos arbustos tienen escasas flores.

Para el amante de la rosa, una bordura de rosales entremezclados con un número aproximadamente igual de arbustos constituye una idea excelente. Esta combinación ayuda a los rosales en tres aspectos:

● Los arbustos de follaje gris, como lavanda, proporcionan un excelente fondo para los rosados y los purpúreos de los rosales antiguos, cuando están en flor.

● Los arbustos de hoja perenne, como coníferas, proporcionan a la bordura un esqueleto frondoso cuando los rosales están deshojados.

● Los arbustos que florecen durante el invierno y a principios de primavera, como *Forsythia* y viburno, proporcionan una exposición floral cuando los rosales no están en flor.

BORDURA HERBÁCEA MIXTA

Para muchas personas existen arriates de rosales y borduras herbáceas, pero nunca mezclarán ambos tipos de vegetación. En los últimos años, estas barreras bien definidas han empezado a romperse, y en la actualidad muchos escritores alaban los Floribunda entre las plantas perennes.

El beneficio para la bordura es obvio, ya que una abundancia de flores durante todo el verano alegra los grandes espacios vacíos que algunas veces existen.

Los rosales también se benefician porque se disimulan las bases de los tallos desnudos, que se rodean de color antes de que se inicie la estación de la rosa. Es muy importante una selección cuidadosa. En primer lugar, consiga la altura apropiada. Para ello, coloque las variedades altas, como *Queen Elizabeth* o *Alexander*, en la parte posterior de la bordura; los rosales de Patio en la región central y los miniatura en la parte anterior.

También debe prestar atención al color. Los rojos brillantes pueden ser demasiado llamativos, en cambio los rosados y color crema son especialmente apropiados.

Por último, asegúrese de que los arbustos disponen de espacio suficiente —si están demasiado compactados puede aparecer mildiu.

Plantación en rocallas

Hace algunos años, habría sido inconcebible cultivar rosales en el jardín rocoso, pero en la actualidad esto es posible debido a la amplia gama de Miniatura disponibles. Las variedades de crecimiento más alto, como *Baby Masquerade*, pueden añadir altura cuando se colocan entre matas bajas de plantas alpinas, del mismo modo que se utilizan coníferas enanas. Las variedades más bajas, como *Pour Toi*, pueden emplearse para formar montículos de 20 cm de altura, de hojas verdes y flores semidobles.

Puede usarse cualquier variedad. Los rosales miniatura tienen la ventaja de producir flores a mediados de verano; en consecuencia, son importantes en aquella parte del jardín que presenta abundante color en primavera y escaso en verano. Es esencial un cuidadoso mantenimiento. Es posible que las raíces penetren poco en el suelo y sea necesario regar las plantas en tiempo seco. Pulverice las plantas contra el mildiu y la mancha negra; conserve su forma correcta podándolas con unas tijeras. No plante rosales Miniatura entre plantas de crecimiento exuberante.

Plantación en setos

Un seto es una hilera continua de arbustos que han perdido su individualidad. A diferencia de una valla cubierta de plantas (*véase* pág. 101), un seto sólo necesita un pequeño soporte o ningún soporte.

Los libros de texto están en lo cierto al afirmar que los rosales pueden formar un seto espléndido, tanto en jardines grandes como en pequeños. Algunas veces, los amantes de las rosas desprecian a los demasiado familiares aligustre y tejo, pero antes de desarraigar su actual seto será prudente que considere los inconvenientes de los rosales empleados para este fin. En primer lugar, un seto de rosales pierde sus hojas en invierno. En segundo lugar, su forma es irregular y desigual, y no debe cortarse con tijeras para darle un aspecto cuidado y un perfil cuadrado. Por último, no tendrá éxito en un ambiente de sombra intensa.

No obstante, en condiciones apropiadas ninguna otra planta viviente proporcionará una manifestación de flores tan continua y abundante. El mantenimiento es sencillo y se limita a una despuntadura en verano y a una poda en invierno. Seleccione su variedad con cuidado y recuerde que muchos arbustos alcanzan una anchura superior a 1,5 m. Una variedad para setos debe ser fuerte, de floración repetitiva, con follaje muy abundante y sana, puesto que nadie desea pulverizar un seto cada 15 días.

Los arbustos Rugosa (*véase* pág. 75) son los mejores setos lindantes. Los tallos espinosos están a prueba de animales y niños, el hermoso follaje no es atacado por el mildiu y muchas variedades tienen atractivos escaramujos en invierno. Scabrosa ocupa el primer lugar, seguida de cerca por *Roseraie de l'Haÿ*. Los híbridos almizcleños constituyen otro grupo popular, con *Penélope* como favorito. Este grupo puede necesitar algún soporte, y es posible que tenga que recortar las largas ramas de verano. La variedad Floribunda de crecimiento alto *Queen Elizabeth* se ha convertido en un seto familiar, aunque puede ser decepcionante. El secreto consiste en podar los tallos a diferentes alturas; de este modo, las hojas y las flores se encontrarán en varios niveles en lugar de hallarse sólo en la parte superior.

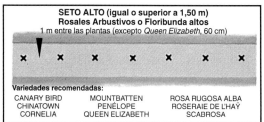

SETO ALTO (igual o superior a 1,50 m)
Rosales Arbustivos o Floribunda altos
1 m entre las plantas (excepto *Queen Elizabeth*, 60 cm)

Variedades recomendadas:

CANARY BIRD	MOUNTBATTEN	ROSA RUGOSA ALBA
CHINATOWN	PENÉLOPE	ROSERAIE DE L'HAŸ
CORNELIA	QUEEN ELIZABETH	SCABROSA

SETO MEDIANO (75 cm-1,50 m)
Floribunda, híbridos de Té o rosales Arbustivos compactos

45 cm entre las plantas · Puede plantar una sola hilera de plantas, pero es mejor plantar dos hileras escalonadas

45 cm entre hileras

Variedades recomendadas:

ALEXANDER	ICEBERG	PINK PARFAIT
BALLERINA	LA SEVILLANA	SILVER JUBILEE
FRAU DAGMAR HARTOPP	MASQUERADE	SOUTHAMPTON

SETO PEQUEÑO (inferior a 75 cm)
Floribunda enanos o rosales de patio

Plantación como rosales de pie o especímenes

Un rosal de pie es aquel que se cultiva para ser admirado por sí mismo y que se diferencia claramente cuando está agrupado con otras plantas.

Los defectos de un rosal, tanto en un arriate como en una bordura, están parcialmente escondidos por las plantas acompañantes. Las ramas deshojadas pueden quedar disimuladas por las plantas de crecimiento bajo situadas en primer término, y el crecimiento desproporcionado a menudo es compensado por los tallos de plantas cercanas.

Un rosal de pie se mantiene firme por sí mismo. Cuando crece bien es de una belleza incomparable, pero cuando crece mal puede resultar antiestético. Por ello, para todos los rosales de pie son muy importantes la selección cuidadosa y el mantenimiento apropiado.

La regla básica consiste en mantener a la planta en equilibrio con su ambiente. Un híbrido de Té de mediano tamaño parecerá insignificante como un rosal de pie solitario en un extenso césped, del mismo modo que un arbusto llorón gigante no tiene cabida en el centro de un jardín diminuto. Uno de los rosales de pie predilectos es el rosal estándar, que se cultiva en un arriate circular en el césped. Para este propósito, son adecuadas las tres versiones estándares: medio estándar, estándar y llorón (*véase* pág. 4). Además, muchos arbustos son excelentes rosales de pie si disponen del espacio adecuado. Los catálogos destacan a *Nevada*, pero también a *Fred Loads*, *Frühlingsgold*, *Joseph's Coat* y *Cornelia*.

Para un jardín pequeño, elija variedades Floribunda e híbridos de Té. Desde luego, si pasea por una calle suburbana podrá contemplar *Iceberg*, *Masquerade*, *Peace* y *Queen Elizabeth*, pero existen muchas otras variedades a escoger, como *Arthur Bell*, *Mountbatten* y *National Trust*.

Plantación como coberturas

Un rosal de cobertura es una planta desplegada, de crecimiento bajo, que forma una mata frondosa y espesa.

Utilizar rosales como plantas tapizantes parece una idea moderna, pero algunos rosales silvestres crecen de esta forma en su hábitat natural. Estos rosales de cobertura tienen bastantes usos en el jardín, como ocultar terraplenes desagradables a la vista y tapaderas de cloacas, limitar arriates de rosales y cubrir terraplenes abruptos.

No considere nunca a los rosales que forman coberturas como eliminadores de malas hierbas, ya que si los planta en un suelo infestado de mala hierba tendrá la difícil tarea de arrancarla de una enmarañada masa espinosa de tallos de rosales.

En la sección de Rosales Cobertores de Suelo (*véanse* págs. 54-59) encontrará numerosas variedades. Algunas son arbustos expansivos con arqueados tallos que cubren el suelo —por ejemplo *Bonica*, *Fiona* y *Rosy Cushion*. En otros casos se trata de plantas postradas cuyos tallos se arrastran por el suelo —*Nozomi* y *Max Graf* son ejemplos clásicos.

Si quiere cubrir un espacio grande de tierra, opte por las series de hábito ancho *Game Bird* o *County*. Como alternativa, puede doblar un rosal de tipo enredadera como *Crimson Shower*. Estas rampantes no tienen lugar en un macizo o una bordura donde el espacio es limitado —opte por *Nozomi*, *Max Graf*, *Pink Bells*, *Bonica* o *Rosy Cushion*.

Cultivo en invernaderos

Las primeras flores del año aparecen a mediados de primavera cuando los rosales se cultivan en macetas en un invernadero sin calefacción. Si el invernadero posee calefacción, las plantas florecen un mes antes. Además, el cultivo en invernadero comporta beneficios adicionales, ya que las flores son perfectas, no se estropean ni por la lluvia ni por el viento y pueden cultivarse variedades delicadas como *Baccara*. La plantación tiene lugar a mediados o finales de otoño. Emplee una planta de raíz desnuda y una maceta de plástico o de arcilla de 25 cm. Si elige una maceta de arcilla deberá sumergirla en agua antes de usarla, y si escoge una maceta de plástico, ponga algunos guijarros grandes en el fondo para aumentar su estabilidad. Emplee un compost a base de turba. Mantenga el collar de la planta al mismo nivel que el borde de la maceta y, mediante el extremo de un bastón despuntado, apriete el compost alrededor de las raíces. Deje una distancia de 5 cm entre la parte superior del compost y el borde de la maceta. Por último, riegue el compost en abundancia. Coloque la planta al aire libre sobre una superficie firme (hormigón, grava, etc.) pero nunca en contacto con el suelo. El lugar debe ser soleado y protegido de los vientos fuertes. Cuide el rosal durante la primavera y el verano como si se tratara de una planta normal cultivada en un recipiente (*véase* el apartado inferior); es decir, riéguelo en tiempo seco, pulverícelo cuando sea necesario y corte las flores marchitas. No obstante, existen una o dos diferencias a considerar: elimine prácticamente todos los capullos, para que sólo broten algunas flores, y abónelo, pulverizando las hojas con un fertilizante foliar como Fillip.

A finales de otoño o principios de invierno corte las ramas dejando 15 cm y traslade las macetas al interior del invernadero. Añada fertilizante de acción lenta en la parte superior del compost de cada maceta. Durante esta etapa de crecimiento rápido evite varios peligros. El riego debe efectuarse correctamente. Para ello, sumerja la maceta totalmente en agua y después deje que el compost se seque parcialmente antes de volver a regar. Durante la primavera y en los días de suave insolación, ventile de forma adecuada el invernadero para evitar la aparición del mildiu. Si persiste el tiempo soleado, pinte las paredes de vidrio para matizar el sol.

A partir de principios de primavera, emplee un fertilizante líquido con frecuencia y en pequeña cantidad. Finalizada la floración, lleve de nuevo las macetas al aire libre hasta mediados de otoño y después vuelva a empezar toda esta secuencia otra vez. Replante los rosales cada tres años.

Variedades recomendadas

ALEC'S RED	HONEYBUNCH
ALLGOLD	ICEBERG
AMBER QUEEN	JOSEPHINE BRUCE
ANNE HARKNESS	KORRESIA
BABY BIO	MARGARET MERRIL
BEAUTIFUL BRITAIN	NATIONAL TRUST
BLESSINGS	PASCALI
DOUBLE DELIGHT	PEER GYNT
ENA HARKNESS	PICCADILLY
ERNEST H. MORSE	PINK FAVOURITE
FRAGRANT DREAM	RED DEVIL
FULTON MACKAY	SAVOY HOTEL
GINGERNUT	WENDY CUSSONS
GRANDPA DICKSON	WHISKY MAC

Método rápido

Según el método tradicional, descrito anteriormente, transcurre un intervalo de 18 meses desde la plantación hasta la aparición de las primeras flores en el invernadero. Un método más rápido, aunque menos satisfactorio, se basa en utilizar un rosal cultivado en un recipiente en lugar de una planta de raíz desnuda. A mediados de otoño, plante el rosal en una maceta de 20 cm evitando cuidadosamente alterar las raíces. A principios de invierno, traslade la maceta al interior del invernadero y cuídela según las normas generales. Después de la floración, coloque la maceta al aire libre, y al final del verano trasplante el rosal a una maceta de 25 cm.

Cultivo en cubas

Los rosales, además de formar arriates y borduras en el jardín, también pueden cultivarse en cubas en la terraza. Ésta es la única forma posible de cultivar rosales en los balcones y en algunos jardines urbanos. El primer paso consiste en escoger el recipiente adecuado. Aunque algunos expertos consideran que las cubas de madera son los únicos verdaderamente satisfactorios, es posible elegir entre una extensa gama de materiales, como plástico, fibra de vidrio, metal, etc. El tamaño es mucho más importante que el material, ya que es esencial un buen crecimiento de la raíz, lo cual significa que el recipiente debe tener una profundidad de 25 cm para los miniatura, 30 cm para los rosales de Patio (Floribundas enanas) y de 40 cm para los Floribunda de tamaño medio y los híbridos de Té de mediano tamaño.

Para permitir un buen drenaje, la cuba no debe estar en contacto directo con el suelo, sino separada de éste mediante unos ladrillos planos situados debajo de ella. Además, debe colocar una capa de grava o de guijarros de 2,50-5 cm de grosor sobre los orificios de drenaje. Use un compost de tierra o, si el peso es un problema, un compost de turba. Existe una amplia gama de rosales para elegir, pero se deben descartar todas las variedades que no tengan una buena resistencia a las enfermedades y todas las que se describan como altas y erguidas. Como norma general, los que mejor crecen en cubas son los rosales de Patio (*véanse* págs. 45-49). También puede cultivar estándares siempre que utilice un tutor fuerte. Rodee la cuba con plantas que florecen en primavera, como prímulas y bulbosas miniatura, o con plantas trepadoras, como *Lobelia*, según su gusto personal. Sin embargo, durante el cultivo deben seguirse unas normas. Sitúe la cuba en un lugar soleado y alejado de árboles inmensos. Riéguela durante el tiempo seco, pero nunca mantenga el compost permanentemente húmedo. Abónela con fertilizante para rosas dos veces al año: primero cuando las hojas empiezan a abrirse y de nuevo a mediados-final de verano.

Riegue el compost antes de abonar —después pase ligeramente el rastrillo.

Para cubrir enrejados

Por naturaleza, los rosales no tienen un crecimiento de tipo trepador, aunque existen variedades trepadoras y enredadera. Estas variedades no dan vueltas alrededor de soportes ni tienen zarcillos como la parra; en consecuencia, para cultivarlas necesitará un soporte fuerte y algún sistema para sujetar las ramas de éste.

Valla

Poste de madera dura

2 m

Alambre galvanizado. Tense el alambre antes de graparlo

Espalderas

Pinte los listones de madera o trátelos con preservativos de la madera (no use creosota)

30 cm

Sujete firmemente el soporte

Trípode

Poste rústico

Pilar

2,5-3 m

- Prepare los tallos basales de los rosales trepadores como se describe en la página 106. Emplee trozos de alambre forrados en plástico para sujetar las ramas al soporte y no enrolle las ramas jóvenes alrededor de los alambres tensados de la valla. No apriete los trozos de alambre demasiado estrechamente alrededor de las ramas principales y deje espacio para que éstas aumenten su diámetro.

- Asegúrese de que todos los postes de la valla y los pilares están bien anclados. Si la parte subterránea del soporte es poco profunda o está carcomida, los vientos fuertes pueden causar estragos cuando los rosales estén llenos de hojas.

- Los enredadera pueden crecer sobre enrejados extensos, arcos, pérgolas, etc., es decir, allí donde debe cubrirse una gran extensión. Durante la preparación, trate de evitar que las ramas se enreden, y antes de la elección de un rosal enredadera infórmese de sus inconvenientes en la página 60.

Variedades recomendadas

Pilares y vallas

ALOHA	GALWAY BAY	MORNING JEWEL
ALTISSIMO	GOLDEN SHOWERS	NEW DAWN
BANTRY BAY	HANDEL	PARKKDIREKTOR RIGGERS
BREATH OF LIFE	HIGHFIELD	PINK PERPETUE
COMPASSION	ICEBERG, TREPADOR	ROSY MANTLE
DANSE DU FEU	LAURA FORD	SCHOOLGIRL
DORTMUND	LEVERKUSEN	SWAN LAKE
DUBLIN BAY	MAIGOLD	WHITE COCKADE
EMILY GRAY	MASQUERADE, TREPADOR	ZEPHIRINE DROUHIN

Arcos y pérgolas

Los rosales enredadera florecen una vez, son propensos al mildiu y son difíciles de podar. Sin embargo, algunos jardineros, basándose en sus ramas delgadas y flexibles, los siguen eligiendo para cubrir arcos y pérgolas.

ALBERIC BARBIER	EXCELSA
ALBERTINE	FRANÇOIS JURANVILLE
CRIMSON SHOWER	PAUL'S SCARLET,
EMILY GRAY	TREPADOR
	VEILCHENBLAU

Para cubrir paredes

Antes de que aparecieran los híbridos de Té y los Floribunda ya se podían observar rosales que crecían por las paredes de las casas. En la actualidad, estos rosales todavía son importantes, pero pueden ser más problemáticos que valiosos si no los escoge con prudencia y les proporciona un soporte apropiado.

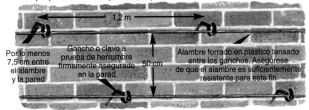

1,2 m

Por lo menos 7,5 cm entre el alambre y la pared

Gancho o clavo a prueba de herrumbre firmemente asegurado en la pared

50 cm

Alambre forrado en plástico tensado entre los ganchos. Asegúrese de que el alambre es suficientemente resistente para este fin

Variedades recomendadas

No elija nunca una variedad particularmente sensible al mildiu, lo cual excluye a la mayoría de los rosales enredadera.

Paredes norte y este

BANTRY BAY
DANSE DU FEU
GUINEE
LEVERKUSEN
MAIGOLD
MORNING JEWEL
MME ALFRED CARRIÈRE

Paredes sur y oeste

Las variedades norte y este y además
CASINO
ENA HARKNESS, TREPADOR
ETOILE DE HOLLANDE, TREPADOR
MERMAID
MRS SAM McGREDY, TREPADOR
ROYAL GOLD

Para cubrir árboles

Un árbol muerto es muy antiestético en el jardín, y si es débil o está carcomido deberá talarlo. Sin embargo, si es robusto puede usarse como soporte para un rosal trepador, del mismo modo que se emplean algunos árboles vivos. Para este fin, el vigoroso enredadera es supremo y desbanca al trepador moderno y compacto. Plante el rosal en el lado del árbol por el que sople el viento imperante y átelo al tronco con algún medio de sujeción. El rosal trepador será independiente cuando sus ramas empiecen a entremezclarse con las del árbol.

Variedades recomendadas

CÉCILE BRUNNER, TREPADOR
FRANÇOIS JURANVILLE
KIFTSGATE
RAMBLING RECTOR
SEAGULL

CAPÍTULO 5

PLANTACIÓN DE ROSALES

El número de rosales que se plantan en Gran Bretaña anualmente es asombroso, de tal modo que si estas plantas se colocaran una tras otra, formando una hilera, rodearían el ecuador. Probablemente, los nuevos rosales que usted plante este año perdurarán 20 años o más, siempre que los cuide adecuadamente.

Ahora bien, no toda plantación de rosales prosperará, porque no se trata simplemente de cavar un hoyo, extender las raíces y luego reponer el suelo. Antes de iniciar la plantación deberá considerar varios aspectos. ¿Se han cultivado rosales en ese suelo durante muchos años? ¿Necesita abono? ¿Es un lugar realmente adecuado para los rosales? Este capítulo le ofrece una guía, paso a paso, para evitar cualquier problema.

ELECCIÓN DEL LUGAR APROPIADO

Se requiere **MUCHO SOL** para producir rosas de gran calidad, aunque una sombra ligera es beneficiosa durante la primera hora de la tarde.
LOS ROSALES NO PUEDEN TOLERAR UNA SOMBRA INTENSA Y CONTINUADA.

Es útil **PROTEGERLOS DE LOS VIENTOS FUERTES**. Para ello puede colocar o aprovechar un seto o una valla próximos, aunque éstos deben estar lo suficientemente alejados para no dar sombra al arbusto. Evite plantar en la parte más baja del jardín si ésta es un «sumidero de escarcha».
LOS ROSALES NO SE DESARROLLAN BIEN EN LUGARES EXPUESTOS Y DE SITUACIÓN BAJA.

UN BUEN DRENAJE es esencial; en consecuencia, disgregue el subsuelo si es necesario.
LOS ROSALES NO PUEDEN SUBSISTIR SI ESTÁN ANEGADOS.

Se requiere **MUCHO AIRE** para producir plantas sanas. Ni a los rosales arbustivos ni a los estándares les gusta estar rodeados de paredes y de plantas de mayor tamaño.
LOS ROSALES NO PUEDEN SUBSISTIR SI ESTÁN PLANTADOS BAJO ÁRBOLES.

Es necesario un **SUELO ADECUADO**, el cual, afortunadamente, puede conseguirse en casi todos los jardines. El suelo ideal debe tener una textura media, ser ligeramente ácido y razonablemente rico en nutrientes y humus. No es necesario un alto contenido en arcilla, y actualmente es perjudicial si no se mejora añadiendo humus. Una cantidad elevada de cal es nociva. Un suelo en el que se han cultivado rosales durante más de diez años no es apropiado (*véase* pág. 103).
LOS ROSALES NO PUEDEN DESARROLLARSE BIEN SI EL SUELO ES POBRE.

ÉPOCA ADECUADA PARA PLANTAR

Plantas de raíz desnuda

←———— **ÉPOCA DE PLANTACIÓN** ————→

Mediados de primavera	Fin de primavera	Comienzos de verano	Mediados de verano	Fin de verano	Comienzos de otoño	Mediados de otoño	Fin de otoño	Comienzos de invierno	Mediados de invierno	Fin de invierno	Comienzos de primavera

El estado del suelo es tan importante como el calendario. No debe estar ni helado ni anegado. Apriete un puñado de tierra y asegúrese de que está lo suficientemente húmeda para formar una pelota y lo bastante seca para romperse cuando se deja caer sobre una superficie dura.

LA MEJOR ÉPOCA
en casi todos los jardines, porque el suelo está lo bastante cálido para permitir el crecimiento de algunas raíces nuevas antes de que llegue el invierno. En las regiones septentrionales es más conveniente plantar los rosales a finales de otoño que a mediados.

LA MEJOR ÉPOCA
en suelos arcillosos y en zonas expuestas al frío con elevadas precipitaciones.

Plantas cultivadas en recipientes

Pueden plantarse en cualquier época del año, preferentemente en primavera y otoño, siempre que les suministre el sustrato adecuado.

PREPARACIÓN DEL SUELO

El crecimiento de los rosales, aun los mejores y más caros, depende sólo de las características del suelo. Muy pocos suelos son ideales, pero casi todos pueden transformarse en satisfactorios para los rosales mediante algunos trabajos preliminares (sobre todo en los jardines arcillosos) y humus (en los suelos arenosos). No es cierto el antiguo refrán que afirma que es esencial un suelo arcilloso para obtener resultados de máxima calidad.

EXCAVACIÓN DOBLE. Para airear la parte superior del suelo y disgregar el subsuelo. Primero excave un surco de 45 cm de anchura por 30 cm de profundidad en un lado del arriate o de la bordura y traslade la tierra a otro lugar. Luego, clave la horquilla grande en el fondo de la zanja y remueva la tierra al tiempo que echa, poco a poco, compost, estiércol bien putrefacto, mantillo de hojas o turba, de tal modo que todo quede bien mezclado. Desmonte la franja A y añádala sobre la zanja trabajada antes. Incorpore de nuevo compost o turba en el surco formado al eliminar la franja A, y con la horquilla repita la operación anterior. Desmonte la franja B y así hasta la última zanja, que llenará con la tierra extraída de la primera. Durante la excavación, retire las raíces de las malas hierbas perennes. No elimine las piedras pequeñas: son beneficiosas en épocas de sequedad. Añada macronutrientes y micronutrientes mezclando un fertilizante con la superficie del suelo y luego deje que éste sedimente durante 6 semanas por lo menos, antes de plantar.

ADVERTENCIA: SUELOS EN LOS QUE SE HAN CULTIVADO ROSALES DURANTE MÁS DE 10 AÑOS
Es posible que desee replantar un antiguo arriate de rosales o que sólo quiera sustituir uno o dos viejos arbustos por otros nuevos. En cualquier caso, es probable que el suelo sufra la enfermedad del rosal (*véase* pág. 119) si en él se cultivaron rosales durante más de diez años.

Aunque las causas de esta enfermedad son complejas y todavía no se comprenden totalmente, se ha comprobado que la sufren los arbustos y los estándares recién plantados, aun cuando los rosales anteriormente arraigados crecieran bien antes de ser eliminados.

Por ello, es aconsejable eliminar el suelo antiguo, cavando un hoyo de 60 cm de diámetro por 45 cm de profundidad, por cada planta que vaya a plantar. Añada materia orgánica suficiente y emplee una mezcla de cultivo compuesta con tierra de otra parte del jardín, en la que no se hayan cultivado rosales en los últimos años. El suelo antiguo del arriate puede esparcirlo por un huerto o por un jardín de flores.

EL DRENAJE. Es importantísimo; la excavación doble le ayudará a evitar inundaciones en tiempo lluvioso. Cuando la parte alta del suelo es poco profunda y el subsuelo está formado por arcilla, el sistema más sencillo consiste en crear arriates elevados, añadiendo más tierra, y rodearlos por sendas, que actuarán como canales de desagüe.

ABONO CON CAL. Por lo general, no es necesario porque los rosales prefieren los suelos ligeramente ácidos (pH 6-6,5). Sólo deben abonarse con cal los suelos muy ácidos, pero incluso en esta situación se necesitará una cantidad de abono muy pequeña. Evite abonar con cal a menos que desee obtener plantas débiles.

ADVERTENCIA: SUELOS CALCÁREOS
Si el grosor del suelo situado por encima de la caliza es inferior a 45 cm tendrá que añadir más tierra o bien excavar un hoyo de 60 cm en cada lugar donde vaya a plantar y llenarlo con mezcla de cultivo (*véase* pág. 104). Como alternativa, cultive rosales arbustivos tolerantes a la caliza como los Alba, los Damasco y los híbridos almizcleños.

PREPARACIÓN DE LAS PLANTAS

SI LA PLANTACIÓN SE RETRASA MENOS DE DIEZ DÍAS
Deje el paquete que contiene el arbusto o la planta estándar sin abrir en un cobertizo, en un garaje o en un sótano fresco pero a prueba de heladas.

SI LA PLANTACIÓN SE RETRASA MÁS DE DIEZ DÍAS
«Enzanje» los rosales. Cave una zanja poco profunda en forma de V y alinee los rosales, apoyándolos a un lado de ella. Cubra las raíces y la parte inferior de los tallos con tierra y apisónela. Póngales una etiqueta que dure, ya que las de papel atadas por el suministrador a la larga pueden pudrirse.

CUANDO ESTÉ PREPARADO EMPIECE A PLANTAR
Desempaquete el rosal cuidadosamente y ponga el material de embalaje, arpillera, etc. sobre las raíces. Después, prepare el arbusto como se indica en el diagrama adjunto.

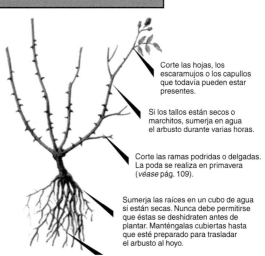

Corte las hojas, los escaramujos o los capullos que todavía pueden estar presentes.

Si los tallos están secos o marchitos, sumerja en agua el arbusto durante varias horas.

Corte las ramas podridas o delgadas. La poda se realiza en primavera (*véase* pág. 109).

Sumerja las raíces en un cubo de agua si están secas. Nunca debe permitirse que éstas se deshidraten antes de plantar. Manténgalas cubiertas hasta que esté preparado para trasladar el arbusto al hoyo.

Recorte las raíces lesionadas o demasiado largas hasta unos 30 cm.

PLANTACIÓN

ARBUSTOS

Plantas de raíz desnuda

El primer paso consiste en marcar el lugar donde desee plantar los arbustos mediante cañas, para asegurarse de que éstos estarán tan distanciados como planeó. A continuación, debe excavarse un hoyo por cada rosal. El error más común durante la plantación suele ser un hoyo demasiado profundo y estrecho.

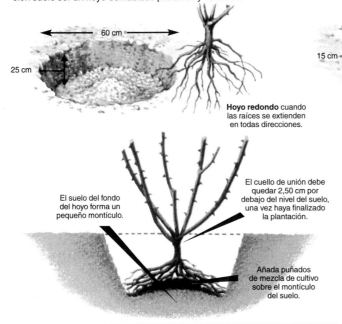

Hoyo redondo cuando las raíces se extienden en todas direcciones.

Hoyo en forma de abanico cuando las raíces crecen en una sola dirección.

El suelo del fondo del hoyo forma un pequeño montículo.

El cuello de unión debe quedar 2,50 cm por debajo del nivel del suelo, una vez haya finalizado la plantación.

Añada puñados de mezcla de cultivo sobre el montículo del suelo.

Prepare la **mezcla de cultivo** en una carretilla con las siguientes proporciones: una parte de tierra, una parte de turba húmeda y tres puñados de harina de huesos por carretada.

Extienda las raíces de modo uniforme en el hoyo y eche un par de paletadas de la mezcla a su alrededor. Sacuda la planta suavemente de arriba abajo y, a continuación, fije la mezcla con los puños. Coloque un palo a través de la parte superior del hoyo para asegurarse de que el cuello de unión está al mismo nivel que la superficie del suelo.

Llene el hoyo hasta la mitad con más mezcla y apisónela suavemente. Bajo ningún concepto debe apretarla en exceso, ya que esto destruiría la estructura natural del suelo. Empiece apisonando la parte más externa del hoyo y gradualmente aproxímese al centro. Añada más mezcla hasta colmar el hoyo, písela una vez más y, a continuación, remueva la superficie para que no quede compacta. Añada un poco más de tierra para que el cuello de unión quede, aproximadamente, 2,50 cm por debajo de la superficie del suelo y, por último, ate una etiqueta a prueba de agua con el nombre del rosal. La tarea ha terminado, pero si después de la plantación se presenta una época de heladas es necesario fijar de nuevo la planta.

Trasplante de arbustos arraigados

En ocasiones es necesario trasplantar un rosal arbustivo de una parte a otra del jardín. Realice este trabajo a finales de otoño o a principios de primavera. Acorte los tallos, corte las hojas viejas y las flores y luego extraiga el arbusto del suelo cuidadosamente. Existen dos formas de realizar la extracción: dos personas, situadas en lados opuestos de la planta, clavan con firmeza sus horquillas en el suelo y hacen palanca para elevar la planta, o bien una persona con una pala hace un surco cuadrado distante aproximadamente 25 cm del centro del arbusto y, a continuación, lo levanta con cuidado y lo coloca en una carretilla. Plántelo inmediatamente. Si la plantación se demora, mantenga húmedo el terrón de tierra que rodea las raíces.

Plantas cultivadas en recipientes

Nunca considere la plantación en recipientes como un método fácil para plantar rosales. Las raíces no crecerán en el suelo del jardín si el ambiente que rodea al terrón de tierra no es del gusto de las plantas. Esto significa que no es suficiente con cavar un hoyo, sacar el recipiente, dejar la planta en el hoyo y reponer el suelo.

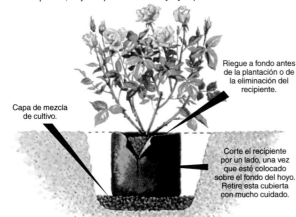

Capa de mezcla de cultivo.

Riegue a fondo antes de la plantación o de la eliminación del recipiente.

Corte el recipiente por un lado, una vez que esté colocado sobre el fondo del hoyo. Retire esta cubierta con mucho cuidado.

Asegúrese de que el suelo está húmedo antes de cavar un hoyo. Éste debe ser lo bastante amplio y profundo para contener el terrón de tierra y una capa circundante de 7,5-10 cm de mezcla de cultivo. A continuación, corte el recipiente y deslice suavemente el terrón de tierra al interior del hoyo recién cavado. No levante jamás la planta al realizar esta operación y no disgregue nunca el compost que rodea las raíces.

Llene el espacio existente entre el terrón de tierra y los lados del hoyo con mezcla de cultivo (*véase* antes) y nunca con tierra corriente, puesto que las raíces no podrían crecer directamente en el suelo mineral corriente del jardín. Presione la mezcla con sus dedos o con el mango de una pala. Riegue regularmente durante la época de sequedad, en primavera y verano, hasta que la planta arraigue.

PLANTACIÓN (continuación)

ESTÁNDARES

Si desea plantar arbustos y estándares en el mismo arriate, ocúpese primero de los estándares.

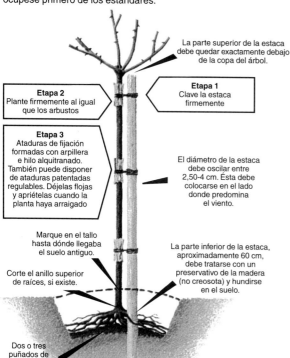

La parte superior de la estaca debe quedar exactamente debajo de la copa del árbol.

Etapa 1
Clave la estaca firmemente

Etapa 2
Plante firmemente al igual que los arbustos

Etapa 3
Ataduras de fijación formadas con arpillera e hilo alquitranado. También puede disponer de ataduras patentadas regulables. Déjelas flojas y apriételas cuando la planta haya arraigado

El diámetro de la estaca debe oscilar entre 2,50-4 cm. Ésta debe colocarse en el lado donde predomina el viento.

Marque en el tallo hasta dónde llegaba el suelo antiguo.

Corte el anillo superior de raíces, si existe.

La parte inferior de la estaca, aproximadamente 60 cm, debe tratarse con un preservativo de la madera (no creosota) y hundirse en el suelo.

Dos o tres puñados de mezcla de cultivo.

TREPADORES

Debe mantener el hoyo alejado de la pared para evitar una excesiva sequedad de las raíces.
Prepare el suelo concienzudamente antes de plantar, y manténgalo muy húmedo durante la época de sequedad de la primera estación después de haber plantado.
Mantenga, como mínimo, una distancia de 45 cm entre el rosal trepador y otras plantas cultivadas a su alrededor.

Tallos atados al soporte después de la plantación. *Véase* la guía de la página 106 antes de sujetar los tallos a la pared.

Las raíces se inclinan al alejarse de la pared.

← 40 cm →

Hilera de ladrillos que impide la subida de la humedad. La plantación debe realizarse por debajo de este nivel.

Dos o tres puñados de biohumus o de mezcla de cultivo.

DENSIDAD DE POBLACIÓN

TIPO DE ROSAL	DISTANCIA ENTRE PLANTAS SIMILARES
ROSALES MINIATURA	30 cm
ROSALES DE PATIO	45 cm
ARBUSTOS HÍBRIDOS DE TÉ y FLORIBUNDA variedades compactas	45 cm
ARBUSTOS HÍBRIDOS DE TÉ Y FLORIBUNDA variedades medianas	60 cm
ARBUSTOS HÍBRIDOS DE TÉ Y FLORIBUNDA variedades altas	75-100 cm
ROSALES COBERTORES DEL SUELO	envergadura espesada
ARBUSTOS DE ESCASO CRECIMIENTO	100 cm
ESTÁNDARES	120 cm
ARBUSTOS	150 cm por término medio o la mitad de la altura esperada
LLORONES	180 cm
TREPADORES	200-300 cm

CAPÍTULO 6
MANTENIMIENTO DE LOS ROSALES

El constante incremento de popularidad de los híbridos de Té y de los Floribunda se debe, sin duda alguna, a la belleza y a los colores de las variedades modernas, así como a su capacidad de florecer repetitivamente. No obstante, también constituye un factor importante la simplicidad del cuidado de los rosales, si se compara con el tiempo que se requiere para cuidar otras favoritas del jardín.

Durante el año de cultivo del rosal deben realizarse varias tareas fáciles y sencillas. Algunas, como la cava y el abonado, generalmente se comprenden y practican. Otras, como el acolchado y la guía, aún no se practican mucho y, como resultado de ello, innumerables rosales sufren las consecuencias. La poda es uno de los aspectos del cultivo del rosal que provoca más discusiones e interés. Por último, existe un aspecto del mantenimiento del rosal que no aparece en los libros de texto: debe disponerse de tiempo para disfrutar de sus rosales y, de vez en cuando, sentarse junto a ellos sólo para contemplarlos.

ACOLCHADO

Un acolchado es una gruesa capa de material orgánico colocada a ras de suelo alrededor de las plantas. En un jardín de rosales proporciona cinco ventajas:

- Mantiene el suelo húmedo durante los días secos de verano.
- Reduce mucho la cantidad de malas hierbas.
- Mejora la estructura del suelo, como si se añadiera humus.
- Algunos componentes del acolchado proporcionan abonos a las plantas.
- Reduce las agresiones de la mancha negra.

Los materiales apropiados son la turba húmeda, cortezas desmenuzadas, el estiércol de lúpulo, el estiércol bien fermentado, un buen compost de jardín y el mantillo de hoja. A menudo se recomienda y se usa hierba cortada; sin embargo, conviene tener precaución y no emplearla si en el césped hay malas hierbas en gran cantidad o si se ha tratado con un herbicida recientemente. Si se utiliza, añada una capa delgada en una sola vez y remuévala de vez en cuando.

La época normal para realizar el acolchado es a finales de primavera, y su éxito depende de la preparación previa de la superficie del suelo. Para ello, elimine los escombros, las hojas secas y las malas hierbas. Después, riegue la superficie si está seca. Aplique el abonado de primavera (*véase* pág. 111), cave ligeramente, y ya puede llevar a cabo el acolchado. Extienda una capa de 5-7 cm alrededor de los rosales, manteniéndola alejada del cuello de las plantas. Durante el otoño, pinche la parte superficial de esta capa con suavidad.

El acolchado reducirá mucho la necesidad de regar y cavar, pero no sustituye el abonado, ya que los componentes del acolchado no suministran, en general, el equilibrio de nutrientes de un buen fertilizante de rosales.

Algunos expertos piensan que el acolchado de otoño es igual o incluso mejor que el de finales de primavera. Si opta por ello, aplique el acolchado a principios de otoño antes de que el suelo se haya enfriado.

GUÍA

Algunos arbustos con tallos laxos y extendidos pueden necesitar algún tipo de soporte pocos años después de su plantación. Para ello, emplee tres o más estacas, no demasiado visibles, unidas por su parte superior mediante una tabla o un listón firme, y no confíe nunca sólo en una estaca y una cuerda, porque pueden ser insuficientes.

Los rosales trepadores deben guiarse desde que inician el crecimiento para asegurar que permanecen sujetos a sus soportes y que crecen en la dirección deseada. Esto no significa, de ningún modo, que deba permitirse que los tallos principales crezcan verticalmente, ya que si así ocurriera se desarrollaría una planta madura con hojas y flores solamente en la parte superior.

Para evitar que ocurra esto, guíe los tallos principales del modo más horizontal posible. Esta interrupción del movimiento natural vertical provoca que aparezcan brotes laterales, los cuales crecen hacia arriba proporcionando al mismo tiempo altura y cobertura mientras sostienen las flores.

Brotes basales extendidos a modo de abanico para estimular el crecimiento de ramas laterales verticales

En el rosal trepador que crece cubriendo una pared, una valla o una espaldera, es adecuado guiar los brotes y extenderlos en forma de abanico: así resulta imponente; sin embargo, esto no es práctico cuando el rosal debe cubrir un pilar o un trípode. En este caso, enrolle las ramas, formando una espiral ascendente, alrededor del palo.

Los alambres que se emplean para sujetar los tallos principales o los soportes no deben apretarse demasiado, porque el grosor de los tallos aumenta con la edad, y un alambre tirante puede estrangular el crecimiento.

PODA

A diferencia de un árbol, un rosal arbustivo produce brotes que no crecen de forma regular y anualmente, durante toda la vida de la planta. Un tallo de rosal sólo crece activamente y produce flores durante escasos años, después su parte superior se agota. Luego, a partir de una yema basal del tallo se forma un nuevo brote, y la parte del tallo situada por encima de éste muere.

Como resultado, un rosal arbustivo sin podar se convierte en una masa informe y enmarañada de madera viva y muerta, con tallos pequeños y débiles que producen flores de escasa calidad. La finalidad de la poda es eliminar, cada año, la madera vieja y agotada, y estimular el desarrollo regular de tallos sanos y fuertes.

Hasta hace poco, sólo existía un único método básico de poda, pero en los últimos años se ha desarrollado una técnica «tosca» o de cuidado fácil. Este método ha proporcionado resultados al menos tan buenos como el tradicional, pero con mucho menos esfuerzo.

Herramientas que debe usar

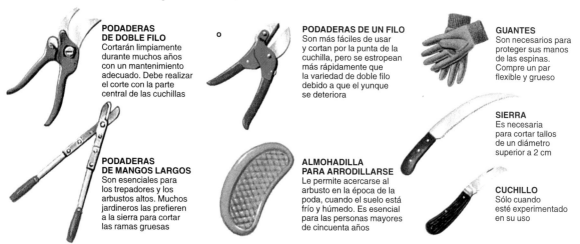

PODADERAS DE DOBLE FILO
Cortarán limpiamente durante muchos años con un mantenimiento adecuado. Debe realizar el corte con la parte central de las cuchillas

PODADERAS DE UN FILO
Son más fáciles de usar y cortan por la punta de la cuchilla, pero se estropean más rápidamente que la variedad de doble filo debido a que el yunque se deteriora

GUANTES
Son necesarios para proteger sus manos de las espinas. Compre un par flexible y grueso

PODADERAS DE MANGOS LARGOS
Son esenciales para los trepadores y los arbustos altos. Muchos jardineros las prefieren a la sierra para cortar las ramas gruesas

ALMOHADILLA PARA ARRODILLARSE
Le permite acercarse al arbusto en la época de la poda, cuando el suelo está frío y húmedo. Es esencial para las personas mayores de cincuenta años

SIERRA
Es necesaria para cortar tallos de un diámetro superior a 2 cm

CUCHILLO
Sólo cuando esté experimentado en su uso

MÉTODO TRADICIONAL

La poda de todos los arbustos y los estándares debe realizarse del siguiente modo:

PASO 1
Elimine por completo toda la madera seca y todas las partes de los tallos que están claramente enfermas o dañadas. Prueba: la superficie cortada debe ser blanca. Si es marrón, recorte nuevamente.

PASO 2
Elimine por completo todos los tallos muy delgados y suprima cualquier rama que roce a otra. Trate de obtener un arbusto abierto-centrado. Elimine los serpollos.

PASO 3
Elimine todos los tallos inmaduros. Prueba: trate de romper algunas espinas. Si éstas se doblan o se arrancan en lugar de partirse con limpieza, indican que la madera es demasiado blanda para cualquier uso.

PASO 4
Ahora sólo quedan los tallos maduros y sanos. Pódelos a la longitud aconsejada en la página 109, según el tipo de rosal en cuestión.

Cómo se debe cortar

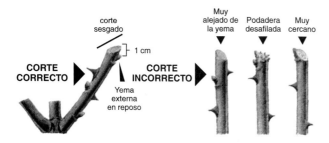

corte sesgado
1 cm

CORTE CORRECTO

CORTE INCORRECTO

Yema externa en reposo

Muy alejado de la yema

Podadera desafilada

Muy cercano

Todos los cortes deben ser limpios; en consecuencia, debe cortar cualquier irregularidad. Es esencial disponer de unas podaderas afiladas, pero nunca las fuerce para cortar ramas gruesas; empléelas para trabajos comunes del jardín cuando las cuchillas estén desgastadas.

Si poda en un día desagradable y frío es probable que efectúe algunos cortes incorrectos en los arbustos. Como resultado, los tocones se formarán por encima de algunos de los nuevos brotes que se desarrollan. En este caso, simplemente debe cortar los trozos muertos en cuanto aparezcan.

Tipos de poda

ANTES	DESPUÉS	TIPO
		PODA INTENSA Los tallos se recortan a 3 o 4 yemas de la base. En consecuencia quedan tallos robustos y cortos, de unos 12-15 cm de altura. La poda intensa se recomienda en los rosales arbustivos recién plantados y a menudo también en los híbridos de Té adultos, cultivados únicamente para la producción de flores de exposición. No se recomienda mucho en los rosales adultos que se cultivan para lucir en el patio; no obstante, todavía se usa para algunos híbridos de Té de crecimiento muy débil y para rejuvenecer rosales descuidados. No debe emplearse nunca una poda intensa en los Floribunda adultos.
		PODA MODERADA Los tallos se recortan aproximadamente a la mitad. Los que son más débiles que los normales deben reducirse más que lo indicado anteriormente. Se recomienda realizar una poda moderada en casi todos los híbridos de Té adultos que crecen en suelos corrientes. Para podar los Floribunda adultos se usa una variación de este sistema (*véase* pág. 109). Después de una poda moderada y si los rosales están bien cuidados, puede esperar que se produzcan flores de calidad para ser exhibidas, así como una magnífica exposición de jardín. Se considera que una poda intensa no es esencial para ganar premios.
		PODA LIGERA Los tallos se recortan aproximadamente 2/3 de su longitud. Esto significa que después de eliminar toda la madera superflua, los tallos restantes están simplemente despuntados. En general, no se recomienda una poda ligera año tras año, ya que si bien produce arbustos altos, largos y delgados, y que florecen pronto, éstos dan flores de baja calidad. Sin embargo, en casos especiales, sólo se emplea este tipo de poda. Debe realizar una poda ligera en las variedades híbridas de Té muy vigorosas, tales como Peace, y en todos los rosales que se cultivan en zonas muy arenosas o con mucho humus.

Cuándo se debe podar

ARBUSTOS, ESTÁNDARES Y TREPADORES

Se recomienda podar a principios de primavera los rosales plantados durante el otoño y el invierno, así como también las plantas adultas. Si los arbustos y los estándares han de plantarse durante la primavera, pódelos antes de la plantación.

El mejor momento para realizar la poda coincide con el inicio del crecimiento. Las yemas principales habrán empezado a hincharse, pero todavía no habrán brotado las hojas.

Uno de los peligros de retrasar la poda hasta la primavera reside en las posibles sacudidas del viento durante los temporales de invierno. Evite esta posibilidad recortando las ramas largas a mediados de otoño.

ENREDADERAS

Pódalas a finales de verano o durante el otoño, cuando la floración ha terminado.

Una poda anticipada puede provocar, en unas condiciones ambientales suaves, la maduración prematura de las yemas; sin embargo, si el tiempo se vuelve glacial éstas sufren lesiones por el hielo.

A pesar de ello, algunos expertos en rosales podan regularmente durante el invierno, cuando la temperatura es superior a 0°C, y afirman que de esta forma las plantas florecen antes que con la poda de primavera, que es la más común.

Una poda demasiado tardía provoca un debilitamiento de la planta. La causa de esto radica en que la savia fluye libremente hacia arriba cuando las yemas están creciendo activamente, y podar en esta etapa causa forzosamente una pérdida considerable de savia.

Podar con el método tradicional

	ROSALES RECIÉN PLANTADOS (Plantados en el otoño/invierno anterior o que han de plantarse en primavera)	ROSALES ADULTOS (Plantados, como mínimo, 12 meses antes)
ARBUSTOS HÍBRIDOS DE TÉ	Se requiere una **poda intensa** para desarrollar un sistema radicular fuerte y estimular el crecimiento de ramas, nuevas y vigorosas, próximas a la base del arbusto.	El mejor método para obtener una exposición general de jardín es realizar una **poda moderada**. Algunas veces se usa una poda intensa para conseguir flores de concurso. Se recomienda una poda ligera en las zonas pobres y para las variedades muy vigorosas.
ARBUSTOS FLORIBUNDA O ROSALES DE PATIO	Los híbridos de Té deben podarse dejando las ramas a 10-15 cm del suelo. Las ramas de los Floribunda deben cortarse a 15 cm del suelo. En los suelos arenosos, realice una poda moderada en esta etapa de crecimiento y una poda intensa el año siguiente.	Básicamente se realiza una **poda moderada** en los Floribunda; no obstante, algunos tallos viejos se podan intensamente a escasos centímetros del suelo, y los brotes nuevos, surgidos cerca de la base el año anterior, sólo se podan ligeramente. De este modo, resultan tallos de varias longitudes, lo cual asegura un largo período de floración continua.
ESTÁNDARES HÍBRIDOS DE TÉ Y FLORIBUNDA	Se recomienda una **poda intensa**, aunque debe ser más moderada que la de los arbustos recién plantados. Recorte los tallos dejando unos 20 cm a partir del tronco.	Se emplea una **poda moderada** para conseguir una copa correctamente equilibrada, la cual producirá muchísimas flores. Debe evitarse una poda intensa porque crecen ramas supervigorosas que arruinarán el árbol. Asegúrese de que las ramas principales tienen aproximadamente la misma longitud después de la poda.
LLORONES	Se precisa una **poda intensa**, dejando ramas de unos 15 cm de longitud en la parte superior del tronco.	En otoño, suprima las ramas que han florecido y deje los nuevos brotes vigorosos que florecerán el año siguiente. Recorte los extremos de estos brotes durante la primavera siguiente.
ROSALES ARBUSTIVOS, MINIATURA Y COBERTORES DE SUELO	No requiere poda.	Se requiere una poda muy ligera. Si es necesario, elimine las ramas secas y enfermas, y dé forma al rosal. Elimine y queme los extremos atacados por el mildiu. Para los miniatura, es más conveniente emplear tijeras y no podaderas.
TREPADORES	No pode, sólo elimine todos los extremos marchitos.	El método correcto de poda depende de la variedad (*véase* págs. 61-71). **Método 1:** Además de eliminar la madera agotada y muerta, se requiere una poda ligera. Reduzca algunos tallos principales hasta una rama fuerte —acortar los brotes laterales puede producir un alargamiento de dos tercios. **Método 2:** Además de eliminar la madera agotada y muerta, se requiere una poda muy ligera. Deben eliminarse los extremos marchitos de los brotes unos dos tercios. **Método 3:** Además de eliminar la madera agotada y muerta se requiere una poda muy ligera.

MÉTODO DE FÁCIL CUIDADO

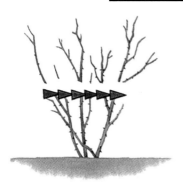

Para muchos expertos en rosas es una sorpresa que este método de poda tenga tanto éxito. Numerosos intentos de la RNRS y otras organizaciones en los años noventa han mostrado que esta técnica es al menos igual que el método tradicional, más laborioso y recomendado en los libros de texto clásicos. En ocasiones, las inflorescencias son mayores y más numerosas, y los arbustos resultan tan sanos como los obtenidos mediante el método tradicional.

No puede ser más simple —se corta el arbusto hasta la mitad de su altura con la ayuda de unas podaderas o unas tijeras para setos. Elimine los tallos débiles y enredados —pode la madera muerta de la base si quiere. Las herramientas son las mismas utilizadas en el método tradicional —*véanse* págs. 107 y 108.

RIEGO

Una de las ventajas del rosal es la de arraigar profundamente. Como consecuencia de ello, durante algunas estaciones, el riego de las plantas adultas no es vital.

Por desgracia, esta capacidad del rosal arbustivo de mantenerse fresco y verde en verano, cuando las plantas de arraigue superficial han empezado a marchitarse, determina que muchos desatiendan su riego. Se ha demostrado que la interrupción del riego durante un verano con algunos períodos de sequía, origina plantas de crecimiento debilitado, flores pequeñas y con un corto período de floración, aunque sus hojas pueden estar verdes y tersas

Algunos rosales, como los recién plantados, los que trepan por las paredes y los arbustos plantados en un suelo arenoso, pueden necesitar un riego algunos días después de un período de sequedad. Todos los rosales necesitarán abundantes riegos durante un período de sequía a finales de primavera o en verano.

Normalmente riegue las plantas con una regadera. Distribuya aproximadamente 5 l por cada arbusto o planta estándar y 15 l por cada trepador. No riegue nunca poco o en exceso. Mantenga la regadera cerca del suelo y riegue lentamente a través del surco, sin mojar las hojas del rosal. Siga las instrucciones de los expertos y añada una medida de fertilizante soluble al agua.

Quizás el mejor método de riego sea la irrigación gota a gota, mediante una manguera perforada situada junto a los arbustos. Una técnica fácil, rápida y popular en América consiste en rodear cada arbusto con una cresta de suelo y luego llenar el surco con una manguera.

CAVA

La principal finalidad de la cava es restringir las malas hierbas, como la hierba rastrera, que no se han suprimido por el acolchado. Para este propósito, la cava debe llevarse a cabo a intervalos regulares y frecuentes a fin de que, a la larga, las partes subterráneas de las malas hierbas mueran por falta de nutrientes.

No debe cavar a más de 2,50 cm de profundidad, ya que podría herir el sistema radicular del rosal. No se moleste en cavar para conservar la humedad del suelo, ya que un «acolchado en polvo» tiene escaso valor.

La horquilla grande de jardín tiene escasa utilidad en un jardín de rosales maduros. Puede usarla para pinchar el suelo ligeramente en primavera y de nuevo en otoño, aunque debe evitar siempre una alteración del suelo profundo.

DESYEMACIÓN

Muchos rosales híbridos de Té producen, en general, varios capullos en el ápice de cada brote. Si desea obtener flores grandes para exposición, para lucir en el jardín o para un arreglo floral en el interior, será necesario realizar una desyemación. Esta operación exige la eliminación de los capullos laterales tan pronto como sean visibles, que deben cortarse con los dedos. Esto permite que el capullo terminal, más vigoroso, se desarrolle hasta su tamaño máximo.

CORTE

La rosa es, tal vez, la flor cortada más atractiva y más extensamente utilizada en la decoración del hogar. Desde comienzos de verano se puede obtener un abundante surtido de flores, aunque se disponga de un pequeño jardín.

Con el fin de evitar que los arbustos se debiliten cuando corte las rosas, se deben tener en cuenta las siguientes consideraciones. No corte más de un tercio de la vara floral y corte siempre por encima de una yema externa.

Cuando los arbustos no son vigorosos, los tallos de las flores cortadas deben carecer de hojas. En general, no se recomienda cortar las flores de los rosales recién plantados durante su primera estación en el jardín; no obstante, apenas los perjudicará, o no lo hará en absoluto, si corta algunas flores con tallos deshojados.

DESPUNTADURA

La eliminación regular de las flores marchitas, tanto de los rosales híbridos de Té como de los Floribunda, es una tarea importante. Cuando las flores estén marchitas elimine toda la inflorescencia, cortando el tallo por encima de la segunda o tercera hoja. Mediante esta operación, la planta conserva la energía que de otro modo hubiera perdido en la formación de los escaramujos y se asegura una sucesión regular de nuevas varas florales. Las flores marchitas, que se forman durante el primer año del cultivo del rosal, deben eliminarse con un tallo muy corto.

No despunte ni los rosales que están floreciendo ni tampoco las variedades cultivadas por sus decorativos escaramujos.

ACLARADO

Después de la poda, con frecuencia se desarrollan dos o más brotes a partir de una sola yema. Sólo debe conservarse uno de ellos, y eliminar suavemente con los dedos los más débiles o internos.

NUTRICIÓN

Síntomas de deficiencias

Caída prematura de los pétalos

Escasa resistencia a las enfermedades

Flores pequeñas y de escasa calidad

Hojas pálidas o decoloradas

Hojas pequeñas

Crecimiento atrofiado y tallos débiles

«Zonas necróticas» en los bordes foliares

Los rosales, como la mayoría de las plantas de jardín, requieren una gran cantidad de nutrientes del suelo. La falta de uno o más elementos esenciales provoca la aparición de síntomas de deficiencia en las hojas o en las flores y afecta, asimismo, el vigor y la manifestación floral. Con el fin de paliar este problema, abone sus rosales cada año.

El acolchado, descrito en la página 106, proporciona humus y algunos nutrientes; no obstante, se necesitan nutrientes adicionales, los cuales básicamente se suministran a través de un fertilizante compuesto patentado que contiene nitrógeno, fósforo y potasio.

En general se emplea **fertilizante granular o en polvo**, que se esparce alrededor de las plantas durante la primavera.

La mezcla en polvo más famosa es la fórmula Tonks, que data de unos 100 años. La versión moderna disponible es el abono Toprose, que contiene magnesio y hierro, además de yeso y la mayoría de nutrientes para plantas.

También puede encontrar **fertilizantes líquidos** en botellas o en cajas de polvos solubles como sustancias milagrosas. Estos abonos constituyen una excelente elección para un tratamiento rápido y barato, si se considera que se necesitan tratamientos regulares y repetitivos durante la estación.

El **fertilizante foliar** ha despertado muchísimo interés y algunas controversias en el mundo de la rosa. Estos fertilizantes, de composición especial, se emplean como suplemento y no para reemplazar a los nutrientes del suelo, y su única ventaja es la de entrar en la savia sólo unas horas después de haber pulverizado las hojas. Es el preferido de los expositores, puesto que se ha demostrado que aumenta el tamaño de las flores, así como la salud general de la planta.

TIPOS DE NUTRIENTES	NUTRIENTES	FUNCIONES
MACRONUTRIENTES (se precisan en grandes cantidades)	**NITRÓGENO (N)**	El nitrógeno estimula el crecimiento de las hojas y de los tallos y aumenta el tamaño de la planta.
	FOSFATOS (P_2O_5)	Los fosfatos estimulan el crecimiento de las raíces y de los tallos y aceleran la floración.
	POTASA (K_2O)	La potasa estimula la producción de flores de gran calidad. También aumenta la resistencia a la sequía y a las enfermedades.
INTERMEDIOS (se precisan en cantidades moderadas)	**CALCIO (Ca)**	El calcio, el magnesio, el hierro, el boro y el manganeso mantienen el color verde normal del follaje, de tal modo que ni el crecimiento ni el aspecto de la planta se estropean por la decoloración y la caída prematura de las hojas. El boro evita la deformación de los folíolos, y el calcio reduce la extensión de la podredumbre de los tallos.
	MAGNESIO (Mg)	
MICRONUTRIENTES (se precisan en pequeñas cantidades)	**HIERRO (Fe)**	Los micronutrientes o elementos traza también contribuyen, de algún modo, a la prevención de las enfermedades y a la salud general de la planta.
	BORO (B)	
	MANGANESO (Mn)	

Programación del abonado

PROGRAMACIÓN ESTÁNDAR

Tratamiento de primavera antes de que las hojas se abran totalmente

Añada aproximadamente un pequeño puñado del fertilizante que le hayan aconsejado alrededor de cada planta cuando el suelo esté húmedo. Cave ligeramente.

Tratamiento a principios o mediados de verano

Añada aproximadamente un pequeño puñado del fertilizante elegido alrededor de cada planta. No abone a partir de mediados de verano porque puede producirse un crecimiento débil y sensible a las heladas

PROGRAMACIÓN RÁPIDA

Mensual en primavera-verano

Es muy útil para abonar gran cantidad de rosales y cuando la economía es un factor importante. Utilice un líquido diluido o un abono soluble y aplíquelo con la ayuda de un rociador de manguera.

PROGRAMACIÓN TÉCNICA

Quincenalmente, entre los dos tratamientos de la programación estándar

Muchos expositores y entusiastas cultivadores de rosales complementan la programación estándar (*véase* superior) con un abonado foliar. Con este fin, emplee un fertilizante foliar diluido según las prescripciones y asegúrese de humedecer las hojas completamente. No pulverice en condiciones de fuerte insolación.

CAPÍTULO 7

ENFERMEDADES DE LOS ROSALES

El rosal, como cualquier otro ser vivo, es susceptible de ser atacado por organismos nocivos. Como norma general, a las plagas de insectos de primavera les siguen las enfermedades de verano y de otoño. Aunque este problema no se soluciona mediante un cultivo adecuado, un arbusto bien cultivado podrá resistir mucho mejor los efectos del ataque de un organismo nocivo que un ejemplar descuidado, pero no existe ningún sistema que impida totalmente la penetración de algunas enfermedades de los rosales en su jardín.

No dé por sentado, de inmediato, que toda deformación se debe a una plaga de insectos o a una enfermedad fúngica, ya que muchos problemas son provocados por el tiempo, la falta de nutrientes, la cantidad de herbicida y un cuidado escaso. Afortunadamente, es muy probable que los rosales de su jardín presenten escasas enfermedades, y la finalidad de este capítulo es mostrarle las características de éstas y enumerar las medidas de control correctas.

Desde luego, es más interesante aprender a reconocer las distintas variedades de los rosales que identificar los síntomas de sus enfermedades, pero no por ello es más importante. Debe tener en cuenta que la mayoría de las plagas y de las enfermedades pueden controlarse con facilidad si se tratan rápidamente, pero pueden ser difíciles o imposibles de controlar si se descuidan por negligencia o ignorancia.

Cómo reducir el riesgo de enfermedades en su jardín

Compre plantas de buena calidad, con abundantes raíces y tallos sanos (*véase* pág. 91). Si vive en una zona propensa a las enfermedades, elija variedades, conocidas por su buena resistencia a éstas (*véanse* las guías alfabéticas, págs. 13-49).

No deje los deshechos esparcidos. Rastrille y queme las hojas enfermas caídas y los restos de la poda. Arranque y destruya los ápices de los brotes con mildiu.

Prepare el suelo bien. Un rosal cultivado en un suelo poco drenado es susceptible a muchas enfermedades.

Evite la superpoblación. No plante los rosales muy juntos. Mantenga entre ellos las distancias recomendadas en la página 105. Pode para obtener un arbusto abierto-centrado.

Abone las plantas bien. La potasa es esencial: aumenta la resistencia a las enfermedades y acelera la maduración de la madera nueva. Los fosfatos estimulan el desarrollo de un sistema radicular sano.

Evite el exceso de cal. En el suelo ocasiona clorosis, es decir, el amarilleamiento de las hojas debido a la escasez de hierro y de manganeso.

Plante en el lugar adecuado y del modo apropiado. Esto reducirá el riesgo de problemas debido a la sequía, a la anegación, a las sacudidas del viento, al daño de las heladas, a la deficiencia lumínica, a la excesiva producción de serpollos, etc.

Inspeccione las plantas con regularidad. Afronte los problemas en sus fases iniciales, cuando todavía puedan arrancarse insectos ocasionales y evitar la expansión de enfermedades empleando un fungicida.

Causas que provocan la muerte de los rosales

Un rosal arbustivo de buena calidad, plantado como se ha descrito en las páginas anteriores, debe crecer y florecer durante muchos años. Cualquier fracaso de supervivencia se deberá, casi con certeza, a una de las siguientes causas.

Plantación poco firme (*véase* pág. 104). Plante los rosales en la época recomendada y tire del tallo, con suavidad, en la primavera siguiente. Si la planta se mueve fácilmente, apisone con el pie el suelo que la rodea.

Sacudidas del viento, especialmente en lugares expuestos.

Suelo anegado alrededor de las raíces debido a un escaso drenaje.

Sequía intensa, especialmente en los suelos pobres.

Helada intensa (*véase* pág. 113).

Empleo de estiércol fresco, no bien putrefacto, en la época de la plantación.

Poda intensa anual de los Floribunda y de los híbridos de Té cultivados en suelos arenosos.

Raíces secas en el momento de plantar.

Exceso de cal en el suelo.

Enfermedades nocivas: roya, cancro y hongo de la miel (*véanse* págs. 115 y 119)

Plagas subterráneas: larvas de escarabajos y hormigas (*véase* pág. 116).

Plantar bajo los árboles puede conducir a la muerte por el efecto combinado de la sequedad radicular, de la sombra intensa y del goteo tóxico del canopis foliar.

Problemas de cultivo

DEFICIENCIA DE NITRÓGENO

Hojas jóvenes pequeñas y de color verde pálido. Algunas veces presentan manchas rojas. Caída prematura de las hojas. Tallos enanos y débiles.

Aplique un fertilizante compuesto.

DEFICIENCIA DE FOSFATO

Hojas jóvenes pequeñas y de color verde oscuro, con matizado purpúreo en el envés. Caída prematura de las hojas. Tallos enanos y débiles.

Aplique un fertilizante compuesto.

DEFICIENCIA DE POTASA

Hojas jóvenes rojizas y hojas adultas de color verde, con necrosis en los bordes. Flores pequeñas. Común en suelos arenosos.

Aplique un fertilizante compuesto.

DEFICIENCIA DE MAGNESIO

Hojas pálidas en el centro y con zonas necróticas junto al nervio principal. Las hojas más afectadas son las más adultas. Caída prematura de las hojas.

Aplique un fertilizante que contenga magnesio (ej.: Toprose).

DEFICIENCIA DE HIERRO

Hojas con grandes zonas amarillas. Las más afectadas son las jóvenes, que quedan casi totalmente amarillas.

Evite el exceso de cal. Aplique abono Toprose. En suelos de marga utilice Multitonic.

DEFICIENCIA DE MANGANESO

Hojas con zonas cloróticas interneurales. Las hojas más afectadas son las más viejas.

Evite el exceso de cal. En suelos de marga utilice Multitonic en la proporción recomendada por el fabricante.

DAÑO DE LAS HELADAS

Las hojas afectadas se presentan arrugadas, rotas y con manchas de color marrón. Algunas veces aparecen manchas amarillas. Por otra parte, no es probable que el daño provocado por las heladas en los ápices de los tallos, incluso en los rosales recién plantados, sea un problema en un invierno corriente.

En las zonas donde son frecuentes las heladas fuertes y prolongadas, puede necesitarse alguna protección invernal. Cubra el arbusto con paja y helechos, y después envuélvalo con un saco. Elimine esta cubierta protectora después de las heladas más fuertes del invierno y antes de que las yemas entren en actividad.

ANEGACIÓN

Hojas con grandes zonas amarillas, que inicialmente se localizan en la parte central y en los nervios. Evite este problema mediante un buen drenaje, y después de las tempestades o de las heladas fuertes asegure todas las plantas que han quedado poco firmes apisonando el suelo que las rodea. No trate las plantas; replántelas en un lugar más adecuado si presentan un crecimiento largo y delgado y dan flores de baja calidad.

APELOTONAMIENTO

Los capullos se desarrollan normalmente, pero los pétalos no se abren y adquieren un color marrón. En las variedades con flores grandes y pétalos delgados, por lo general, esto se debe al efecto de la humedad. Este problema se agrava en un lugar sombrío, es decir, en las zonas donde los capullos están resguardados de los rayos directos del sol. También puede ser provocado por un gran ataque de pulgón.

DAÑO PROVOCADO POR UN HERBICIDA

Los pecíolos se enroscan en espiral, las hojas son estrechas y retorcidas y los tallos están distorsionados y presentan un color rojizo. Esto es consecuencia del tratamiento del césped con un herbicida, el cual se ha acumulado en los rosales. Para evitar este problema, no trate nunca el césped en un día de mucho viento y en ningún caso utilice la misma regadera para aplicar el herbicida y para regar los rosales. El arbusto se recuperará cuando elimine los tallos afectados.

Control de plagas y enfermedades

En algunas épocas del año, cuando las plagas y las enfermedades, como el mildiu, la mancha negra o el pulgón, amenazan sus rosales, es necesario que los pulverice o los espolvoree para prevenirlos.

Los compuestos químicos usados para controlar las enfermedades del jardín, denominados pesticidas, son más seguros que la nicotina, el arsénico y los compuestos mercuriales empleados antaño, los cuales todavía deben tenerse en consideración. Siempre que emplee un pesticida debe tener en cuenta algunas normas sencillas.

TIPOS DE ROCIADORES

Para un ataque en unos pocos arbustos, utilice un rociador de gatillo. Puede encontrar ya preparados para un solo uso, pero resultan más caros. Cuando utilice un rociador, mantenga la distancia a las hojas recomendada. Si utiliza cantidades mayores quizás necesite de un rociador de compresión —opte por uno de 5 litros como norma general.

Los rociadores de manguera constituyen una alternativa para aplicar pesticidas y abonos líquidos.

PULVERIZACIÓN

El tiempo no debe ser soleado ni debe soplar mucho el viento

Durante la época de floración pulverice por la tarde, cuando las abejas están inactivas

Las hojas deben estar secas

Emplee un pulverizador bueno y enérgico. Es aconsejable mantener todos los pulverizadores alejados de la piel. Lave cualquier salpicadura

Pulverice completamente el haz y el envés de la hoja hasta que el líquido empiece a gotear

PRIMEROS AUXILIOS DEL ROSAL

Nadie desea un garaje repleto de una gran colección de botellas, de cajas y de mezclas variadas. No obstante, es una buena idea disponer de un pequeño equipo de auxilio, para emergencias imprevistas: Derris para la mosca verde y caterpillars y systhane o carbendazim para las enfermedades comunes. Como alternativa, opte por Multirose para el control combinado de plagas y enfermedades.

COCKTAIL DE PULVERIZADORES

Dado que los rosales con frecuencia son atacados por diversas plagas y enfermedades, se hace necesario aplicar una pulverización combinada. No mezcle diferentes productos químicos a menos que lo indique el fabricante. Algunos pulverizadores, como el Multirose, ya están formulados para actuar como un método combinado contra plagas y enfermedades. Se incluye más de un funguicida para mejorar el control de la enfermedad. La inclusión de un abono foliar en la mezcla ayuda a recuperarse del ataque de plagas y enfermedades.

ANTES DE EMPEZAR

- **ESCOJA EL PRODUCTO APROPIADO**. Los insectos y otras plagas pequeñas se controlan con **insecticidas**, que deben usarse al detectar los primeros indicios de un ataque. Un **insecticida sistémico** penetra en la savia y protege las zonas en crecimiento y provoca la muerte de los insectos que han escapado al pulverizarlo. Los **fungicidas** son para prevenir (no curar) las enfermedades y, por lo tanto, deben pulverizarse antes de que empiece el ataque. Suele ser necesario repetir la pulverización. Los **fungicidas sistémicos**, como Systhane, penetran en la planta, tienen cierto efecto curativo si ya han aparecido manchas provocadas por la infección.
- **LEA LA ETIQUETA CUIDADOSAMENTE**. Siga las instrucciones y no prepare una mezcla más fuerte que la recomendada. No emplee nunca material que haya contenido herbicidas.

Rociador de gatillo de un solo uso   **Rociador de gatillo reutilizable**   **Rociador de compresión**   **Rociador de manguera**

PROGRAMACIÓN TÉCNICA DE MANTENIMIENTO DEL ROSAL

Es posible, por supuesto, mantener un control periódico de sus rosales y pulverizarlos o espolvorearlos con el pesticida apropiado cuando son atacados por un insecto o cuando amenaza una enfermedad. Sin embargo, algunos entusiastas cultivadores de rosales prefieren seguir una programación rutinaria cada año, y sólo realizan tratamientos adicionales cuando las circunstancias los requieren.

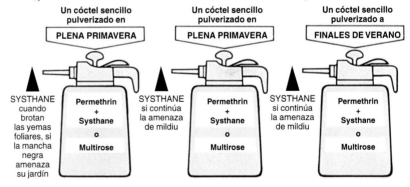

AL FINALIZAR

- **Lave el material a fondo**. Lávese las manos y la cara si la etiqueta se lo indica.
- **No guarde la solución del pulverizador**. Prepare una nueva cada vez.
- **Guarde los paquetes en un lugar seguro**. No traspase nunca los productos químicos al interior de una botella de cerveza o de cualquier recipiente sin etiquetar, y no conserve nunca botellas ni cajas viejas ni ilegibles. Tírelas al cubo de la basura, después de vaciar su contenido en la alcantarilla.

Enfermedades

Las enfermedades fúngicas más importantes son el mildiu, la mancha negra y la roya. Algunas variedades se describen como «resistentes a las enfermedades», ello significa que el arbusto no será atacado en condiciones normales. No obstante, en condiciones epidémicas deberá pulverizarlo como una medida preventiva, porque estas variedades son resistentes pero no inmunes.

ROYA

No es común, pero cuando ataca suele ser muy peligrosa. En el envés de las hojas aparecen unas protuberancias de color anaranjado, que viran al negro en verano. Los brotes nuevos se vuelven rojizos y se marchitan. Normalmente el ataque se produce a mediados de verano.

Una deficiencia de potasa y una primavera fría, seguida de un verano seco y de un invierno duro, fomentan a la roya. Pulverice Systhane.

MILDIU

Se trata de la enfermedad del rosal más extendida. Las hojas y los capullos presentan manchas blancas pulverulentas, y las hojas se doblan y caen prematuramente. Normalmente el ataque se produce durante el verano o/a principios de otoño. Es fomentada por los ambientes cerrados, la sequedad de las raíces, la deficiencia en el abonado y también por los días calurosos seguidos de noches frías.

Cuando detecte los primeros síntomas de esta enfermedad, pulverice las plantas con Systhane. Repita esta operación una semana más tarde y aplique pulverizados más espaciados si las manchas reaparecen.

MANCHA NEGRA

En las hojas aparecen unas manchas negras con bordes amarillos, que se extienden rápidamente provocando la caída del follaje. Esta enfermedad empieza pronto y es claramente visible a mediados de verano. Las infecciones graves se propagan a las yemas foliares y más tarde a los tallos, que se necrosan. Puede producirse una defoliación intensa.

Es fomentada por una deficiencia de potasa y por un verano cálido y húmedo.

Es difícil de controlar. En todos los casos, elimine y queme las hojas enfermas caídas. Cuando las yemas foliares empiezan a brotar realice dos pulverizaciones de Multirose o Systhane, con una semana de separación. Pulverice de nuevo en verano al aparecer las primeras manchas. Si es necesario, repita esta operación.

MANCHA PURPÚREA

No debe confundirse con la mancha negra. Las manchas son más pequeñas, más irregulares y carecen de un borde definido. Se produce debido a malas condiciones de cultivo y no a un hongo. También puede producirse por el uso de un pulverizado a base de cobre. No es tan importante como la mancha negra.

Mejore el drenaje. Aplique un acolchado de turba y un fertilizante compuesto.

CANCRO

Normalmente se pone de manifiesto por la aparición de una zona hundida próxima a la base del tallo de un inconfundible color marrón. Es posible que el cancro presente el borde hinchado y la corteza agrietada.

El hongo del cancro penetra en el tallo a través de una herida producida por un insecto, por el ataque de una enfermedad o por una lesión mecánica. ¡Cuidado cuando cave!

Si el cancro se extiende y rodea el tallo, toda la parte de la planta que se encuentra por encima de la zona afectada morirá. Corte y queme toda la madera enferma. Pinte las heridas grandes con pintura de injertar. Después de su empleo, sumerja las podaderas en alcohol metílico. Aplique un fertilizante compuesto equilibrado, como Toprose.

NECROSIS

Los brotes pueden necrosarse progresivamente desde el ápice hasta la parte inferior por varias causas. La necrosis no es una enfermedad específica. Puede ser provocada por las heladas, el cancro en la base del tallo, la anegación, el mildiu y la mancha negra. Las variedades más susceptibles son las amarillas y las anaranjadas.

En general, la necrosis se debe a una deficiencia de potasa, calcio, fosfatos y boro. En consecuencia, si esta enfermedad constituye un problema es esencial que abone en primavera.

No abone en otoño porque esto origina la producción de madera inmadura y sensible a las heladas.

Corte los brotes afectados por debajo de una yema de la zona necrosada.

Plagas del tallo

Áfido del
melocotón-patata

Áfido
del rosal

PULGÓN (áfido)

Se trata de la plaga del rosal más frecuente y más grave. Los áfidos pueden ser de color naranja, rojizo, negro o verde. Durante la primavera pueden encontrarse los primeros grupos de estos insectos que se nutren de la savia de los brotes nuevos y tiernos, con lo que ocasionan una considerable disminución del vigor de la planta.

Pueden provocar el cese o la distorsión del crecimiento; algunas veces los capullos infectados no se abren. Estos insectos producen una sustancia pegajosa (secreción azucarada) que rápidamente es cubierta por un hongo negro (moho negro como el hollín).

El mejor método para atacar a estos áfidos es mediante el empleo de un insecticida sistémico, como Permethrin. Este producto penetra en la planta y protege tanto el follaje no pulverizado como las hojas formadas después del tratamiento. La lluvia no elimina esta protección.

Por otra parte, puede eliminar los áfidos pulverizándolos con un insecticida de contacto. Escoja entre Malathion o Fenitrothion, Derris líquido, Sprayday o Multirose.

ESPUMADORAS (baba de cuclillo)

A finales de primavera y a principios de verano aparece en los brotes una baba espumosa y blanca, en cuyo interior habita este pequeño insecto amarillo. Los brotes afectados se distorsionan y las hojas pueden marchitarse.

Si sólo están afectados algunos brotes, elimine esta baba con un trapo. Antes de emplear un insecticida, pulverice los brotes enérgicamente con agua para eliminar la espuma.

ESCAMA DEL ROSAL

Se trata de una costra formada por pequeñas escamas casposas, que puede aparecer en los tallos viejos y descuidados. De aspecto desagradable, produce el debilitamiento del crecimiento.

Las erupciones pequeñas pueden controlarse pintando las zonas afectadas con alcohol metílico. Cuando estas zonas son más extensas, necesitan un pulverizado. Para ello, emplee Malathion. Pulverice enérgicamente para empapar las escamas.

MOSCA DE SIERRA TALADRADORA DEL BROTE

En el interior del cilindro central del brote afectado se encuentra una larva de esta mosca, de color verde. Externamente esta infección se visualiza porque este brote tiene el ápice arrollado.

Corte y queme la rama portadora de la larva. Pulverice con rotenoma líquida a finales de primavera para evitar este problema.

Plagas subterráneas

HORMIGAS

El suelo que rodea el sistema radicular es poco compacto y las plantas pueden marchitarse y morir. Es una plaga de zonas arenosas.

Espolvoree con un producto antihormigas a lo largo de las hileras de hormigas. Utilice unas pocas gotas de Nipón.

LARVA DE ESCARABAJO

Se trata de una larva curvada, gruesa y de una longitud superior a 2,50 cm. Es una plaga importante del sistema radicular que puede provocar la muerte o el debilitamiento de los arbustos.

Elimine cualquier larva que encuentre durante la preparación del suelo.

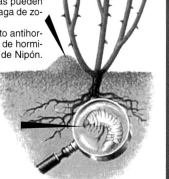

Agallas

«ACERICO DE ROBIN»

Las hojas están recubiertas por una agalla esponjosa, parecida a un musgo, provocada por la avispa agalla.

No provoca daños perceptibles y puede conservarse como una curiosidad o bien cortarse y quemarse.

AGALLA DEL COLLAR

Se trata de una excrecencia verrugosa, muy grande, de color marrón, próxima a la base del tallo. Tiene escasos o nulos efectos perjudiciales, pero debe cortarse y pintarse la herida en otoño.

La agalla del collar es un problema mucho más grave cuando afecta las raíces.

Plagas de la hoja

ESCARABAJO O ABEJORRO SANJUANERO
Este gran escarabajo de color marrón rojizo puede provocar la aparición de unos agujeros de forma irregular en las hojas, a finales de primavera o a principios de verano.
Arranque y destruya los escarabajos. Pulverice las hojas con Fenitrothion.

MINADOR DE LA HOJA
Las hojas presentan ampollas blancas, en cuyo interior se encuentra un gusano.
Arranque con las manos las hojas infectadas y quémelas. Se recomienda pulverizar con Malathion.

BABOSA DEL ROSAL
En las hojas aparecen unas zonas esqueletizadas. Las babosas solamente devoran los tejidos internos, y no los nervios. Las zonas afectadas adquieren un color marrón. Puede observarse una babosa de color amarillo verdoso en la superficie foliar. Pulverice con un insecticida sistémico.

ARAÑA ROJA
Las hojas presentan en el haz unas manchas de color bronce y en el envés una delicada telaraña y unos diminutos «insectos» amarillentos.
El ataque se produce en tiempo seco y caluroso. Pulverice con Malathion.

ORUGA
Las orugas pueden provocar la aparición de agujeros de forma irregular en las hojas.

Polilla vaporosa · Polilla de invierno · Polilla con la parte posterior amarilla · Polilla con la parte posterior de color ante

Arránquelas con las manos si no son muy numerosas. Todas estas plagas pueden controlarse muy fácilmente pulverizando con Fenitrothion o Multirose.

MINADORES DE HOJAS
Áreas de color pálido sobre las hojas. Se pueden encontrar pequeños insectos amarillentos o sus pieles blancas en el reverso.
El crecimiento se ve afectado, produciéndose la caída de la hoja. Rocíe con Sprayday.

ABEJA CORTADORA DE LA HOJA
Los bordes de las hojas presentan agujeros de forma regular.
En general, no se necesitan medidas de control; sin embargo, destruya las colmenas si las encuentra.

Plagas de la flor

ESCARABAJO
Tanto los pétalos como las anteras aparecen devorados. Algunas veces solamente es atacado un lado de las flores.

Escarabajo del rosal · Escarabajo de jardín

Arranque y destruya los escarabajos.

TORTRIX DEL ROSAL
Los capullos están agujereados y en su interior puede encontrarse una larva de color rosado marrón. Esta larva también puede encontrarse en el interior de las hojas, que están abarquilladas con una forma característica (*véase* pág. 118).
Pulverice con Fenitrothion o Multirose.

TRIPS
Los bordes de los pétalos están ennegrecidos. Las flores y las hojas son jaspeadas y están deformadas.
Estas moscas diminutas y de cuatro alas, conocidas como «moscas trueno», pueden llegar a ser un grave problema durante un verano caluroso.
Pulverice con Malathion o Derris líquido.

CÁPSIDOS
Los capullos jóvenes están muertos y marchitos. Las hojas jóvenes presentan unas pequeñas manchas marrones y se distorsionan. Los insectos de color verde claro saltan rápidamente al ser molestados.
Pulverice las plantas y el suelo con Fenitrothion.

Plagas ocultas de las hojas

TORTRIX DEL ROSAL
En las hojas aparecen agujeros de formas irregulares. Los folíolos están hilvanados mediante delgados hilos de seda. Pueden encontrarse orugas verdes o marrones (larvas rosadas). Arranque y destruya las hojas arrolladas. Pulverice con Fenitrothion o Multirose a mediados de primavera.

MOSCA DE SIERRA ARROLLADORA DE LA HOJA
Los folíolos están herméticamente arrollados y en su interior se encuentra un gusano verde grisáceo. Las hojas afectadas pueden marchitarse y morir. Puede ser un problema grave si los rosales se cultivan cerca de árboles.

Apriete, con los dedos, los folíolos herméticamente arrollados y después arránquelos y quémelos. A fin de prevenir este problema, pulverice con Fenitrothion a mediados de primavera.

ORUGA DE LIBREA
Las hojas presentan agujeros de forma irregular. Las orugas, de color blanco, anaranjado y gris, pueden provocar una defoliación completa.

Se reconoce fácilmente por unas «tiendas», formadas por unos finos hilos blancos producidos por las orugas.

Destruya estas «tiendas». Pulverice con Fenitrothion o Multirose.

Enfermedades víricas

En general, no suelen ser un gran problema, pero hay que tener presente que en el caso de que apareciera alguna enfermedad vírica, las plantas infectadas no deben emplearse para la multiplicación.

MOSAICO DE LAS NERVIACIONES DEL ROSAL
Los nervios de las hojas adquieren un color amarillo pálido o crema, inconfundible a finales de primavera y mucho menos visible en verano. No es un problema grave, y algunos lo consideran decorativo. Abone las plantas en abundancia, como se recomienda en la página 111.

MOSAICO EN ARABESCO DEL ROSAL
En la superficie foliar aparecen unas líneas amarillas, que en ocasiones forman el perfil de una hoja de roble. Es inconfundible a finales de primavera y mucho menos visible en verano. Esta enfermedad es más grave que la anterior. Abone en abundancia.

Ceguera

El ápice de un tallo maduro presenta una vaina vacía, parecida a la del trigo, en lugar de un botón floral. En casi todas las variedades pueden producirse tallos ciegos, pero algunas son particularmente propensas, como por ejemplo: *Peace* y *Red Devil*. Las causas son numerosas y variadas, pero principalmente se atribuyen al daño de las heladas, a la falta de nutrientes y a la deficiencia lumínica. Si tiene la seguridad de que un brote es ciego, y que no se trata sólo de una floración lenta, córtelo por la mitad a partir de una yema sana. Ésta producirá luego un brote que podrá florecer normalmente.

Malas hierbas

Resulta sorprendente que muchos libros que tratan del cultivo del rosal ignoren el control de las malas hierbas, porque éstas son el principal problema de millones de jardineros.

No hay ninguna curación milagrosa para solucionar el problema de las malas hierbas, pero puede mitigarlo mediante la realización de una serie de tareas encadenadas. Probablemente, ya sabe que algunas malas hierbas son anuales, y que éstas, por lo general, pueden controlarse con bastante facilidad mediante la cava, el acolchado y el pulverizado. Los verdaderos problemas son las malas hierbas perennes, como la hierba rastrera, el convólvulo, las acederas, los cardos, el saúco, etc., las cuales aparecerán año tras año a menos que lleve a cabo algún tipo de control.

Cuando prepare el suelo, elimine todas las raíces de las malas hierbas perennes que pueda encontrar. Su problema es grave cuando el lugar es una vasta extensión de hierba rastrera. Un método antiguo para preparar este suelo consiste en tratarlo con clorato sódico, pero este procedimiento obliga a esperar más de dos años antes de plantar. Un sistema mejor es pulverizarlo con glifosato antes de plantar (siga las instrucciones con mucho cuidado).

Existen diversas técnicas químicas para mantener un bajo nivel de malas hierbas entre las plantas cultivadas. Puede emplear un herbicida de rosales en base a simazine o diclobenil, que si se aplica en un suelo libre de malas hierbas durante la primavera impide la germinación de la mayoría de las malas hierbas anuales. Por otra parte, a finales de la estación puede utilizar un herbicida probado, el cual actuará como una azada química quemando todas las hierbas en crecimiento. Asegúrese de que el herbicida no entra en contacto con las hojas del rosal. Si hay malas hierbas perennes, pinte sus hojas con glifosato.

Los herbicidas, provistos de instrucciones específicas respecto de los rosales, constituyen una valiosa ayuda para controlar las malas hierbas; sin embargo, el control principal de éstas reside en el desherbaje manual y en la cava. Arranque o excave las malas hierbas perennes, corte las anuales un poco por debajo de la superficie del suelo y aplique un acolchado anual como se ha descrito en la página 106.

Por lo general, la presencia de limo verde y de musgo indican un mal drenaje, una superficie compacta o una deficiencia de fertilizante. Cave con regularidad y abone, como mínimo, dos veces al año.

Serpollos

Los serpollos son ramas que brotan a partir del portainjertos y no de la variedad injertada. Si no existe ningún tipo de control sobre este crecimiento, los serpollos pueden apoderarse de la planta completamente y el arbusto sufrirá un retroceso, con lo que se parecerá más a un rosal silvestre.

La aparición de serpollos es estimulada por una plantación poco firme, unas heladas intensas, una herida en la raíz producida por la cava, una eliminación incorrecta de serpollos anteriores o bien por el empleo de *R. rugosa* como portainjertos. Un serpollo puede distinguirse con facilidad de una rama apropiada porque brota por debajo del cuello de unión del injerto y porque sus folíolos tienen forma y color diferentes. No se guíe por el número de folíolos de la hoja.

Afronte el problema de los serpollos en sus fases iniciales, puesto que en este momento su eliminación es una tarea sencilla. Primero, averigüe su punto de origen separando ligeramente el suelo que lo rodea al portainjerto. A continuación, arránquelo y restituya el suelo. En el caso de un rosal recién plantado, mantenga la planta fija con el pie mientras arranca el serpollo. Si recorta los serpollos a nivel del suelo, aumentará su producción.

En los estándares, elimine los serpollos que crecen a partir del tronco tan pronto como los visualice.

Hongo de la miel

Durante el otoño puede desarrollarse un grupo de hongos de apariencia inofensiva junto a un arbusto. Éstos son mortales para el rosal cuando se trata del hongo de la miel (armillaria provoca una podredumbre del sistema radicular) ilustrado arriba.

En las raíces de las plantas atacadas encontrará unos «cordones» negros producidos por el hongo. Arranque y queme las plantas casi o totalmente muertas con la mayor parte posible de su sistema radicular para evitar la expansión de la enfermedad.

Antes de volver a plantar, la utilización de Armillatox puede ser una correcta precaución.

Enfermedad del suelo

En muchos libros se da por sentado que tanto los nuevos arbustos como los estándares siempre se plantan en un suelo virgen, es decir, en un suelo en el que nunca se han cultivado rosales con anterioridad. Por desgracia, no siempre es así, y el suelo es propenso a presentar la enfermedad del rosal si en él se han cultivado rosales durante más de diez años.

Es posible que los rosales adultos, previamente cultivados en este suelo, antes de ser desarraigados presenten síntomas muy ligeros o nulos de esta enfermedad debido a que están adaptados a las condiciones ambientales, pero los nuevos rosales recién plantados pueden presentar deficiencias en el crecimiento (enfermedad de replantación). Para evitar este problema, debe cambiar la parte superior del suelo.

Para no cambiar todo el suelo, puede añadir una pequeña cantidad de compost o abono bien fermentado junto a restos de pescado, vísceras o huesos antes de la plantación. Con ello reducirá el efecto de las enfermedades de replantación (*véase* pág. 103) aunque todavía existirá cierto riesgo.

CAPÍTULO 8

LOS ROSALES COMO AFICIÓN

La mayoría de los cultivadores de rosales no consideran el cultivo de estas plantas como su afición. Para ellos, la reina de las flores sólo constituye una parte hermosa en el conjunto del jardín.

Para el resto, el cultivo de los rosales incluye, además, el placer de visitar los concursos y los jardines de rosales, de ganar (o intentar ganar) premios, de propagar sus propias plantas y de mantenerse al día en cuanto a las últimas tendencias y variedades. Para ellos, el estudio y la práctica del cultivo de los rosales constituyen una afición absorbente.

El cultivo de los rosales como afición data de la época victoriana, y uno de sus aspectos más fascinantes es que logra amalgamar los distintos estamentos sociales. Los trabajadores de la revolución industrial, todavía labriegos de corazón, organizaron los primeros concursos florales. Según la leyenda, Dean Hole fundó la Sociedad nacional (inglesa) de la rosa en 1876, después de visitar un concurso de rosales de los mineros de Nottingham.

Este fenómeno aún se observa en la actualidad: todas las clases sociales disfrutan y siguen cultivando rosales como afición. En otro tiempo, una rosa en el ojal era una señal de distinción, tanto para el hombre que destacaba de alguna forma en la ciudad como para el que se ocupaba de la estación del ferrocarril. El jardinero común que posee pocos rosales tiene mucho que aprender de los nombres más destacados del mundo de la rosa, pero también es posible, incluso en la década de 1970, que un maquinista poseedor de un pequeño invernadero consiga un nuevo rosal capaz de ganar la medalla de oro de Roma.

Algo nuevo sobre rosales

Continuamente se producen novedades en el mundo de la rosa. Cada año se cultivan nuevas variedades, y una o más de éstas pueden significar un paso hacia delante en la búsqueda de la perfección. *Peace, Super Star* y *Queen Elizabeth* destacan como hitos a lo largo del camino y nadie puede pronosticar cuál será el próximo avance.

¿Tendrán los Floribunda una forma cada vez más parecida a la de los híbridos de Té? ¿Aumentará realmente la popularidad de los rosales de Patio? ¿Aparecerá un nuevo abono el próximo año? Nadie puede conocer todo respecto de los rosales; no obstante, si alguien lo consigue, parte de la información adquirida puede estar desfasada uno o dos años. Existen siete medios básicos para aprender más sobre los rosales. Úselos todos y seguramente se convertirá en un experto.

Lea libros y revistas sobre rosales

Los libros y las revistas desempeñan distintos cometidos. Un libro de texto le permite tener un buen conocimiento de aspectos básicos relacionados con la historia, el cultivo y la elección de los rosales. En general, los artículos de los periódicos y de las revistas de jardinería se refieren a los nuevos progresos, como las últimas variedades, los avances en la nutrición y en el control de las plagas, y a experiencias del autor o de los lectores que no pueden recopilarse en un libro de texto.

Estudie los catálogos más recientes

Los catálogos de los cultivadores de rosales más destacados están repletos de información. En ellos encontrará ilustraciones en color tanto de las nuevas variedades como de las antiguas favoritas. Su lectura es esencial para el entusiasta, pero no espere encontrar una lista detallada de inconvenientes.

Visite los viveros en verano

Es un medio excelente para observar numerosas variedades en flor y, por lo tanto, una gran ayuda para efectuar una selección adecuada. Una visita a un vivero puede darle, en muchos aspectos, un punto de vista opuesto al obtenido en los catálogos. El catálogo puede presentarle una imagen que nunca logrará en su jardín. Ahora bien, debe considerar que en el vivero los rosales son plantas jóvenes y que éstas serán más altas y más vistosas después de permanecer algunos años en su arriate de rosales.

Visite los principales jardines de rosales

Véanse págs. 123-126

Ingrese en la sociedad de jardinería de su localidad

Podrá asistir a charlas y reunirse con otros socios cultivadores de rosales. Sin lugar a dudas, el mayor beneficio consistirá en poder comparar sus experiencias con las de otras personas que encuentran condiciones similares de plantación, es decir, el mismo tipo de suelo, de tiempo y de contaminación atmosférica. Tanto si es un cultivador principiante como si es nuevo en el barrio, le será muy útil conocer a los socios más antiguos.

Visite los concursos

Los concursos de rosales son los más destacados del año. En ellos puede apreciar la belleza de las nuevas variedades y lo que los expertos consideran como forma perfecta. En los pabellones comerciales puede discutir sus problemas con diversos cultivadores entendidos y con los proveedores.

En España se extiende cada vez más el interés por los jardines, interés que se ve incrementado por los numerosos concursos que se organizan con relativa frecuencia.

Una información al respecto puede obtenerse de los organismos locales y nacionales competentes o simplemente en los Servicios Provinciales de Extensión Agraria.

La Real Sociedad Nacional de la Rosa (RNRS)

En 1876, un grupo de entusiastas de los rosales se encontraron en Londres para discutir «cómo aumentar el interés por las rosas, ya que la reina de las flores ha caído en desgracia». Había nacido la Real Sociedad Nacional de la Rosa (RNRS). Su primera exhibición tendría lugar un año más tarde (sin híbridos de Té, ni Floribundas y un escaso interés por parte del público).

Con estos modestos inicios, y un déficit de 300 libras esterlinas tras el primer año, se desarrolló una de las sociedades hortícolas más importantes del mundo. En 1961, la sociedad trasladó sus cuarteles a Chiswell Green, cerca de St. Albans, y el apogeo de la RNRS se alcanzó en los años setenta. Sus miembros pasaron a ser 100.000, lo que la convirtió en la sociedad especializada en horticultura más grande del mundo y entonces el prefijo «Real» fue añadido por indicación de su A. R. la reina Isabel II.

Sus premios son ampliamente cotizados por los cultivadores de rosas en todas partes y sus publicaciones constituyen importantes libros de referencia. Los jardines no tienen rival en Gran Bretaña (*véase* pág. 123) y numerosas sociedades de rosas en todo el mundo han basado su organización y normas en el exitoso modelo inglés.

La sociedad se dirige a todos los cultivadores de rosas —tanto al jardinero poseedor de unos pocos rosales como al que se dedica profesionalmente. Por desgracia, los años noventa supusieron una disminución en el número de miembros de la sociedad al incrementarse el coste de la suscripción, pero incluso con estos costes, los beneficios y privilegios son buenos en relación con lo que debería abonar sólo por unos pocos arbustos. Puede obtener más información en la secretaria general, Secretary General, The Royal National Rose Society, Chiswell Green, St. Albans, Herts AL2 3NR.

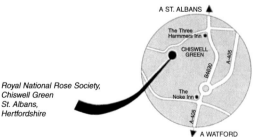

Royal National Rose Society,
Chiswell Green
St. Albans,
Hertfordshire

A ST. ALBANS

The Three Harmmers Inn

CHISWELL GREEN

A-405

B4630

The Noke Inn

A-405

A WATFORD

BRGA

La Asociación Británica de Cultivadores de Rosas (BRGA) publica un excelente folleto (*Find that Rose!*) que no tiene precio para variedades poco comunes. Para más detalles, pida más información a The Editor, 303 Mile End Road, Colchester, Essex C04 5EA, incluyendo un sobre con su dirección y un sello.

Beneficios de ser miembro

PUBLICACIONES GRATUITAS

- *THE ROSE.* Se envía a todos los miembros cuatro veces al año —la revista de la sociedad con artículos asequibles y noticias sobre el mundo de las rosas.
- *HOW TO GROW ROSES.* Se envía a los nuevos miembros al inscribirse —un manual no técnico que contiene una actualizada información sobre plantación, poda, problemas, etc.
- *ROSES TO ENJOY.* Se envía a los nuevos miembros al inscribirse —una lista de unas cien variedades disponibles en Gran Bretaña junto a detalles básicos como la altura, color, fragancia, etc.

ROSAS GRATUITAS

Los nuevos miembros pueden elegir una planta de un rosal seleccionado que ha obtenido un premio como un regalo gratuito, en lugar de las publicaciones anteriormente detalladas.

EXHIBICIONES GRATUITAS

Su carnet de miembro le permite la admisión en numerosas exhibiciones de rosales y un descuento en el British Rose Festival, que se celebra en Hampton Court Palace. Se trata del mayor evento de rosas del Reino Unido y es la meca de los entusiastas de rosas de todo el mundo. Encontrará exhibiciones, catálogos y competiciones diversas.

VISITAS GRATUITAS A JARDINES

Gardens of the Rose y Trial Ground, en St. Albans, se encuentran a su disposición —la admisión es gratuita para usted y su acompañante. Aquí encontrará una de las mejores colecciones de rosas del mundo.

CONSEJOS GRATUITOS

Como miembro de la RNRS puede solicitar consejo de nuestros expertos sobre cualquier aspecto del cultivo de rosas, de utilidad cuando no puede encontrar la respuesta a un problema poco usual. Si necesita ampliar la información que no encuentre en su biblioteca, también puede utilizar la biblioteca de la sociedad.

Premios

Tanto el cultivador como el jardinero desean que una nueva variedad obtenga un premio. El cultivador que ha ganado el premio consigue una ovación y una valiosa publicidad, y el jardinero que escoge la variedad premiada sabe con certeza que ésta ha probado su fiabilidad, para ser empleada en un jardín corriente, frente a un jurado de expertos imparciales. Sin embargo, el hecho de ganar un premio importante no es una garantía de su aceptación por parte del público. Dentro del grupo de los híbridos de Té bicolores, la variedad *Westminster*, menos popular que *Piccadilly*, ganó la medalla de oro. *Whisky Mac*, uno de los híbridos de Té más populares, no ha recibido ningún premio.

La concesión de un premio no es una guía infalible de excelencia, y la ausencia de un premio no significa necesariamente que la variedad sea de baja calidad. Esto puede deberse a cuatro razones:

- Los concursos creados en Gran Bretaña por la Sociedad nacional de la rosa (NRS) se iniciaron en 1928. En consecuencia, las variedades antiguas no tuvieron la posibilidad de recibir ningún premio.
- No todas las variedades nuevas se presentan a concursos.
- Una variedad galardonada con un premio puede deteriorarse después de algunos años.
- Los premios del extranjero pueden otorgarse a una variedad que no se adapte bien en el húmedo clima británico.

PREMIOS BRITÁNICOS

Toda variedad nueva que se envía a la Real Sociedad Nacional de la Rosa (RNRS) para concursar, se cultiva durante dos o tres años en el campo experimental de St. Albans, y un juzgado de expertos la valora periódicamente durante todo el verano.

Este grupo de cultivadores profesionales y aficionados buscan algo más que una flor hermosa. Consideran muchas cualidades: el vigor, el tipo de crecimiento, la inmunidad a las enfermedades, la fragancia y la abundancia y la continuidad de la floración. Si el jurado considera que esta variedad puede cultivarse bastante bien en la mayoría de los jardines le concede el **certificado del campo experimental** TGC. Se trata de un premio de fiabilidad, no de excelencia, y solamente se concede a una pequeña proporción de las variedades nuevas.

Si en la opinión de los expertos la variedad presenta alguna característica más, «alguna cualidad nueva o destacable o sustituye a una variedad similar que ha decaído», es posible que le concedan la **medalla de oro** GM. En realidad, éste es un honor poco frecuente, pues es más común que le concedan un **certificado de mérito** CM en reconocimiento de la cualidad excepcional.

El más importante de todos los premios es el **trofeo internacional del presidente** PIT, que se concede a una variedad que ha recibido una medalla de oro y que además es considerada como el mejor rosal del año.

También existe un premio a la fragancia, la **medalla conmemorativa de Henry Edland** EM, que se concede a la nueva plántula del año que presenta mejor aroma.

El **premio memorial James Mason** (JM) se otorga a la variedad que proporciona «un placer particular a los amantes de las rosas en los últimos 20 años».

La Real Sociedad de Horticultura puede conceder un **premio de mérito** AGM a las plantas que presentan «un claro avance respecto de sus predecesores».

Trofeo Internacional del Presidente — Medalla de Oro — Certificado de Mérito — Certificado del Campo Experimental — Medalla Edland a la fragancia

Elección de los Cultivadores — Premio al Mérito de Jardín — Rosa del Año — Premio James Mason — Medalla de Oro, Glasgow

La Asociación Británica de Cultivadores de Rosas (BRGA) y la Asociación Británica de Representantes de Productores de Rosas entran sus nuevas plántulas anualmente para que sean juzgadas por un jurado independiente. Entre ellas se elige la **Rosa del Año** y del resto se hace una o más selecciones de la **Elección de los Productores** basadas en la «salud, la calidad y la novedad».

«El Análisis de rosas de la RNRS»

«El Análisis de rosas de la RNRS» es una guía de utilidad para exponer en los jardines más que para el cultivo propio, y se publica anualmente en *The Rose*.

PREMIOS EUROPEOS

Los nuevos rosales se ponen a prueba en los campos experimentales de muchas partes del mundo, y los premios se conceden en base a su fiabilidad o a su excelencia. Este método de probar los rosales, antes de juzgarlos en un solo día, se inició en los jardines de Bagatelle de París, y no fue adoptado por los británicos hasta muchos años después. Los campos experimentales importantes de Europa se localizan en París, Lyon, Ginebra, Belfast, Roma, Madrid, La Haya y Dublín.

En la inmensidad de Estados Unidos no sería práctico contar con un único lugar de experimentación. Por ello, para adquirir una visión de conjunto de la variedad bajo condiciones climáticas muy distintas, se usan varios jardines de experimentación. Los rosales deben conseguir un gran éxito en todo lo referente al rendimiento durante dos años para ganar el premio **All-American Rose Seleccion** (AARS).

All-American Rose Selection — Medalla de oro, Belfast — Premio a la fragancia, Belfast — Medalla de oro, Ginebra

Medalla de oro, Lyon — Medalla de oro, La Haya — Rosa de oro, La Haya — Medalla a la fragancia, La Haya

Medalla de oro, Roma — Medalla de oro, Madrid — Medalla de oro, París — Medalla de oro, Baden Baden — Medalla de oro, Roeulx

Principales jardines
de rosales de Reino Unido

QUEEN MARY'S GARDEN, Regent's Park, Londres

Es el jardín de rosales predilecto de los británicos ya que se puede acceder a él fácilmente en metro. El jardín principal es circular y está rodeado por un conjunto de pilares adornados con trepadores y enredaderas. Tiene grandes arriates regulares y pequeños arriates aislados que albergan las 40.000 plantas que se cultivan en este jardín. Ningún entusiasta de los rosales debe olvidar este jardín, ya que en él podrá contemplar todos los tipos y todas las clases de rosales: trepadores que trepan sobre árboles, arbustos enormes en borduras irregulares, arriates regulares con rosales modernos y muy buenos ejemplos de plantaciones mixtas.

ROYAL HORTICULTURAL SOCIETY GARDENS

Wisley (Surrey) es una meca para todos los jardineros. Son los jardines de la RHS, y poseen una amplia variedad de plantaciones de rosas. En los jardines principales se encuentran muchos arriates de rosas y márgenes llenos de las antiguas favoritas, pero también hay terrenos con nuevas variedades donde se enseña cómo cultivarlas en las condiciones de jardines normales. En otros rincones se cultivan rosales Cobertores del Suelo, festoneados por Trepadores y vigorosas variedades entre los árboles. En **Hyde Hall** (Essex) se halla una extensa colección de 5.000 rosas construida por el Sr. y la Sra. Robinson antes de que la RHS adquiriese sus jardines, y en **Rosemoor Gardens** (Devon) una extensa muestra tanto de antiguas como de nuevas variedades.

RNRS GARDENS OF THE ROSE, St. Albans, Hertfordshire

Estos jardines, de 48.500 m², están abiertos al público desde principios hasta finales de verano. Esta exposición es uno de los catálogos vivientes más grandes del mundo; en ella se puede admirar desde el primer rosal híbrido de Té o un antiguo rosal arbustivo hasta las nuevas variedades cultivadas en el campo experimental que aún carecen de nombre y que pueden llegar a ser las favoritas del mañana. Sin embargo, los jardines de St. Albans son mucho más que una impresionante exposición de 30.000 plantas, correspondientes a 1.650 especies y variedades distintas. Allí se encuentran numerosos jardines aislados que le muestran cómo se pueden emplear los rosales en un jardín privado: arriates hundidos de miniaturas, grandes arriates, pilares pequeños, pérgolas imponentes...

HELMINGHAM HALL, Helmingham, Sulfolk

Helmingham, como Mannington, en East Anglia, ha pertenecido a la misma familia durante cientos de años. Lady Tollemache y antes su suegra han creado un espléndido jardín en el que la estrella son las rosas de jardín clásicas. Hay todo tipo de rosas distintas: Gallicas, Borbones, Centifolias, Damasco, rosales Musgo, rosales China, etc., pero las principales son los híbridos Almizcleños.

ROYAL BOTANIC GARDENS, Kew, Londres

En estos jardines botánicos nacionales se encuentran todas las clases de rosales; sin embargo, la colección no es muy grande y las exposiciones están dispersas por todos los jardines. Son dignos de visitarse los arriates regulares cercanos a Palm House. También hay una extensa colección de rosales arbustivos.

CITY OF BELFAST ROSE GARDEN, Belfast, N. Irlanda

En 1964 se plantaron las primeras rosas en los jardines creados en el hermoso Parque Sir Thomas y Lady Dixon, en las afueras de Belfast. En 1992 los jardines se reformaron coincidiendo con la Conferencia Mundial sobre Rosas que tuvo lugar en esa ciudad, y actualmente exhibe una sorprendente disposición tanto de antiguas como de nuevas variedades. Así, se encuentran arriates de rosales antiguos junto a plantaciones con plántulas que todavía no tienen nombre.

MOTTISFONT ABBEY, Romsey, Hampshire

Muchos de los jardines descritos en estas páginas se han diseñado para que el visitante pueda admirar las variedades más nuevas, y no tenga que ir buscando en el catálogo las fotografías y descripciones. Como fondo de los modernos híbridos de Té y Floribundas encontramos los rosales Arbustivos, los Enredadera y los Trepadores. Mottisfont Abbey es diferente, pues alberga la Colección Nacional de los Antiguos Rosales de Jardín (anterior a 1900). Fue ideado por Graham Thomas para el National Trust, y desde su creación en 1972 ha aumentado su popularidad entre la gente que desea admirar los rosales Damasco, Centifolias, Gallicas, híbridos Perpetuos y otros antiguos rosales tan admirados en la época victoriana.

EXPOSICIONES PROVINCIALES

En los jardines de la RNRS y los viveros de St. Albans pueden contemplarse algunos rosales que han obtenido premios, pero para algunos aficionados resulta difícil realizar una peregrinación anual a estos lugares, por lo que en los parques provinciales se han creado diferentes exhibiciones o muestras, de modo que los residentes de la localidad puedan admirar y obtener información de las nuevas variedades.

    SAUGHTON PARK, Edimburgo, Lothian
    QUEEN'S PARK, Colwyn Bay, Clwyd
    VIVARY PARK, Taunton, Somerset
    ROATH PARK, Cardiff, S. Glamorgan
    HARLOW CAR, Harrogate, N. Yorkshire
    THE ARBORETUM, Nottingham, Nottinghamshire
    HEIGHAM PARK, Norwich, Norfolk
    BOROUGH PARK, Redcar, Cleveland
    POLLOCK PARK, Glasglow, Strathclyde

MANNINGTON HALL, Saxthorpe, Norfolk

En el corazón de este adorable jardín se encuentra el Heritage Rose Garden. Entre sus caminos encontrará la historia viviente de las rosas y los diferentes estilos de los jardines creados para ellas, y tras los muros florecen un amplio abanico de modernas y no tan modernas variedades. Este proyecto conjunto de la familia Walpole y el vivero de Peter Beales ha dado como resultado uno de los mejores jardines de rosas de Inglaterra.

JARDINES MAJESTUOSOS

Hidcote Manor

Prácticamente todas las casas imponentes y jardines botánicos de Gran Bretaña contienen rosas, y algunas enumeran el jardín de rosas como parte de sus pertenencias. Debajo se señalan algunos ejemplos, pero debería recordar que el tamaño y abanico de variedades en estos jardines de rosas varía ampliamente.

    ANGLESEY ABBEY, Lode, Cambridgeshire
    BIRMINGHAM BOTANICAL GARDENS, Midlands (West)
    BLENHEIM PALACE, Woodstock, Oxfordshire
    BODNANT GARDENS, Conwy, Gwynedd
    CAMBRIDGE BOTANIC GARDENS, Cambridgeshire
    CAPEL MANOR, Waltham Cross, Hertfordshire
    CASTLE HOWARD, York, N, Yorkshire
    CLIVEDEN, Maidenhead, Berkshire
    CRANBORNE MANOR, Cranborne, Dorset
    CRATHES CASTLE, Aberdeen, Grampian
    HAMPTON COURT PALACE, Greater London
    HATFIELD HOUSE, Hatfield, Hertfordshire
    HIDCOTE MANOR, Chipping Campden, Gloucestershire
    KIFTSGATE COURT, Chipping Campden, Gloucestershire
    LUTON HOO, Luton, Bedforshire
    NESS GARDENS, South Wirral, Merseyside
    NYMANS, Handcross, W. Sussex
    OXFORD BOTANIC GARDENS, Oxfordshire
    SAVILL GARDEN, Englefield Green, Surrey
    SISSINGHURST CASTLE, Cranbrook, Kent
    STRATFIELD SAYE HOUSE, Reading, Berkshire
    TATTON PARK, Knutsford, Cheshire
    THE ROSARIUM, Claydon, Suffolk

EXPOSICIONES EN VIVEROS

Durante los meses de verano, el centro de jardinería de su localidad dispondrá de plantas llenas de flores, y en algunos viveros se realizarán exposiciones especiales donde podrá ver arriates y márgenes de rosas. Algunos ejemplos son:

    C&K JONES, Chester, Cheshire
    FRYERS NURSERY, Knutsford, Cheshire
    HARKNESS ROSE GARDENS, Hitchin, Hertfordshire
    LeGRICE ROSES, North Walsham, Norfolk
    PETER BEALES ROSES, Attleborough, Norfolk
    MATTOCK'S NURSERY, Nuneham Courtney, Oxfordshire
    DAVID AUSTIN ROSES, Albrighton, Staffordshire
    NOTCUTT'S NURSERIES, Woodbridge, Suffolk
    DICKSON ROSES, Newtownards, Irlanda del Norte
    COCKER ROSES, Aberdeen, Escocia

Principales jardines de rosales del resto del mundo

IRLANDA

ST. ANNE'S PARK, Dublín
Creado en 1970, tanto el amplio abanico de variedades como la belleza de las rosas han recibido las aclamaciones internacionales. Existe un apartado donde se realizan pruebas con variedades nuevas, y el jardín de rosales Miniatura fue uno de los primeros en Europa.

SUIZA

PARC DE LA GRANGE, Ginebra

Es quizás el más hermoso jardín de rosales, admirado tanto por su arquitectura como por sus rosales. Consta de tres terrazas con piscinas y fuentes, y cada una de ellas está embellecida por muchos tipos de rosales, los cuales proporcionan un gran colorido a toda la zona durante los meses de verano. En la Semana del Rosal de Ginebra se organiza el Concurso Internacional del Rosal y también tienen lugar representaciones de ballet al aire libre entre los 12.000 rosales en flor.

ITALIA

JARDÍN MUNICIPAL DEL ROSAL, Roma

Se trata del jardín con el marco más hermoso, ya que se encuentra ubicado en un anfiteatro natural, en las laderas de la colina del Aventino, y frente a las ruinas del palacio de los Césares. Está rodeado por una colección de 200 variedades trepadoras, y la zona central contiene rosales especies, híbridos de floración temprana y populares variedades modernas. Cada año se celebra en este jardín una importante competición internacional del rosal.

ESPAÑA

PARQUE DEL OESTE, Madrid
Los entusiastas de los rosales que han recorrido los principales jardines de rosas discuten sobre cuál es el más hermoso jardín de rosales de Europa: el de Ginebra o el de Madrid. Con toda seguridad escogerá el Parque del Oeste si no es partidario de la uniformidad, porque allí encontrará rosales Miniatura que cubren el suelo, junto a trepadores tan altos como casas, estatuas, fuentes, cipreses, galerías cubiertas de flores y una imponente colección de 30.000 rosales.

ESTADOS UNIDOS

HERSHEY ROSE GARDEN, Pennsylvania
Si sólo dispone de tiempo para visitar un jardín americano, deberá escoger entre éste y el Park of Roses en Columbus. En Hershey podrá adquirir todos los rosales que desee; hay miles de modernos híbridos de Té y Floribundas junto a cientos de variedades de rosales Arbustivos.

PARK OF ROSES, Columbus, Ohio
Este jardín de 56.500 m² acogió en su día la Sociedad Americana de la Rosa, y actualmente es la meca de cualquiera que disfrute con las rosas y busque información sobre ellas. Regularmente tienen lugar demostraciones durante el año y la colección de unas 30.000 rosas cubre las diversas clases y tipos.

AMERICAN ROSE CENTER, Shreveport, Lousiana
El trabajo empezó en el año 1970 con la creación de un jardín de rosas junto a las nuevas instalaciones de la Sociedad Americana de la Rosa, trasladada de Columbus, Ohio. La idea difiere de la encontrada en muchos jardines, como una especie de diccionario alfabético viviente. En este caso, la característica principal es la disposición de las rosas, en la que los arriates y márgenes muestran el modo en que se pueden agrupar las plantas para lograr el máximo efecto.

HUNTINGDON BOTANICAL GARDENS, San Marino, California
Este fascinante parque presenta muchas características que harán la delicia del jardinero entusiasta, y en particular por dos de ellas. Posee la mayor colección de rosales de Té del mundo y también una rosaleda histórica con cerca de 1.000 variedades antiguas.

CANADÁ

ROYAL BOTANICAL GARDENS, Hamilton, Ontario
El más conocido jardín de rosas canadiense forma parte del complejo Royal Botanical Gardens en Ontario. En 1967 se creó un jardín de las rosas centenarias y es posible encontrar unas 3.000 variedades de Floribundas e híbridos de Té. Junto a estos arriates de rosas modernas, se cultivan antiguas variedades. Otros jardines canadienses notables son **Floralies Rose Garden** (Montreal), **Canadian Horticultural Society Rose Garden** (Niagara) y **Dominion Botanic Gardens** (Ottawa).

NUEVA ZELANDA

ROGERS ROSE GARDEN, Hamilton
Aunque no es el más grande, probablemente es el más atractivo de todos los jardines de rosas de Nueva Zelanda. No es demasiado extenso y sólo tiene unos pocos miles de plantas, pero la plantación informal resulta atractiva y representa un cambio respecto a los arriates geométricos que se encuentran en la mayoría de jardines de rosas. **Parnell Rose Garden** (Auckland) es más grande y para los que estén intersados en las variedades del futuro, está el **N.Z National Rose Society Trial Ground** en Palmeston North.

FRANCIA

LA ROSERAIE DE L'HAŸ LES ROSES, París

Sin lugar a dudas, es uno de los museos de rosales al aire libre más extensos del mundo, aunque carece de una gran colección de plantas. En él se encuentran arriates que muestran la historia y el desarrollo del rosal, arriates con las variedades cultivadas en la Malmaison e incluso un teatro de la rosa.

BAGATELLE, París

La rosaleda de la Bagatelle contiene miles de rosales. Uno de sus principales atractivos reside en sus numerosos arriates, geométricos y bien cuidados, formados con las variedades más recientes. La primera Competición Internacional del Rosal se realizó en la Bagatelle, y la medalla de oro del Concurso Internacional de Rosales Nuevos todavía es uno de los premios más importantes del mundo de la rosa.

PARC DE LA TÊTE D'OR, Lyon

En 1964 se inauguró, en el lugar de origen de los rosales modernos, uno de los jardines de rosales más grandes del mundo. En los 56.500 m² del jardín de exposición se encuentran 100.000 plantas: miniaturas en rocallas, trepadores en pérgolas, una inmensa cantidad de arbustos que forman arriates, cientos de variedades arbustivas y también los campos experimentales para las nuevas plántulas francesas.

ALEMANIA

WESTFALENPARC, Dortmund

En 1903 se fundó en Sangerhausen la primera rosaleda alemana, que llegó a convertirse en la más extensa colección de rosales del mundo, con más de 6.500 variedades distintas. Sin embargo, Sangerhausen se encontraba en Alemania Oriental, por lo que no se podía llegar fácilmente, y por ello en 1969 se inauguró una nueva rosaleda nacional alemana. Las variedades están ordenadas geográficamente, y cada productor reconocido tiene su propia parcela en el área reservada a su país. Además de estos rosales modernos, también hay una gran colección de variedades antiguas.

INSEL MAINAU, Lago Constance

Este jardín situado en una isla en el Lago Constance posee una belleza distinta a los anteriores. Aquí las variedades antiguas se cultivan como arbustos entre plantas semitropicales en una disposición de inspiración italiana. También hay plantaciones masivas de variedades más nuevas, lo que resulta de gran atractivo para el amante de las rosas.

ZWEIBRUCKEN ROSARIUM, cerca de Saarbrucken

Insel Mainau es el lugar idóneo si quiere contemplar rosas en un esquema semitropical, pero si busca encontrarlas entre elementos acuáticos como fuentes, lagos y estanques, elija este jardín. Existen unas 60.000 rosas de todas las variedades y diseños, cultivadas junto a otras plantas. Ha sido descrito como uno de los más encantadores jardines de Europa.

SANGERHAUSEN ROSARIUM, cerca de Leipzig

En 1903 se abrió este jardín de 121.072 m² y pronto pasó a ser la mayor colección de variedades antiguas del mundo. Sólo uno de los muros contiene cerca de 800 rosales Especie y hay miles y miles de diferentes rosales de jardín antiguos. Se vieron afectados por la reunificación de Alemania, pero si desea contemplar variedades antiguas jamás vistas anteriormente, éste será su jardín.

DINAMARCA

VALBYPARKEN, Copenhague

Este gran jardín de rosales, inaugurado en 1963, se encuentra a escasos minutos del centro de Copenhague. Presenta una extensa colección, aproximadamente 20.000 plantas que representan unas 300 variedades distintas. Los productores de rosales daneses realizan sus concursos nacionales en este parque.

HOLANDA

WESTBROEKPARK, La Haya

En este parque público se creó un jardín de rosales después de la guerra, el cual, en la actualidad, se ha convertido en la colección más extensa e importante del Benelux. En los grandes arriates, que constituyen la principal área de exposición del jardín, se encuentran más de 60.000 plantas.

Exposición de rosales

Clases decorativas

Las rosas se juzgan basándose en el efecto global de las flores, las hojas y los tallos en un cuenco o en un jarrón. En este caso, la habilidad artística y el estado óptimo de las flores son mucho más importantes que las propias flores, las cuales tienen un tamaño superior al normal.

Clases especímenes

Las rosas se juzgan principalmente como flores individuales. La caja de exposición (*véase* pág. 128) es un recipiente corriente. En este caso, se buscan flores que presenten una forma y un color tan perfectos como sea posible y de un tamaño significativamente superior al término medio.

Para ser un entusiasta o un experto en rosales, no tiene necesariamente que exponer sus flores. Pero los concursos desempeñan un papel importante en el mejoramiento del cultivo de los rosales porque introducen el espíritu de competición y obligan a prestar más atención al detalle. Las flores que le parecerían perfectas en otro tiempo, pueden convertirse, de repente, en flores de segunda categoría cuando las contempla como expositor. La satisfacción, por supuesto, reside en recibir un galardón más que un premio en metálico..., el cual probablemente apenas podría cubrir sus gastos.

Empiece presentándose en el concurso de horticultura de su localidad y no participe con muchas clases de rosales; pronto descubrirá que la preparación del material que va a exponer requiere más tiempo del que pensaba. Primero visite el concurso del año en curso, observe las clases, anote las variedades ganadoras e intente determinar por qué fueron premiadas. Todo esto le ayudará a participar en el concurso del año próximo. Puede quedar confundido por la baja calidad de la variedad ganadora del primer premio, pero recuerde que usted la está contemplando *después* del juicio, y que los jueces concedieron sus premios por el aspecto que presentaba en el momento de su inspección.

Si quiere participar en serio de las exhibiciones de rosas *debe* ser miembro de la Real Sociedad Nacional de la Rosa (RNRS). Le proporcionarán un listado de variedades, características para concursos, etc., y además el derecho de exhibir sus rosales en las distintas muestras.

CÓMO SE JUZGAN LOS ROSALES

Puntos a favor

Flores: Clases decorativas: buen tamaño medio para la variedad. Clases especímenes: más grandes que el tamaño medio de la variedad. Híbridos de Té: centro bien formado y abiertas o con un contorno circular. Floribunda: totalmente abierta.

Pétalos: Brillantes, firmes, bien formados y sin manchas.

Hojas: Bien formadas e intactas. Cantidad y tamaño adecuados.

Tallos: Erguidos y proporcionados al tamaño de la flor.

Presentación: Disposición artística y grácil. Flores ni muy apretadas ni muy espaciadas.

Puntos en contra

Flores: Número de pétalos inferior al término medio de la variedad. Tamaño atípico. Flores inmaduras o marchitas. Híbridos de Té: flores con centros confusos o partidos. Evidente eliminación de pétalos, ordenación atípica de éstos (*véase* pág. 128).

Pétalos: Descoloridos, marchitos, manchados o enfermos.

Hojas: Enfermas o dañadas.

Tallos: Débiles, doblados, enfermos o torcidos.

Presentación: Desproporcionada o desordenada. Exposición de escaso color o una excesiva exposición de tallos y/o de hojas.

CULTIVO DE ROSALES DIGNOS DE PREMIO

Elija sus variedades cuidadosamente

Los jueces buscan las flores grandes, con muchos pétalos y con centros altos. En la página 93 hay una lista de las variedades de híbridos de Té que frecuentemente ganan premios en los concursos nacionales y regionales. Algunas de ellas no se recomiendan para lucir en un jardín corriente, pero otras, como *Alec's Red* y *Pink Favorite*, le proporcionarán tanto una magnífica exposición de jardín como premios en los concursos.

Tome notas

La mayoría de los entusiastas expositores de rosales escriben un diario detallado. En éste anotan la época de la poda, las fechas de abonado y otros comentarios que les serán útiles para saber el año siguiente qué hicieron bien... y mal.

Obtenga flores en el momento adecuado

El secreto para triunfar en un concurso reside en aprender a obtener un racimo de flores en estado óptimo en la fecha indicada. Por término medio, transcurren unas 12 semanas entre la poda y la fase de floración completa, pero este período puede oscilar entre 10 y 16 semanas. Existe un sistema básico que le asegura la obtención de flores en el día decisivo: trate de cultivar tantas plantas como pueda y pódelas en fechas diferentes.

Siga las instrucciones básicas del mantenimiento del rosal

Siga los principios del cultivo del rosal y de la preparación del suelo indicados en los capítulos 5 y 6. Muchos expositores de rosales insisten en las ventajas de la poda intensa (*véase* pág. 108), pero en realidad, ésta no es necesaria. Se recomienda un abonado regular; complemente el primer abonado básico de primavera con aplicaciones regulares de fertilizante líquido o de abono foliar (*véase* pág. 111). Debe regar en época de sequedad y controlar las plagas y las enfermedades.

PREPARACIÓN PARA EL CONCURSO

Aproximadamente tres o cuatro días antes del concurso debe comenzar a seleccionar las flores y los tallos que estarán en todo su esplendor el gran día. No obstante, uno o dos semanas antes de esta selección debe realizar algunas tareas, como la desyemación y la envoltura, e incluso antes debe efectuar una de las tareas más importantes, es decir, estudiar el programa del concurso.

Es posible que los jueces lo penalicen o lo descalifiquen ante la menor infracción a las reglas, aunque ésta no sea muy importante. Seleccione la clase en la que desea participar y asegúrese de que el material que expone reúne todos los requisitos. ¿El número especificado se refiere a las flores o a los tallos? ¿Se permite el alambrado? ¿Se proporcionan jarrones o cuencos? Aclare estos y otros puntos antes del concurso.

DESYEMACIÓN Debe realizarse tan pronto como los capullos laterales sean lo suficientemente grandes para ser manipulados (*véanse* las instrucciones de la pág. 110). Estaquee el tallo si el lugar está expuesto o si la flor debe envolverse (*véase* inferior).

En el caso de los Floribunda, debe realizarse alguna desyemación aproximadamente dos semanas antes del concurso. De cada racimo, elimine el gran capullo central y uno o dos de los más pequeños, de este modo el día del concurso tendrá un gran número de flores abiertas y del mismo tamaño.

ENVOLTURA Para el verdadero expositor, la colocación de un protector cónico en una estaca de madera sobre cada flor constituye una ayuda beneficiosa. De esta manera se evita que la lluvia manche los pétalos delicados, lo cual es vital en las clases más importantes.

Coloque la cubierta protectora en la posición correcta unos 10 o 14 días antes del concurso. Debe ser lo bastante firme para que no toque la flor cuando hay viento, y debe tener la altura correcta para protegerla del sol, aunque no excesivamente. También debe ser lo bastante grande para prevenir el goteo de la lluvia sobre los pétalos.

ATADURA Muchos expositores atan flojamente con lana los centros de las flores seleccionadas unos tres días antes del concurso con el fin de alargar los pétalos.

Elija flores a medio abrir y emplee lana incolora, suave y gruesa. Cuando realice esta operación, los pétalos deben estar secos. Asegure la lana con un par de vueltas y aflójela un poco cada día. Es mejor que los novatos eviten emplear esta técnica porque, en manos no calificadas, las flores pueden estropearse.

CORTE Si expone en su localidad, puede cortar el material que va a exponer a primera hora de la mañana del concurso y, en consecuencia, realizar una selección en el último instante. Pero si los tallos seleccionados deben transportarse a una cierta distancia, es necesario que los corte la noche anterior. Muchos expositores experimentados creen que, incluso si participa en un concurso de su localidad, es mejor cortar los tallos la noche anterior al concurso. De este modo tiene tiempo para preparar y clasificar los tallos correctamente, ya que en la mañana del concurso hay muy poco tiempo.

DÍA DEL CONCURSO

Salga de su casa con tiempo y llévese todo lo que pueda necesitar. Confeccione una lista; ésta puede incluir un número sorprendente de artículos. Una lista corriente contiene bolígrafos, etiquetas, tijeras, podaderas, una libreta, un programa, juncos, un cuchillo, un cepillo de pelo de camello, una regadera de plantas de interior, alambre de floristería y algodón hidrófilo.

TRANSPORTE Corte y lleve un número de flores doble al exigido en el programa. Existen muchos métodos de transportarlas en coche y cada expositor tiene uno favorito. La costumbre es mantener el pie de los tallos húmedo, las flores secas (envueltas en papel suave) y los tallos empaquetados estrechamente. Si emplea un cubo, ponga en la parte superior una capa de bolas de papel de periódico para evitar que el agua salpique excesivamente. Si lleva varios cubos, colóquelos en un cajón con material de embalaje entre ellos.

ETIQUETADO Escriba el nombre del rosal o de los rosales con claridad en una tarjeta y colóquela al lado de donde está expuesta. Si no conoce el nombre de la variedad, haga constar «variedad desconocida». Una variedad expuesta etiquetada claramente impresiona a los jueces.

DISPOSICIÓN Se trata del arreglo final de los pétalos para asegurar la máxima belleza. Emplee sus dedos o un cepillo de pelo de camello para abrir los pétalos externos y parcialmente los de la segunda hilera. No altere nunca la disposición natural o «arregle en exceso» los pétalos.

Si se daña un pétalo externo, elimínelo con cuidado y apriete suavemente el de encima para que ocupe su lugar.

ALAMBRADO Es útil para las rosas que se presentarán en jarrones, siempre que no esté prohibido en las normas.

Apriete un extremo del alambre (a la venta en las floristerías) en el abultado receptáculo de la flor y enrosque la mitad inferior alrededor del tallo. Si esta operación se efectúa torpemente la flor puede separarse con facilidad del tallo; es conveniente que practique este procedimiento con flores corrientes del jardín antes del gran día.

PRESENTACIÓN DE LAS FLORES EXPUESTAS

Exposición de tres flores

Exposición de seis flores

Jarrones
Al llegar, obtenga un jarrón de la secretaria del concurso. Antes de colocar los tallos, llénelo con juncos. Asegúrese de que se han eliminado las hojas inferiores y las espinas de los tallos. Las flores deben estar próximas, pero no en contacto. Coloque la flor más grande en la base de la exposición. Después de arreglar las flores, llene el jarrón con agua.

Cuencos
Cada flor debe diferenciarse de su vecina, pero deben evitarse los grandes espacios vacíos. En un cuenco de variedades mezcladas no debe colocar dos flores de color similar juntas. Emplee tonalidades pastel para separar colores intensos. Si debe llevar su propio cuenco, elija uno de forma sencilla y de color neutro.

Cajas
Las cajas de clasificación han perdido popularidad. Debe fabricarse o comprar su propia caja para 6 o 12 flores, puesto que los organizadores no las suministran. Las flores no deben estar en contacto. Coloque las flores más grandes en los tubos posteriores, los cuales están elevados para lograr una exposición adicional. Llene el espacio entre las flores con musgo fresco y verde, y etiquete la exposición.

Cómo multiplicar sus rosales

Los rosales pueden multiplicarse de cuatro formas: por semilla, por acodo, por injerto y por esqueje. En esta sección se describen estos métodos pero, desde luego, no todos tienen la misma importancia. La propagación por semilla y por acodo se emplea pocas veces y en un número de variedades limitado. Por lo tanto, la elección básica oscila entre el injerto y el esqueje.

Cada uno de estos dos métodos tiene sus ventajas e inconvenientes. La mayoría de los rosales que se cultivan con fines comerciales se producen por **injerto**, lo cual implica la inserción de una yema u «ojo» de la variedad seleccionada en una incisión en forma de T en el tallo del portainjertos. Este injerto se realiza cerca del suelo cuando se trata de un arbusto, o más arriba si es una variedad estándar. Es idóneo para todas las variedades modernas, y la nueva planta crece rápidamente ya que dispone de un sistema radicular desarrollado. Pero este tipo de multiplicación tiene algunas desventajas para el jardinero común porque exige la obtención de portainjertos y la adquisición de nuevos conocimientos prácticos.

El método más popular para el aficionado es la propagación por **esqueje**, a través de la cual no se obtienen nuevas variedades de rosales. Esta técnica es muy sencilla, pero también presenta inconvenientes. No todos los rosales pueden multiplicarse de esta forma y las nuevas plantas tardan unos tres años en arraigar completamente en el jardín.

INJERTO

1 Obtenga portainjertos; en página 4 encontrará los tipos disponibles. Para proveedores, *véanse* los anuncios de las revistas de jardinería

Plante a mediados de otoño

Acolle los tallos después de plantar para mantener el cuello húmedo

30 cm

Al plantar, apenas cubra el cuello

2 Injerte el portainjertos el verano siguiente

Escoja un día fresco

Separe la tierra de modo que el cuello quede al aire libre y límpielo con un trapo

3

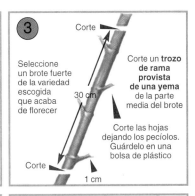

Corte

Seleccione un brote fuerte de la variedad escogida que acaba de florecer

30 cm

Corte un **trozo de rama provista de una yema** de la parte media del brote

Corte las hojas dejando los pecíolos. Guárdelo en una bolsa de plástico

Corte

1 cm

4

Emplee una navaja de filo curvo y afilado para realizar una incisión en forma de T en la corteza del portainjertos

1 cm

2 cm

Cuidadosamente, levante los dos bordes laterales de la herida empleando el filo desafilado de la navaja

5

Extraiga un **escudete** de la rama provista de la yema

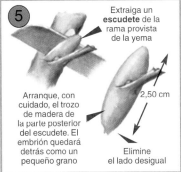

Arranque, con cuidado, el trozo de madera de la parte posterior del escudete. El embrión quedará detrás como un pequeño grano

2,50 cm

Elimine el lado desigual

6

Sostenga el escudete por el pecíolo. Deslícelo suavemente al interior de la escisión en forma de T. Asegúrese de que llega hasta el fondo

7

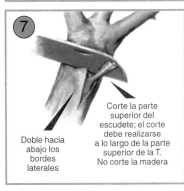

Corte la parte superior del escudete; el corte debe realizarse a lo largo de la parte superior de la T. No corte la madera

Doble hacia abajo los bordes laterales

8

Fije el escudete con rafia húmeda (no la apriete demasiado). No cubra la yema

Anude la rafia por el lado opuesto al escudete. Existen cordones elásticos disponibles

9

Deje 1 cm y corte más tarde

A finales del invierno siguiente empezará a crecer un nuevo brote. Corte la pared del portainjertos que se encuentra por encima de aquél

Asegure la planta con un tutor

ESQUEJE

Este método no se recomienda para muchos híbridos de Té, especialmente las variedades amarillas, ya que su sistema radicular puede ser demasiado débil para trasplantar bien; no obstante, puede dar un resultado positivo con los enredadera, con los Floribunda y trepadores vigorosos y con la mayoría de los rosales arbustivos. Una ventaja de un esqueje arraigado, en comparación con un portainjertos injertado, es la ausencia de serpollos: todos los brotes en crecimiento pertenecen a la variedad que se cultiva.

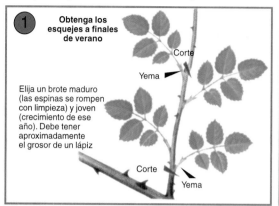

1 Obtenga los esquejes a finales de verano

Corte
Yema

Elija un brote maduro (las espinas se rompen con limpieza) y joven (crecimiento de ese año). Debe tener aproximadamente el grosor de un lápiz

Corte
Yema

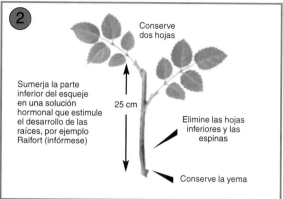

2

Conserve dos hojas

25 cm

Sumerja la parte inferior del esqueje en una solución hormonal que estimule el desarrollo de las raíces, por ejemplo Raifort (infórmese)

Elimine las hojas inferiores y las espinas

Conserve la yema

Rosales miniatura

La propagación por esquejes de los rosales miniatura tiene dos ventajas: por un lado, obtiene muchas plantas a un coste muy bajo, y por otro, este nuevo *stock* conserva su tipo de crecimiento enano porque se desarrolla en sus propias raíces.

Los esquejes deben tener unos 8 cm de longitud y deben seleccionarse durante la estación de crecimiento. Es apropiado realizar esta tarea a principios de otoño. Corte los esquejes por debajo de una yema foliar (*véase* la etapa 2 en la parte superior) y sumerja la parte inferior de cada uno en Raifort.

Plántelos firmemente en macetas con compost para semillas y esquejes.

Evite que los esquejes reciban luz solar directa. Cuando los esquejes enraizados empiecen a crecer, sepárelos y plántelos en macetas de 10 cm. Manténgalos a resguardo durante el invierno y plántelos al aire libre en primavera o bien consérvelos en las macetas para la decoración del hogar (*véase* pág. 133).

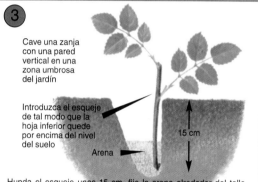

3

Cave una zanja con una pared vertical en una zona umbrosa del jardín

Introduzca el esqueje de tal modo que la hoja inferior quede por encima del nivel del suelo

15 cm

Arena

Hunda el esqueje unos 15 cm, fije la arena alrededor del tallo y después vuelva a reponer el suelo. Apisónelo con firmeza, ya que comúnmente el fracaso de este tipo de multiplicación se debe a una plantación poco firme. Riegue a fondo y la tarea habrá terminado.

Fije el suelo después de las fuertes heladas del invierno. Mantenga el esqueje húmedo durante una sequía prolongada en primavera y en verano, y elimine cualquier capullo que pueda formarse.

A mediados de otoño, el esqueje habrá enraizado y estará preparado para ser plantado.

SEMILLA

En general, la producción de rosales a partir de semillas se trata brevemente en los libros de texto e, incluso, en algunos se ignora. No vale la pena intentar producir un híbrido por este método, pues no se reproduciría conforme al tipo. Los rosales Especie son fieles al tipo cuando se cultivan a partir de semillas, pero tardan años en alcanzar un tamaño razonable y, además, se propagan con mayor facilidad por esquejes.

Con los rosales miniatura la situación es diferente; vale la pena cultivarlos a partir de semillas y se puede adquirir del proveedor paquetes con varias mezclas. En este caso, puede obtener plantas con bastante rapidez, ya que las semillas sembradas durante la primavera, cuando la temperatura es suave, darán plantas que pueden estar en flor en verano. Siémbrelas en compost para semillas y esquejes a mediados de primavera y manténgalas en un lugar protegido, no a la intemperie. Trate de sembrar una cantidad razonable porque su germinación es bastante lenta e irregular. Plante las mejores plántulas en macetas pequeñas y selecciónelas en verano. Conserve las plantas jóvenes más atractivas y deseche las demás. Replante si es necesario, y durante el invierno coloque las plantas en un invernadero sin calefacción o en el alféizar de una habitación, también sin calefacción.

ACODO

La multiplicación por acodo es un método excelente para cualquier rosal con tallos largos y flexibles. Desde luego, es ideal para los rosales trepadores, pero también puede usarse en muchos rosales arbustivos.

Durante el verano, trabaje una cierta cantidad de turba en la zona donde vaya a realizar el acodo. Escoja un tallo maduro, aunque todavía flexible, y efectúe en él una incisión de unos 10 cm de longitud. Coloque una ramita en este corte y entiérrelo, fijándolo con una estaca bifurcada, en la zona previamente preparada.

Debe asegurar la posición erguida del extremo libre del brote atándolo a una estaca y debe mantener el suelo húmedo durante la época de sequedad. Al inicio de la primavera siguiente, cuando ya se ha producido el enraizamiento, puede separar la nueva planta de su progenitora cortando completamente el trozo de rama que las une. Trasplante el nuevo rosal enredadera o arbustivo y no deje que florezca durante su primera estación.

Producción de una nueva variedad

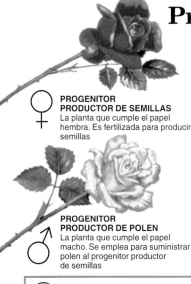

PROGENITOR PRODUCTOR DE SEMILLAS
La planta que cumple el papel hembra. Es fertilizada para producir semillas

PROGENITOR PRODUCTOR DE POLEN
La planta que cumple el papel macho. Se emplea para suministrar polen al progenitor productor de semillas

La producción casera de rosales puede compararse con la compra de un billete de lotería nacional, puesto que es fácil participar en el sorteo pero prácticamente imposible obtener un premio. Producir un nuevo rosal es sencillo, ya que solamente hay que transferir el polen de una variedad a los estigmas de otra y después sembrar las semillas resultantes. Cada plántula será única, pero la posibilidad de que una de ellas sea un avance significativo en el mundo del rosal es casi nula.

Los productores profesionales se refieren a menudo al factor suerte cuando se descubre una nueva variedad ganadora, aunque para ellos es mucho más que una lotería. Preste especial atención en la selección de los progenitores; se producen miles de plántulas y se requiere una gran habilidad para detectar las características deseables en una fase temprana.

Nada de esto debe inquietar al principiante. Los productores caseros de plantas no necesitan batir récords mundiales. ¡Produce una gran satisfacción conseguir una variedad, por imperfecta que sea, que no existe en ningún otro lugar del mundo!

1 Selección de los progenitores

Debe seleccionar las plantas productoras de semillas y de polen para realizar el cruzamiento propuesto. Trate de elegir dos variedades que puedan combinar características deseables para producir una combinación única (un ejemplo muy utilizado es la variedad *Peace*, de color rojo sangre). Quizás el camino más fácil para iniciarse consiste en cruzar un Floribunda, pero no existen normas estrictas. Más bien se trata de una cuestión de prueba y desacierto. Si quiere ser un verdadero hibridista debe estudiar los árboles genealógicos de los progenitores candidatos. En este aspecto *Roses* (Jack Harkness) es una guía excelente. Plante las plantas seleccionadas en macetas de 25 cm durante el otoño y trasládelas al interior de un invernadero sin calefacción a finales de invierno.

2 Polinización

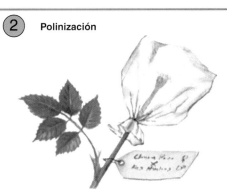

Es ideal realizar la polinización un día soleado de finales de primavera. Prepare el progenitor productor de semillas. Elija una flor medio abierta y elimine con suavidad todos los pétalos sin dejar ningún trozo. A continuación, arranque todas las anteras con unas pinzas y, finalmente, cubra la flor mutilada con una bolsa de papel.

Realice la polinización al día siguiente. Corte una flor del progenitor productor de polen y elimine o tire hacia atrás los pétalos. Roce las anteras contra los estigmas y después coloque nuevamente la bolsa sobre la flor de la planta productora de semillas. Ate al tallo una etiqueta en la que consten los progenitores, y continúe cuidando la planta productora de semillas como una planta normal.

3 Preparación de las semillas

Transcurridas un par de semanas desde la polinización, elimine la bolsa de papel y deje que los escaramujos se desarrollen. Más tarde, en otoño, elimine estos escaramujos del rosal cuando estén maduros, pero no marchitos. Entiérrelos en la turba húmeda de una maceta, y déjelos durante todo el invierno al aire libre. Acuérdese de poner una etiqueta de identificación en la maceta.

A finales de invierno, traslade los escaramujos al interior y, mediante presión, haga salir las semillas. Introdúzcalas seguidamente en un recipiente con agua. Descarte las semillas que floten, porque no serán fértiles, y siembre las que se hayan hundido totalmente. Emplee compost adecuado y, cuando aparezcan las primeras hojas verdaderas del rosal, trasplante las plántulas en macetas pequeñas.

4 Selección de un nuevo rosal

Algunas de estas plantas jóvenes producirán una o dos flores a finales de primavera; éste es el período adecuado para realizar la primera selección. En el proceso de producción de rosales, una de las grandes habilidades reside en descubrir las características deseables en esta fase (deberá confiar en la suerte del principiante). Deseche todas las plantas sin valor y trasplante las que sean prometedoras a macetas de mayor tamaño.

A mediados de verano realice una segunda elección, y cultive en macetas durante una segunda estación los que desee conservar. Si alguno se muestra prometedor, puede plantarlo al aire libre en sus propias raíces o bien injertarlo en un portainjertos a mediados de verano. Ya tiene su propia variedad de rosal creciendo en su jardín.

CAPÍTULO 9
LAS ROSAS EN EL HOGAR

El empleo de rosas cortadas para arreglos florales es universal. Además de las innumerables flores de jardín que se usan para este fin, cada año se venden millones de rosas en las floristerías.

Las rosas tienen muchos otros usos en el hogar, parte de los cuales han declinado en el sofisticado mundo actual. Así, en las casas de la antigua Roma, en los refectorios de los monasterios medievales y en las cocinas de las grandes ciudades victorianas, podía encontrarse vino de rosas, perfumes de rosas, mermeladas de rosas, etc.

En la actualidad, estos usos sólo constituyen curiosidades, pero no hay ningún motivo que le impida probar algunas de las recetas antiguas que se incluyen en este capítulo.

LA ROSA COMO FLOR CORTADA

El hecho de que la flor favorita del jardín sea también una flor cortada popular no resulta sorprendente. Por desgracia, como siempre han indicado los poetas, las rosas tienen una vida corta. De todos modos, si bien no puede esperar que las rosas cortadas duren tanto como los claveles, las anémonas o los crisantemos, pueden prolongar considerablemente su vida si sigue algunas normas sencillas cuando las corta, las acondiciona y las arregla.

1 CORTE

Escoja una variedad recomendada para ser cortada. Observe la lista inferior y examine las guías alfabéticas (*véanse* págs. 13-43)

Las flores cortadas prematuramente o demasiado tarde le decepcionarán. Híbridas de Té: sépalos abiertos; pétalos formando un capullo y mostrando su color. Floribunda: la mayoría de las flores formando un racimo y medio abiertas

Si es posible, corte las flores por la tarde, si no córtelas por la mañana

Corte exactamente por encima de una hoja. *Véase* página 110

Coloque inmediatamente las flores cortadas en un cubo con agua tibia

2 ACONDICIONAMIENTO

Elimine las hojas inferiores y las espinas. Corte el extremo de cada tallo con una inclinación aproximada de 2-3 cm y sumérjalos en agua, hasta los cuellos de las flores. Mantenga los tallos erguidos

Guarde el cubo con las rosas en un lugar fresco y oscuro durante la noche

Cubo lleno de agua, con una cucharadita de azúcar

Si las hojas están marchitas por la mañana, sumerja los extremos de los tallos en agua muy caliente durante algunos minutos antes de realizar la composición floral

3 ARREGLO

La composición puede formarse con una sola flor o con varias. Las rosas pueden agruparse entre sí o bien con otras flores

Mantenga la composición en buenas condiciones luminosas, pero evite la radiación solar directa

Llénelo con agua tibia y añada unas gotas de conservador de flor. Mantenga el agua limpia

Si utiliza espuma de plástico como base, empápela totalmente antes de usarla y fíjela adecuadamente y antes de colocar las flores

Rosas secas

Las rosas secas perdurarán casi indefinidamente si las manipula y las arregla con cuidado. Escoja flores semidobles, elimine los tallos y déjelas secar. Cuando las flores estén bastante secas, colóquelas, mirando hacia arriba, en una caja de hojalata sobre una capa de arena fina secada al horno. Mantenga una distancia de unos 2 cm entre las flores. Lentamente añada más arena seca para cubrir del todo las flores; evite que se formen bolsas de aire. Por último, cubra las flores con una capa de arena de 2,50-5 cm de grosor, tape la caja y precíntela con cinta adhesiva.

Guarde esta caja en un lugar seco y cálido durante tres semanas. A continuación, saque las flores con cuidado, ya que estarán secas y quebradizas. Colóquelas mirando hacia abajo y sacuda la arena; elimine los granos de arena restantes con un cepillo. Introduzca un trozo de alambre de floristería fuerte en la base de cada flor y cúbralo con cinta de floristería de color verde.

VARIEDADES RECOMENDADAS

Híbridos de Té	Floribunda
ALEXANDER	AMBER QUEEN
ALPINE SUNSET	ANISLEY DICKSON
APRICOT SILK	ANNA FORD
BARKAROLE	ANNE HARKNESS
BLUE MOON	ARTHUR BELL
DUTCH GOLD	BUCKS FIZZ
ELIZABETH HARKNESS	CHANELLE
FULTON MACKAY	CITY OF LONDON
JULIA'S ROSE	DEAREST
JUST JOEY	ELIZABETH OF GLAMIS
LOVERS' MEETING	ENGLISH MISS
MISCHIEF	GLENFIDDICH
NATIONAL TRUST	GREENSLEEVES
PASCALI	ICEBERG
PEACE	LIVERPOOL ECHO
PRECIOUS PLATINUM	MARGARET MERRIL
ROYAL WILLIAM	MELODY MAKER
RUBY WEDDING	ORANGES & LEMONS
SAVOY HOTEL	PINK PARFAIT
SILVER JUBILEE	QUEEN ELIZABETH
SILVER WEDDING	RED GOLD
SUNBLEST	REMEMBRANCE
TROIKA	SEXY REXY
VALENCIA	SHEILA'S PERFUME
WENDY CUSSONS	SAUTHAMPTON

EL ROSAL COMO PLANTA DE INTERIOR

Cuantos más libros lea respecto del cultivo de los rosales como plantas de interior, mayor será su confusión. Por un lado, las autoridades británicas no consideran el rosal miniatura como una planta del hogar. Según ellas, se trata de una planta de jardín que se traslada al interior cuando los capullos empiezan a abrirse y, más tarde, tan pronto como las flores se marchitan, se llevan nuevamente al aire libre.

Por otro lado, los entusiastas americanos se burlan de esta idea y consideran el rosal miniatura una verdadera planta de interior que proporciona flores regularmente, cada dos meses, durante todo el año.

Aunque resulte sorprendente, estos dos puntos de vista son correctos y todo depende del mantenimiento de las plantas. Si sus cuidados se limitan a colocar la maceta en el aparador y a regarla ocasionalmente, es acertado mantenerla en el interior el menor tiempo posible. Pero si puede disponer de luz fluorescente sobre las macetas y mantener una atmósfera húmeda a su alrededor, es muy posible que consiga el resultado americano.

La mayoría de los cultivadores de rosales consideran que el mejor arreglo es emplear la técnica Pebble Tray. Mediante este método, los rosales miniatura de su salón pueden estar en flor a principios de primavera y continuar floreciendo regularmente hasta finales de verano o principios de otoño.

El secreto se basa en asegurar que las plantas reciban una cantidad de **luz máxima** y una **humedad adecuada** mientras se encuentran en el interior (para mayores detalles, *véase* la ilustración inferior).

Utilice preferentemente esquejes arraigados antes que miniaturas injertadas en portainjertos. Durante el otoño, traslade las macetas al aire libre, y a mediados de invierno llévelas nuevamente al interior. Pode las plantas de manera que reduzca su altura aproximadamente a la mitad y déjelas dos semanas, más o menos, en una habitación sin calefacción. Seguidamente trasládelas a una habitación con calefacción, donde florecerán. Evite temperaturas superiores a 22°C. Vigílelas cuidadosamente para detectar cualquier ataque de araña roja.

Ventana orientada hacia el sur. Durante el verano, proteja las plantas con una pantalla a partir del mediodía. Durante la primavera y el otoño, si es posible, acerque las macetas a una luz fluorescente por la noche

Pulverice las hojas frecuentemente con un pulverizador manual

Riegue abundantemente. Deje que la maceta se seque ligeramente entre dos riegos sucesivos. Siempre que riegue añada al agua Baby Bio

Cubeta impermeable de unos 5 cm de profundidad

Capa de grava de 2,5 cm. Mantenga siempre húmeda la parte inferior de esta capa. El nivel de agua debe mantenerse por debajo de la superficie de la grava

LA ROSA EN LA ELABORACIÓN DE PERFUMES

Potpourri

Se trata de una mezcla de pétalos de flores secas, aceites de olor agradable, especias y fijativos. Cuando la mezcla ha madurado, se coloca en cuencos abiertos o en bolsas para perfumar la habitación, o bien en saquitos que se colocan en el interior de algunos cajones para perfumar la ropa blanca.

Elija rosas olorosas cuando estén en su mejor momento. Córtelas cuando los pétalos estén secos. Extienda una delgada capa de pétalos sobre un papel de periódico y déjela en una habitación cálida y seca (es ideal usar un armario ventilado). Mueva los pétalos de vez en cuando e introdúzcalos en una bolsa de politeno una o dos semanas más tarde. A continuación, añada al interior de la bolsa la siguiente mezcla:

Por cada litro de pétalos secos:
    30 g de raíces de lino secas (para «fijar» los perfumes)
    $1/2$ cucharadita de pimienta inglesa
    $1/2$ cucharadita de canela
    algunas gotas de aceite de rosas

Mezcle muy bien, cierre la bolsa y no la abra durante unas tres semanas. Transcurrido este tiempo, coloque el potpourri en un recipiente atractivo.

Éste es el potpourri de rosas básico. Para variar el perfume, añada mondas secas de naranja y de limón, o bien hojas aromáticas secas, como geranio oloroso, menta, romero, etc.

Agua de rosas

Puede comprar agua de rosas en la farmacia, pero si dispone de una gran cantidad de flores olorosas puede tratar de elaborar su propia agua de rosas según el siguiente método antiguo:

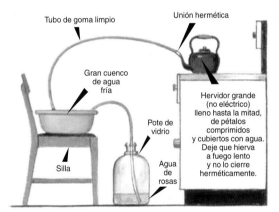

Tubo de goma limpio

Unión hermética

Gran cuenco de agua fría

Hervidor grande (no eléctrico) lleno hasta la mitad, de pétalos comprimidos y cubiertos con agua. Deje que hierva a fuego lento y no lo cierre herméticamente.

Pote de vidrio

Silla

Agua de rosas

Cuando la mayor parte del agua se haya evaporado, apague el fuego. Con cuidado, desagüe el líquido del tubo en el pote de vidrio.

Aceite de rosas

En general, no podrá obtener esencia de rosas concentrada a partir de sus flores (se necesitan unos 5.000 kg de pétalos olorosos para producir 0,5 kg, aproximadamente, de esencia de rosas) pero puede elaborar un sencillo aceite de rosas si dispone de abundantes pétalos y tiempo.

Vierta 0,5 l de aceite de oliva en un gran cuenco y añada tantos pétalos de rosas como el recipiente pueda contener. Déjelos macerar durante dos días y luego decante el contenido del cuenco haciéndolo pasar a través de un colador fino. Presione los pétalos contra la parte interna del cedazo para asegurar que se exprimen todos los aceites.

Repita este proceso unas 10 veces empleando pétalos frescos. Por último, decante el aceite en un recipiente con cierre hermético. Utilice este aceite como un perfume o para elaborar el potpourri.

EL ROSAL EN LA COCINA

El rosal no es una hortaliza, sino una planta admirada por su belleza en un jardín o en un jarrón o maceta del interior del hogar. Pero hay recetas que requieren rosas. El cocinero emprendedor puede ensayar una o dos de ellas. Si va a seguir alguna de estas recetas, asegúrese de que tanto los pétalos como los escaramujos estén frescos y sanos, y de que no hayan sido pulverizados o espolvoreados recientemente. Los pétalos y los escaramujos pueden utilizarse para muchos fines, pero no emplee nunca las hojas del rosal.

Mermelada de escaramujos

Lave y «quite los tallos» de los escaramujos. Colóquelos en una cazuela grande con un volumen igual de agua y déjelos cocer hasta que estén tiernos (unos 15 minutos). Pase la pulpa a través de un colador fino y añada media taza de azúcar por cada taza de pulpa de escaramujos. Deje cocer esta mezcla y remuévala hasta que se espese adquiriendo la consistencia de una mermelada. Viértala en potes esterilizados y séllelos.

Vinagre de rosas

Llene un pote grande vidrio o de barro vidriado con pétalos rojos y fragantes. Presiónelos y cúbralos con vinagre. Cierre el pote y consérvelo así durante algunas semanas. Después, filtre el contenido del pote en botellas.

Pétalos de rosa cristalizados

Prepare dos vasijas, una con claras de huevos batidas y otra con azúcar granulado. Arranque suavemente los pétalos de una flor seca y con unas pinzas sumérjalos primero en las claras espumosas (evite un exceso de clara en los pétalos) y después en el azúcar granulado. Deje secar los pétalos cristalizados en una bandeja de cocción forrada colocada en un armario ventilado. Guárdelos entre capas de papel apergaminado en una caja de hojalata hermética.

Miel de rosas

Lave y «quite los tallos» de 100 g de escaramujos. Hiérvalos en ½ l de agua, aproximadamente, en una cacerola esmaltada durante 15 minutos. Pase la pulpa a través de un colador fino y añada 400 g de miel. Hierva esta mezcla y remuévala hasta que se espese como una mermelada. Por último, viértala en potes esterilizados y séllelos.

Vino de rosas

En Gran Bretaña se han elaborado vinos de rosas durante varios siglos, pero los métodos empleados a menudo conducían al fracaso. Las técnicas modernas de la producción vinícola casera han eliminado los riesgos y las conjeturas de esta afición absorbente. Para producir vino de rosas pueden emplearse tanto los pétalos como los escaramujos. Se requieren aproximadamente 2 l de pétalos o 1 l de escaramujos para obtener unos 5 l de vino.

Para elaborar vino, además de los pétalos o los escaramujos, del azúcar y del agua, necesita otros ingredientes. La lista es larga e incluye: levadura, pastillas nutritivas, pastillas Campden, pectinasa y taninos de la parra. Se requiere también de un equipo especial: potes de fermentación, esclusa de aire, filtros, etc. Esta lista no debe desanimarlo. Si nunca ha tratado de producir vino, puede empezar elaborando vino de rosas según las instrucciones detalladas que encontrará en cualquier guía sencilla. Si no desea complicarse ni asumir los gastos de la producción vinícola, puede elaborar un vino de rosas «instantáneo». Mezcle 225 g de pétalos rojos y fragantes con 0,5 l de agua caliente y redúzcalos a pulpa pasándolos a través de un cedazo fino. Añada más pétalos hasta que el licor adquiera un color rojo intenso y luego mézclelos con 400 g de azúcar y con ¼ l de coñac.

LA ROSA COMO FLOR DE OJAL

En otro tiempo, llevar una rosa en el ojal era un distintivo de casi todos los jefes de estación y de los caballeros de ciudad, pero esta costumbre ha perdido popularidad. Actualmente sólo la encontrará descrita como tal en los libros de rosales, aunque hay quienes aún llevan una rosa en la solapa como símbolo de su afición estival.

Para este fin puede servirle cualquier flor compacta y de forma hermosa, pero lo ideal es un capullo medio abierto, puntiagudo, alto-centrado y de un color hermoso. Existen variedades como *Cécile Brunner* y *Sweet Dream* que han ganado una elevada reputación como rosas de ojal, pero muchas otras rosas híbridos de Té y arbustivas pueden darle un resultado satisfactorio.

Corte la rosa escogida por la tarde y rápidamente sumerja su tallo corto en agua tibia. Consérvela de esta forma toda la noche y después prepárela para su americana. La moda de principios de siglo consistía en insertar el tallo en un tubo de metal lleno de agua que se llevaba en la parte posterior de la solapa. Actualmente no se usan estos tubos de metal ni los tubos de vidrio que los sustituyeron. El sistema moderno de preparar una rosa de ojal se muestra en la figura de la derecha. Como puede observar, no se requiere ni destreza ni un soporte especial.

Papel de plata o cinta de floristería verde que rodea estrechamente el tallo y el algodón hidrófilo que cubre la base

Algodón hidrófilo, humedecido con agua, que rodea el extremo del tallo

CAPÍTULO 10

CALENDARIO DEL ROSAL

MEDIADOS DE INVIERNO

Es muy probable que se produzcan heladas. En consecuencia, generalmente hay poco trabajo en el jardín de rosales.

Examine los rosales que crecen sobre soportes y asegúrese de que las ataduras sean lo suficientemente fuertes para sostenerlos. Inspeccione los arbustos y los estándares plantados en otoño para comprobar si se han aflojado a consecuencia de las heladas. Fíjelos si es necesario.

Puede plantar si el suelo no es arcilloso, drena bien y si el tiempo es seco y no hiela. Deben prepararse los arriates que van a plantarse hacia el final del invierno.

Los rosales cultivados en macetas deben permanecer en el interior del invernadero. Puede necesitar calefacción para mantener una temperatura entre 4°-7°C.

FINALES DE INVIERNO

Es muy probable que el suelo esté húmedo y frío, pero puede continuar plantando en las zonas de suelos ligeros, siempre que la temperatura supere los 0°C. En las zonas templadas puede empezar a podar los Floribunda vigorosos. Pueden recortarse las ramas que brotaron el año anterior. Los rosales cultivados en macetas empiezan a crecer y deben mantenerse a una temperatura entre 10°-15°C. Pulverice los brotes con agua para crear un ambiente húmedo. Vigile con cuidado los brotes nuevos y tiernos porque pueden resultar muy perjudicados por el pulgón y las orugas. Pulverícelos al detectar la primera señal de un ataque.

PRINCIPIOS DE PRIMAVERA

Termine la plantación. En la mayoría de las zonas, esta época es apropiada para podar los rosales arbustivos y los estándares. Queme los restos de la poda.

Inmediatamente después de la poda puede extender el abono alrededor de los arbustos y pinchar ligeramente la superficie del suelo; sin embargo, es mejor esperar el inicio de la primavera para realizar estas labores. Debe desherbar completamente los arriates y aplicar un herbicida a base de simazine si no puede efectuar una cava periódica.

En esta época, brotarán los rosales cultivados en macetas. La calidad de la flor mejorará abonándolos semanalmente con un abono adecuado. Continúe pulverizando los brotes con agua. Aumente la temperatura del invernadero hasta 15°-18°C.

MEDIADOS DE PRIMAVERA

La poda debe estar terminada en cuanto comience la primavera porque entonces los rosales empiezan a crecer activamente. Elimine el exceso de brotes nuevos.

Aplique un fertilizante que contenga los macronutrientes y micronutrientes que el rosal necesita. Al abonar, evite que el polvo entre en contacto con los brotes en crecimiento y después pinche ligeramente la superficie del suelo.

Arregle los bordes de los arriates con una azada. En las zonas atacadas frecuentemente por la mancha negra, aplique dos pulverizaciones de Systhane, con una semana de intervalo, cuando las yemas foliares empiecen a brotar.

Continúe abonando y regando los rosales cultivados en macetas que se encuentran en el invernadero. Algunos florecerán en este momento. Pulverice con agua los espacios que quedan entre las macetas. No pulverice los rosales. Preste atención al mildiu, al pulgón y a la oruga. La temperatura ideal del invernadero es de 18°-24°C. Si el tiempo es soleado, pinte las paredes de vidrio.

FINALES DE PRIMAVERA

Los rosales del jardín crecen rápidamente, y debe aplicarse un acolchado alrededor de los tallos. Cave para eliminar las malas hierbas, pero no cave en el acolchado.

Algunos rosales arbustivos de floración temprana (por ejemplo, *Canary Bird*) estarán en flor.

Pueden producirse ataques de pulgón; el mejor método para controlarlos consiste en utilizar un insecticida sistémico (*véase* pág. 116). Es probable que precise pulverizar o espolvorear contra otras plagas de insectos o contra los brotes iniciales de una enfermedad. Vigile los primeros ataques. Si emplea un fertilizante líquido, aplíquelo en esta época, cuando el suelo está húmedo. Aplique un fertilizante foliar a las plantas atrasadas.

Traslade al aire libre los rosales cultivados en macetas que han terminado la floración, y colóquelos sobre hormigón, grava, etc., pero nunca en contacto con el suelo. Riegue según convenga.

PRINCIPIOS DE VERANO

Los rosales están floreciendo. Continúe cavando, pulverizando y regando según convenga.

Realice un acolchado con hierba cortada que no haya sido tratada con un herbicida. Para la decoración del hogar, corte flores de plantas maduras y nunca de arbustos recién plantados.

La desyemación de los híbridos de Té (*véase* pág. 110) asegura flores de máxima calidad. Un abonado estival mantiene el crecimiento vigoroso de las plantas y facilita la producción de una sucesión de capullos. Si proyecta participar en un concurso de rosales, consiga el programa de éste lo más pronto posible. Continúe empleando un fertilizante foliar para obtener flores de máxima calidad.

Para prevenir las plagas y las enfermedades, aplique una mezcla de un insecticida sistémico y fungicida.

Traslade al aire libre los rosales cultivados en macetas que aún permanecen en el invernadero.

FINALES DE VERANO

Los arbustos y los estándares están totalmente en flor. Es la mejor época, por lo general, para disfrutar de sus rosales. Despunte (*véase* pág. 110) las varas florales cuando las flores estén marchitas. Aplique un fertilizante estival si aún no lo ha hecho.

Cave, desyeme, acolche y riegue según convenga, como se ha indicado para finales de primavera. Preste especial atención para detectar los primeros síntomas del mildiu y de la mancha negra. Pulverice inmediatamente si los observa.

Antes de salir de vacaciones elimine todas las flores que han empezado a marchitarse para evitar que se formen los escaramujos durante su ausencia.

Injerte los portainjertos.

MEDIADOS DE OTOÑO

En esta época comienza el año del cultivador del rosal. Cave el acolchado y recoja y queme las hojas.

Termine de preparar los arriates nuevos. Los viveros empiezan a enviar los rosales, por lo tanto ya puede empezar la plantación. Antes de colocar cada planta en su nuevo emplazamiento, corte las hojas y la madera inmadura, como se ha descrito en la página 103.

Examine los rosales cultivados en macetas; replántelos si es necesario. Compre y plante nuevos rosales. Elimine la pintura de los cristales del invernadero y límpielo. Empiece a trasladar las plantar al interior.

FINALES DE VERANO

Continúe con las técnicas de cultivo descritas para el inicio del verano, a excepción del abonado. La fertilización debe terminar al comienzo del verano.

Esta época es la adecuada para empezar a pensar en la renovación de su jardín mediante la adquisición de las variedades del año. Si puede, visite un vivero de un gran productor especialista en rosales para contemplar las nuevas variedades en flor. Visite también el centro de jardinería de su localidad. Algunos viveros tienen jardines de exposición especiales (*véase* pág. 124).

Envíe su pedido tan pronto como le sea posible, ya que las variedades populares y las de reciente introducción con frecuencia son las primeras en agotarse

Empiece la preparación de los macizos de rosales nuevos como se describe en el capítulo 5.

FINALES DE OTOÑO

Prepare las plantas para el invierno. En las zonas expuestas, debe recortar ligeramente los tallos largos para evitar las sacudidas del viento durante las tormentas invernales. En las zonas frías, debe acollar los tallos amontonando a su alrededor unos 9 cm de suelo (retírelo durante la primavera) o bien cubrirlos con paja (*véase* pág. 113). Es una época excelente para plantar. Si recibe los arbustos o los estándares cuando las condiciones ambientales son inapropiadas o antes de que se esté preparado para plantar, deje el paquete cerrado o deposite las plantas en una zanja, tal como se ha descrito en la página 103. Los rosales cultivados en macetas deben trasladarse al interior del invernadero.

PRINCIPIOS DE OTOÑO

En general, los rosales todavía florecen en abundancia y la despuntadura asegura una hermosa exposición tardía.

Deben podarse los rosales enredadera y los llorones (*véase* pág. 109). No retrase nunca la poda de estas plantas hasta la primavera. Continúe preparando los nuevos arriates que van a plantarse a mediados de otoño y envíe su pedido al vivero si no lo hizo antes.

Continúe cavando y pulverizando contra la enfermedad, según convenga. Esta época es la más adecuada para obtener esquejes de los rosales enredadera, de Floribunda vigorosos, etc. Siga las instrucciones de la página 130. En esta época se suelen celebrar concursos de rosas.

PRINCIPIOS DE INVIERNO

En general, el suelo está más frío y más húmedo que en el período anterior, y por ello debe terminar de plantar lo más pronto posible. No intente nunca plantar cuando el suelo esté anegado o endurecido a causa de las heladas.

No se debe realizar ningún trabajo en un jardín de rosales maduros, pero se puede empezar la preparación de los arriates que se plantarán a finales de invierno.s

Todos los rosales cultivados en macetas deben estar en el interior del invernadero. Si dispone de calefacción, mantenga la temperatura del invernadero por encima de 0°C. Después de trasladar las macetas, no las riegue durante un corto período de tiempo. Pode las plantas en esta época.

CAPÍTULO 11

DICCIONARIO DEL CULTIVADOR DE ROSALES

A

ABONO FOLIAR Fertilizante que se pulveriza sobre las hojas para que éstas lo absorban. *Véase* pág. 111.

ACLARADO Eliminación de brotes pequeños para evitar una ramificación excesiva. *Véase* pág. 110.

ACOLCHADO Capa de material orgánico colocada alrededor de los tallos.

ACOLLADO Adición de tierra alrededor de la base de un arbusto para protegerlo durante un período de tiempo anormalmente frío.

ANTERA Parte de la flor que produce polen. Es la parte superior del *estambre*.

APELOTONAMIENTO Adherencia de los pétalos entre sí que se produce cuando el tiempo es húmedo; determina que las flores no se abran. *Véase* pág. 113.

ARBUSTO Tipo de crecimiento. *Véase* pág. 4.

ARMADO Tallo con fuertes espinas.

ARRAIGAR Desarrollo del sistema radicular de un esqueje. Los esquejes «arraigan», mientras que los injertos *prenden*.

ASOCIACIÓN BRITÁNICA DE CULTIVADORES DE ROSAS La BRGA es una asociación de los principales cultivadores de rosas cuya producción conjunta supera las tres cuartas partes de las rosas vendidas en Gran Bretaña. Hacen publicidad de los rosales y su cultivo, y para mejorar los estándares editan boletines informativos.

ASOCIACIÓN BRITÁNICA DE REPRESENTANTES DE PRODUCTORES DE ROSAS El objetivo de la BARB es fomentar, mejorar y extender la introducción y el cultivo de nuevas rosas bajo los *Derechos de los Productores de Plantas*. Existen cerca de 250 viveros registrados por la BARB, y es un método sencillo para obtener la licencia de nuevas variedades.

ATTAR DE ROSAS Aceite amarillento destilado a partir de pétalos de rosas que se usa para elaborar perfumes.

Durante siglos su producción ha sido la principal industria de los Balcanes.

AUSTIN, DAVID Productor de rosales inglés, que inició las hibridaciones en 1950. Sus «rosales Ingleses» (*Graham Thomas, Constance Spry,* etc.) han adquirido popularidad en Gran Bretaña y Estados Unidos; para más detalles *véase* página 74

AXILA Ángulo entre la parte superior del pecíolo y el tallo.

AZADADA Profundidad alcanzada al golpear con la azada (generalmente unos 25 cm).

AZULAMIENTO Transformación de una flor rosa intenso o rojo en color malva o púrpura con la edad.

B

BEALES, PETER Cultivador inglés poseedor de la más extensa colección comercial del mundo (1.200 variedades a la venta).

BENNET, HENRY Padre de la producción científica de rosales. Fue un ganadero que advirtió la necesidad de controlar la polinización y de llevar un registro cuidadoso de los cruzamientos. En 1879 introdujo sus *Ten Pedigree Hybrids* de la rosa de Té.

BOTÓN Característica del centro de las flores de algunas variedades antiguas en las cuales los pétalos están doblados hacia el interior formando un «botón».

BRÁCTEA Hoja modificada presente en la base de una flor. *Véase* pág. 4.

BRIBÓN Rosal suministrado sin haberlo solicitado y que por su aspecto no puede considerarse como un *sustituto*.

BROTE Tallo o caña. Algunos expertos en rosales prefieren ser más precisos; un brote se emplea para el crecimiento joven y un tallo describe el crecimiento maduro.

BROTE BASAL Brote que surge del cuello o de la corona de la planta. *Véase* pág. 4.

BROTE LATERAL *Véase Rama lateral.*

C

CAJA Recipiente con 6 o 12 tubos para la exposición de flores especímenes. *Véase* pág. 128.

CÁLIZ Cubierta de color verde que protege el capullo floral; está formada por cinco sépalos.

CALLO Tejido cicatrizante que se forma sobre la herida de la poda.

CAMBIUM Capa delgada de tejido blando entre la corteza y la madera que permite la unión entre el injerto y el portainjertos.

CANCRO Área del tallo decolorada y enferma. *Véase* pág. 115.

CAÑA Tallo principal o brote basal. Término usado frecuentemente en Estados Unidos.

CENTRO CONFUSO Centro de una flor con los pétalos desordenados, los cuales proporcionan un aspecto asimétrico.

CLOROSIS Amarilleamiento o emblanquecimiento anormal de las hojas debido a la falta de clorifla. *Véanse* las posibles causas en la pág. 113.

COCKER, ALEC Productor escocés, que empezó a cultivar rosas en 1963 y murió en 1977 _ poco antes su mejor logro, *Silver Jubilee,* recibió el mayor premio de Inglaterra. Otros éxitos del vivero de Aberdeen incluyen *Alec´s Red, Rosy Mantle, Toprose, Fulton Mackay* y *Remember me.*

COLLAR Zona del arbusto de la que brotan las ramas basales del portainjertos.

COMPOST Material animal o vegetal descompuesto que se incorpora al suelo o a una mezcla para maceta/esquejes a base de turba (compost sin suelo). También es el suelo esterilizado (compost de textura equilibrada) junto con otros materiales como arena, cal y fertilizante.

CONO Protector cónico que emplean los expositores antes de cortar las flores destinadas al concurso para impedir que la lluvia y la radiación solar intensa las malogren. *Véase* pág. 128.

COPA Conjunto de tallos situados en el extremo superior del tronco de un estándar.

CRUCE Planta resultante de la polinización cruzada.

CUELLO Parte de la planta entre la raíz y los tallos.

CUELLO DE UNIÓN Punto de unión entre el injerto y el portainjertos.

CULTIVAR Abreviación de «variedad cultivada»; es una variedad obtenida bajo cultivo, no en estado silvestre. En verdad, todas las variedades modernas son cultivares, pero en este libro se emplea el término más familiar *variedad*.

CHAMUSCADO Pétalos blanqueados o quemados por una radiación solar intensa.

D

DESPUNTADURA Eliminación de las flores marchitas *Véase* pág. 110.

DESYEMACIÓN Eliminación de capullos florales jóvenes para permitir el máximo desarrollo de los restantes. *Véase* pág. 110.

DICKSON E HIJOS, LTD. Los viveros Dickson, en el condado de Down (Reino Unido), poseen una extensa y distinguida historia en la producción de rosas. Existen rosales Dickson anteriores al siglo xx y *Shot Silk* (1924) todavía aparece en los catálogos. Entre los éxitos más recientes encontramos *Grandpa Dickson, Melody Maker, Gentle Touch, Sweet Magic, Beautiful Britain* y *Magic Carpet*.

DISPOSICIÓN Manipulación de una flor de exposición para mejorar su aspecto el día del concurso. *Véase* pág. 128.

DOT, Pedro Principal hibridista español. Trabajó durante 50 años y, aunque produjo muchos híbridos de Té dignos de mención, siempre se le recordará como uno de los principales productores de rosales miniatura del mundo. Algunos ejemplos de sus introducciones son *Josephine Wheatcroft, Pour Toi, Coralin* y *Baby Gold Star*.

E

EMASCULACIÓN Técnica empleada en la hibridación que consiste en la eliminación de las anteras de la planta progenitora productora de semillas para prevenir la autopolinización. *Véase* pág. 131.

ENTRENUDO Porción del tallo entre dos *nudos*.

ENVÉS Parte posterior de las hojas.

ENZANJADO Plantación temporal de un nuevo rosal a la espera de condiciones ambientales apropiadas para su plantación definitiva.

ESCARAMUJO Fruto del rosal. En algunas variedades es grande y decorativo. *Véase* pág. 6.

ESPECIES Rosales genéticamente similares que por autopolinización se replican exactamente. Popularmente corresponden a los rosales silvestres o a sus parientes próximos.

ESPINA Característica púa delgada que en general se halla en las ramas, pero que ocasionalmente aparece en el envés de las hojas y en los escaramujos.

ESQUEJE Trozo de tallo que se corta de una planta y se emplea para la propagación.

ESTAMBRE Órgano masculino de la flor, formado por la *antera* y el *filamento*.

ESTAQUILLADO Inclinación de tallos largos y retención de sus ápices a ras de suelo mediante estacas.

ESTIGMA Parte del órgano femenino de la flor que capta el polen.

ESTILO Parte del órgano femenino de la flor que conecta el *estilo* con el *ovario*.

ESTÍPULA Pequeña excrecencia de la base del pecíolo.

ESTRATIFICACIÓN Rotura del reposo de las semillas previamente a la siembra. Se consigue colocando los escaramujos en un refrigerador o dejándolos durante todo el invierno a la intemperie en turba húmeda. *Véase* pág. 131.

EXUDACIÓN Pérdida de savia sufrida por los tejidos vegetales debido a una poda tardía.

F

FEDERACIÓN MUNDIAL DE LAS SOCIEDADES DE LA ROSA Esta organización mundial, que celebró su primera reunión en Nueva Zelanda en 1871, agrupa sociedades de la rosa de 17 naciones. Se reúne cada 2 años, y sus objetivos incluyen establecer criterios comunes para juzgar y clasificar los rosales, para la concesión de premios internacionales, para evitar confusiones en la denominación de los nuevos rosales y para fomentar la investigación.

FERTILIZACIÓN Aplicación del polen al estigma para inducir la producción de semillas.

FIJACIÓN Característica esencial de toda nueva variedad que indica que el color nuevo o el tipo de crecimiento son estables.

FILAMENTO Columna soporte de la *antera*. Es la parte inferior del *estambre*.

FLOR DOBLE Flor con más de 20 pétalos. *Véase* pág. 5.

FLOR MARCHITA Flor con numerosos pétalos, totalmente abierta, en la cual se visualizan los estambres.

FLORACIÓN ABUNDANTE Término vago que indica que una variedad produce un número de flores superior al término medio durante la época de floración. La condición opuesta a *floración escasa*.

FLORACIÓN ESCASA Término vago que indica que una variedad produce un número de flores inferior al término medio durante la época de floración. La condición opuesta a *floración abundante*.

FLORACIÓN RECURRENTE *Véase Floración repetitiva.*

FLORACIÓN REPETITIVA Producción de dos o más floraciones durante la época de floración.

FLORÍFERO Término científico aplicado a la *floración abundante*.

FORZAR Proceso por el cual se induce el crecimiento de la planta o la floración antes de tiempo.

FUNGICIDA Producto químico empleado para el control de las enfermedades causadas por hongos.

G

GUIJARRO Trozo de maceta colocado en la parte inferior de un recipiente para mejorar el drenaje.

GREGORY, WALTER Miembro del grupo de grandes productores de rosas de Nottinghamshire, empezó con nuevas variedades en 1952. Durante casi 30 años antes de su muerte en 1980, introdujo entre otros *Blessings, Pink Perpetue,* y su gran logro, *Wendy Cussons*.

GUILLOT, JEAN-BAPTISTE El primero de los grandes productores de rosales de Lyon. En 1867, produjo el primer híbrido de Té, *La France*, con el cual comenzó la era del rosal moderno. En la década siguiente introdujo *Ma Paquerette, Gloire des Polyantha* y *Mignonette* (el primer Polyantha enano que dio origen a los Floribunda modernos).

H

HARKNESS, JACK La empresa familiar se fundó en Yorkshire, al norte de Inglaterra, hace unos 100 años, y en 1892 una rama se estableció en Hertfordshire para especializarse en rosales. Jack Harkness fue el primero que trabajó con híbridos y su resultado ha sido asombroso: *Alexander, Mountbatten, Compassion* y *Amber Queen*. Su colaboración con Alec Cocker ha sido una de las uniones con más éxito en este mundo de la producción de rosas. Otras rosas Harkness incluyen *Savoy Hotel, Octavia Hill, Fellowship* y *Anna Ford*.

HÍBRIDO Rosal cuyos progenitores son genéticamente distintos. Las plantas progenitoras pueden pertenecer a *especies, variedades* y *cultivares* distintos.

HÍBRIDO FÉRTIL Híbrido que produce semillas viables capaces de dar origen a una nueva planta. Un híbrido estéril produce semillas inviables.

HOLE, REV. SAMUEL REYNOLDS A pesar de su activo sacerdocio (fue deán de Rochester), el reverendo Hole fue la figura dominante en el mundo de las rosas victorianas. Reunió una colección de 5.000 variedades, organizó la primera muestra nacional inglesa de rosales y se constituyó en un líder en la formación de la Real Sociedad Nacional de la Rosa en 1876. La Medalla Dean Hole es el primer premio de la RNRS

HONGO Forma primitiva de vida vegetal; es la causa más común de enfermedades infecciosas como el mildiu, la mancha negra y la roya.

HURST, CHARLES C. Científico de Cambridge que redactó la historia de la familia de los rosales modernos descrita en las págs. 8-9.

I

INFLORESCENCIA Ordenación de las flores en el tallo.

INJERTO Inserción de un escudete en el cuello de un portainjertos. *Véase* pág. 129. Método comercial estándar de propagación de los rosales.

INJERTO DE PRIMER AÑO Rosal arbustivo injertado hace menos de un año.

INJERTO DE SEGUNDO AÑO Rosal arbustivo injertado hace más de un año.

INORGÁNICO Fertilizante o producto químico que no proviene de ningún ser vivo.

INSECTICIDA Producto químico empleado para combatir las plagas de insectos.

J

JACKSON & PERKINS Llamado a ser el mayor vivero de rosas del mundo. En sus tierras de California se han cultivado muchas rosas famosas, primero por Eugene Boerner, y más recientemente por William Warriner. Algunos como *Pristine, Dorothy Perkins* y *Masquerade* los encontrará fácilmente en Gran Bretaña.

JOSEFINA La emperatriz Josefina, esposa de Napoleón I, compró la *Malmaison* en 1799 y la abasteció con todas las variedades de rosales del mundo. Su pasión por las rosas la indujo a crear la primera exposición de rosales al aire libre del mundo. Esto convirtió a la rosa en una flor de moda entre los ricos para ser cultivada en sus propiedades.

K

KORDES, WILHELM Hasta su muerte, en 1977, fue el principal hibridista de rosales en Alemania junto con Tantau. Su primera introducción fue *Crimson Glory* en 1935, seguida por *Iceberg, Ernest H. Morse, Peer Gynt* y *Simba*. Uno de sus éxitos más notables fue el desarrollo de los trepadores Kordesii, como *Dortmund*. Algunos logros más recientes incluyen *Royal William, Grouse, Festival* y *The Times Rose*.

L

LARGUIRUCHO Crecimiento largo y delgado. Se aplica a un tallo de aspecto débil y con escasas hojas.

LAWRANCE, MARY Autora del primer libro dedicado enteramente a las rosas: *Una colección Natural de Rosas* (1799)

LE GRICE, EDWARD Productor de Norfolk, responsable de uno de los mejores Floribunda amarillos, *Allgold*. Su carrera fue extensa; en 1938 recibió un Certificado de Mérito por *Dainty Maid* —en 1970 fue premiado con una Medalla de Oro por *News*. Y entre estas dos estaban *My Choice* y *Lilac Charm*.

LENS, LOUIS Desde hace 50 años, los viveros de Lens son los centros de producción más prósperos de Bélgica. Louis Lens entró en la firma en 1945 y más tarde sucedió a su padre Victor. Su introducción más famosa fue *Pascali*, que sigue siendo uno de los más notables híbridos de Té blancos.

LIXIVIACIÓN Pérdida de los compuestos químicos del suelo al ser arrastrados por el agua procedente de la lluvia o del riego.

LLORÓN Enredadera injertada en la parte alta del tronco de una variedad estándar. *Véase* pág. 4.

M

MALMAISON Castillo situado cerca de París, que posee extensos jardines, famoso por ser el primer jardín de rosales importante. La emperatriz *Josefina* lo abasteció con más de 200 variedades distintas procedentes de todo el mundo, y se desarrollaron nuevas técnicas de producción y de cultivo. La emperatriz inició esta tarea en 1799 y, en 1809, después de su divorcio, se trasladó allí permanentemente.

MANCHADO Aparición de manchas y de imperfecciones en los pétalos en condiciones ambientales húmedas.

McGREDY, SAM Sam McGredy IV posee una tradición familiar en el mundo de las rosas, y desde que se hizo cargo del vivero en Nueva Irlanda en 1952, y emigró después a Nueva Zelanda en 1972, ha ganado el respeto de los mejores hibridistas del mundo. Incluso sus principales logros resultan demasiado numerosos para hacer una lista de todos ellos. Se incluyen *Mischief, Picadilly, Sexy Rexy, Regensberg, Arthur Bell, Evelyn Fison, Handel, Chanelle* y *Elizabeth of Glamis*.

MÉDULA Material esponjoso del centro del tallo. Un tallo inmaduro se describe a veces como «meduloso».

MEILLAND Francois Meilland produjo *Peace* justo antes de la segunda guerra mundial y se aseguró un lugar eterno en el Jardín de la Fama. Otros éxitos incluyen *Baccara*, pero quizás uno de sus mejores logros sea asegurar los derechos de los productores de rosas. Actualmente Alain continúa la tarea de su progenitor; *Papa Meilland, Susan Hampshire, Sweet Promise, Starina* y *Chorus* son algunos de los productos del vivero de las Antibas.

MOORE, RALPH S. Productor californiano que ha revolucionado el mundo de los rosales miniatura. Ha desarrollado los rosales musgo Miniatura y las Trepadoras Miniatura. Entre sus creaciones se encuentran *New Penny, Easter Morning* y *Little Buckaroo*.

MUTACIÓN Cambio repentino del material genético de una planta que determina un nuevo carácter. Este nuevo carácter puede ser hereditario.

MUTANTE Planta que representa un cambio notable y hereditario respecto de sus progenitores, es decir, una *mutación*.

MUTANTE TREPADOR Mutación de una variedad arbustiva que produce tallos largos y flores idénticas a las del progenitor.

N

NECROSIS Marchitamiento progresivo de los brotes desde el ápice. *Véase* pág. 115.

NEUTRO Ni ácido ni básico, pH 6,5-7,5.

NORMAN, A. Un aficionado de las rosas, famoso por la obtención de *Ena Harkness* y *Frensham*.

NUDILLO Término común en Estados Unidos, equivalente a cuello de unión.

NUDO Sitio del tallo del que surge una hoja o una yema.

O

OJO Yema de crecimiento en estado de reposo. También, centro de una flor sencilla o semidoble cuyo color es claramente distinto del color del resto de la flor.

ORGÁNICO Producto químico o fertilizante obtenido a partir de un ser vivo.

OVARIO Parte de la flor que contiene los *óvulos*.

ÓVULO Parte del órgano femenino de la flor que se convierte en semilla tras la fertilización.

P

PEACE Plántula n.º 3-35-40 producida por François Meilland en Lyon antes de estallar la segunda guerra mundial. Algunas plantas se enviaron a América en el último avión que partió de Francia antes de su invasión. La planta se denominó *Mme Antoine Meilland*, pero en Alemania fue introducida como *Gloria Dei*. Cuando finalizó la guerra, el vivero americano que la había producido en gran número colocó un ramo de flores en cada asiento de la Conferencia de la Paz, lo que le valió su denominación definitiva, *Peace*.

PEDICELO Tallo de la flor. *Véase* pág. 4.

PÉRGOLA Estructura arqueada empleada como soporte de plantas trepadoras; túnel cubierto de rosales.

PERÍODO DE LATENCIA Tiempo durante el cual la planta deja de crecer espontáneamente debido a las bajas temperaturas y a la corta duración del día.

PERNET-DUCHER, JOSEPH Nacido en 1858, ganó el título de «Mago de Lyon» por variar la gama de color de los rosales modernos. Entre sus primeros éxitos se incluye *Mme Caroline Testout*, pero es mucho más recordado por *Soleil d'Or*, introducido en 1900, que aportó el color amarillo a los rosales de arriate.

PÉTALOS DE GUARDA Anillo más externo de pétalos.

pH Medida de acidez y de alcalinidad. Por debajo de 6,5 el pH es ácido, por encima de 7,5 el pH es alcalino.

PISTILO Órgano femenino de la flor, formado por *estilo, estigma* y *óvulo*.

PLÁNTULA Planta joven que se produce a partir de una semilla. En el mundo de la rosa también equivale a una planta madura obtenida mediante propagación por semilla, y no por injerto ni esqueje.

PLENITUD DE FLORACIÓN Período durante el cual la planta tiene su complemento de flores normal. Puede haber más de uno de estos períodos durante la estación. *Véase Floración repetitiva.*

PODA Eliminación de algunas ramas de la planta para mejorar su rendimiento.

POLEN Polvo amarillo producido por las *anteras*. Es el elemento masculino que fertiliza el *óvulo*.

POLINIZACIÓN Aplicación del *polen* sobre el *estigma* de la flor.

PORTAINJERTOS Planta huésped sobre la cual se injerta la variedad cultivada. *Véase* pág. 4.

POULSEN La familia Poulsen, de Dinamarca, ha producido muchos rosales importantes durante los últimos 60 años. En 1924, Svend Poulsen produjo el primer híbrido Polyantha (posteriormente llamados Floribunda) y fue el responsable de algunas variedades famosas, como *Else Poulsen*. Su hijo, Neils, continuó la tradición con *Troika, White Bells* y *Chinatown*.

PRENDER Resultado positivo de un injerto. Los injertos «prenden», mientras que los esquejes *arraigan*.

PROPAGACIÓN Multiplicación de las plantas. *Véanse* págs. 129-130.

PROTUBENRANCIA Anillo de estambres prominente y decorativo.

R

RACIMO Inflorescencia no ramificada de flores pediceladas. *Véase* pág. 4.

RAÍZ DESNUDA Rosal que se desarraiga en el vivero y es vendido sin la presencia de suelo alrededor de sus raíces. *Véase* pág. 91.

RAÍZ PROPIA Planta cultivada en sus propias raíces; que no ha sido injertada.

RAMA CIEGA Tallo maduro que no produce flores.

RAMA LATERAL Rama que brota del tallo principal.

REDOUTÉ, PIERRE JOSEPH En 1805, la emperatriz Josefina encargó a este artista francés la realización de ilustraciones de todos los rosales cultivados en la *Malmaison*. En los tres volúmenes de este libro se describen 170 de estas ilustraciones. Las reproducciones de estas pinturas todavía son inmensamente populares.

REMONTANTE, REMONTANCIA *Véase Floración repetitiva.*

RESISTENTE Planta que soporta el clima invernal sin ninguna protección.

REVERSIÓN *Mutante* que revierte al color o al tipo de crecimiento de sus progenitores. También, variedad cultivada que es sobrepasada por los serpollos que brotan del portainjertos.

RIVERS, THOMAS & HIJO LTD El primer vivero de Gran Bretaña, fundado en 1725. Su *Guía para los aficionados a las rosas* apareció por primera vez en 1837 y posee 700 variedades a la venta.

ROCÍO DE MIEL Secreción azucarada y pegajosa depositada sobre las hojas y los tallos por insectos como el áfido y la mosca blanca.

ROSA Género al que pertenecen todos los rosales. Existen unas 140 especies distintas.

ROSA AZUL No existe una rosa verdaderamente azul, y es sumamente improbable que se produzca alguna porque la familia Rosáceas carece de pigmento floral azul (delfidín). Así, las rosas llamadas «azules», como *Blue Moon, Mr Bluebird*, etc., en realidad son de color lavanda, malva o violeta.

ROSA LANCASTER La rosa rosada de Lancaster es la especie *Rosa gallica officinalis* (*véase* pág. 87). Según la leyenda, el primer conde de Lancaster la llevó a Inglaterra desde Francia durante el siglo XIII.

ROSA TUDOR Es el escudo real de Inglaterra, que combina la rosa roja de Lancaster con la rosa blanca de York. Fue adoptada como el emblema de Gran Bretaña cuando Enrique Tudor (Enrique VII) se casó con Isabel de York en 1486.

ROSA YORK Para algunos, la identidad de la rosa blanca de York es desconocida. Probablemente fue una *Rosa alba semiplena*, aunque también pudo haber sido una *R. arvensis*.

ROSÁCEA Familia a la que pertenecen los rosales junto con otras plantas que tienen flores semejantes a las del rosal, como el cerezo, el ciruelo, el espino y el fresal.

ROSAL ÁRBOL Término común en Estados Unidos, equivalente a rosal estándar. *Véase* pág. 4.

ROSAL FAVORITO DEL MUNDO Competición organizada por la Federación mundial de las sociedades de la rosa, en la que cada sociedad miembro presenta su nominación.Entre los ganadores encontramos *Peace, Queen Elizabeth, Fragant Cloud, Iceberg* y *Double Delight*.

ROSAL GARNETTE Floribunda de color rojo parecido a la variedad *Garnette*, cultivado con fines comerciales en invernadero para venderse como flor cortada.

ROSAL HILDESHEIM Ejemplar del *Rosal Perro* cultivado en la Catedral de Hildesheim en Alemania. Según la leyenda, fue plantado por Carlomagno hace más de 1.000 años, pero es probable que tenga de 300 a 500 años. Generalmente se acepta que es el rosal viviente más antiguo del mundo.

ROSAL PERRO Rosal silvestre común que se halla en los setos. Recibe este nombre debido a que los romanos lo emplearon para curar la hidrofobia.

ROSALES DE FRYER Grupo de populares rosas incluyendo los ganadores de la Rosa del Año *Sweet Dream* y *Top Marks*, producidos por ésta firma de Cheshire. Otras son *Warm Wishes* y *The Lady*.

ROSALES FÓSILES Se han encontrado hojas de rosales fosilizados en rocas de Europa, Asia y América del Norte. Se cree que tienen entre 7 y 30 millones de años.

ROSALES MODERNOS La primera edición de esta «biblia» de variedades de rosales apareció en 1930. La última edición de *Rosales modernos*, contiene pormenores de miles de variedades. Este libro es publicado por la Sociedad americana de la rosa, organización

internacional que registra los nombres de los rosales.

ROYAL NATIONAL ROSE SOCIETY *Véase* pág. 121.

S

SANGERHAUSEN Esta rosaleda, fundada por la Sociedad alemana de la rosa y ubicada en la antigua Alemania del Este, tiene la colección de rosales antiguos más extensa del mundo.

SÉPALO Cada una de las cinco partes del *cáliz*.

SERPOLLO Tallo que brota del portainjertos. *Véase* pág. 119.

SISTÉMICO Pesticida que penetra en el interior de la planta y circula por la corriente de la savia hasta cualquier parte de la planta.

SOCIEDAD AMERICANA DE LA ROSA Creada en 1899, se ha convertido en una de las sociedades de la rosa más activas del mundo. Sus socios reciben una revista mensual, y anualmente el *American Rose Annual*, en el que figura el informe de la *Proof of the Pudding*. Las sedes se encuentran en el Centro americano de la rosa, donde se está creando un gran jardín de rosales. Los requisitos para asociarse pueden obtenerse en The Secretary, American Rose Society, Shreveport, Lousiana, Estados Unidos.

SUELO ÁCIDO Suelo desprovisto de cal libre y con un pH igual o inferior a 6,5.

SUSTITUTO Variedad similar a la solicitada que recibe desde el vivero cuando ésta no está disponible.

SWIM, HERBERT C. Hibridista californiano que ha producido más ganadores de premios americanos que ningún otro productor. Entre sus éxitos destacan *Sutter´s Gold, Summer Sunshine, Mojave, Pink Parfait, Royal Highness* y *Mister Lincoln*.

T

TANTAU La compañía familiar de Mathias Tantau y su hijo Mathias junior ha producido rosas tan famosas mundialmente como *Super Star* y *Fragrant Cloud*. La primera rosa Tantau del vivero del norte de Alemania fue *Beauty of Holstein* (1919). Desde entonces la lista ha sido notoria: *Deep Secret, Whisky Mac, Polar Star, Chatsworth, Glad Tidings, Blue Moon, Prima Ballerina* y muchas más.

TRASPLANTE Cambio de una planta de un lugar a otro.

TOCÓN Trozo de tallo que queda unido al brote después de la poda.

U

UNIÓN *Véase Cuello de unión*.

V

VARIEDAD Estrictamente, es una variación espontánea de una especie (*véase Cultivar*). Dentro del mundo de la rosa, el significado popular se refiere a cualquier rosal distinto con una o más características singulares.

VIVERO DE COLCHESTER Este famoso vivero fue fundado por Willian Cant en 1765. Su éxito más conocido fue *Just Joey*, y otras variedades famosas incluyen *Goldstar* y *English Miss*.

W

WHEATCROFT, HARRY Hasta su muerte en 1977, Harry Wheatcroft fue «el Sr. Rosa» para millones de jardineros británicos. Su vivero de Edwalton, en Nottinghamshire, producía dos millones de plantas al año, pero todavía se le recuerda por sus apariciones y su introducción en Gran Bretaña de grandes rosas como *Super Star, Peace, Fragrant Cloud* y *Queen Elizabeth*.

WILLMOTT, ELLEN Autora de *Genus Rosa*, publicado entre 1910 y 1914 con ilustraciones de Alfred Parsons. Este libro se considera uno de los hitos de la literatura de la rosa; sus ilustraciones rivalizan con las de Redouté.

Y

YEMA Una yema floral es una flor cerrada. Una yema de crecimiento u ojo es un primordio localizado en la *axila* de un pecíolo.

YEMA DE ACTIVIDAD Yema que ha empezado a abrirse.

CAPÍTULO 12
ÍNDICE DE ROSALES

Agradecimientos

El autor desea destacar el trabajo gráfico de Gill Jackson, Paul Norris, Linda Fensom y Angelina Gibbs. También quiere agradecer la ayuda, colaboración y las fotografías de Peter Harkness, Angela Pawsey (Cants of Colchester y BRGA), Tony Slack (BARB), Lt-Col Ken Grapes (RNRS), Robert Wharton (Whartons Nurseries Ltd), David Clark (Notcutts Nurseries), Chris Styles (L W van Geest Farms Ltd), Rosemary Gandy (Gandy's Roses Ltd), Gareth Fryer (Fryers Nurseries Ltd), Pat Dickson (Dickson Nurseries Ltd), Alec Cocker (James Cocker & Sons), Peter Beales (Peter Beales Roses), David Austin (David Austin Roses Ltd), Chris Wheatcroft (Wheatcroft Roses Ltd), Keith Jones (C & K Jones), Selection Meilland UK Ltd, Dick Balfour, Joan Hessayon, Colin Bailey, Barry Highland (Spot On Repro Ltd), Harry Smith Horticultural Photographic Collection, The Lord & Lady Tollemache, Pat Brindley, Mary Evans Picture Library, Sotheby's Picture Library, Rex Butcher/ The Garden Picture Library, David Askman/The Garden Picture Library, Bob Challinor/The Garden Picture Library, J Sira/The Garden Picture Library, Brigitte Thomas/The Garden Picture Library, Len Wood y Jerry Harpur.

Los dibujos de esta obra son de John Woodbridge, Henry Barnett, Norman Barber y John Dye.